Rudolf Steiner Taschenbücher
aus dem Gesamtwerk

Rudolf Steiner

Inneres Wesen des Menschen und Leben zwischen Tod und neuer Geburt

Ein Zyklus von sechs Vorträgen
gehalten zu Ostern in Wien vom 9. bis 14. April 1914
Mit zwei vorangehenden öffentlichen Vorträgen
in Wien am 6. und 8. April
und einer Ansprache in Wien am 14. April 1914

RUDOLF STEINER VERLAG
DORNACH/SCHWEIZ

Nach vom Vortragenden nicht durchgesehenen Nachschriften
herausgegeben von der Rudolf Steiner-Nachlaßverwaltung

1. Auflage Berlin 1914

Ungekürzte Ausgabe nach dem gleichnamigen Band
der Rudolf Steiner Gesamtausgabe
herausgegeben von Hans W. Zbinden
(Bibliographie-Nr. 153, ISBN 3-7274-1530-4)
5. Auflage, Dornach 1978

Taschenbuchausgabe

1.–7. Tsd. Dornach 1988
8.–13. Tsd. Dornach 1995

Bestell-Nr. tb 6630

Zeichen auf dem Umschlag und Titelblatt von Rudolf Steiner

Alle Rechte bei der Rudolf Steiner-Nachlaßverwaltung, Dornach/Schweiz
© 1988 by Rudolf Steiner-Nachlaßverwaltung, Dornach/Schweiz
Printed in Germany by Clausen & Bosse, Leck

ISBN 3-7274-6630-8

ZU DIESER AUSGABE

Schon in seinen grundlegenden anthroposophischen Schriften hat Rudolf Steiner die nachtodliche Existenz des Menschen beschrieben und später – insbesondere in der Zeit vor Ausbruch und während des Ersten Weltkrieges – in zahlreichen Vorträgen die Erlebnisse der Menschenseele zwischen dem Tode und einer neuen Geburt ausführlich und von verschiedensten Aspekten geschildert. Die hier vorliegenden, 1914 in Wien gehaltenen Vorträge, erschienen noch im selben Jahre zunächst als Privatdruck und wurden seither mehrmals neuaufgelegt.

In seiner Selbstbiographie «Mein Lebensgang» schreibt Rudolf Steiner: «Es liegen nun aus meinem anthroposophischen Wirken zwei Ergebnisse vor; erstens meine vor aller Welt veröffentlichten Bücher, zweitens eine große Reihe von Kursen, die zunächst als Privatdruck gedacht und verkäuflich nur an Mitglieder der Anthroposophischen Gesellschaft sein sollten. Es waren dies Nachschriften, die bei den Vorträgen mehr oder weniger gut gemacht worden sind und die – wegen mangelnder Zeit – nicht von mir korrigiert werden konnten. Mir wäre es am liebsten gewesen, wenn mündlich gesprochenes Wort mündlich gesprochenes Wort geblieben wäre. Aber die Mitglieder wollten den Privatdruck der Kurse. Und so kam er zustande.

Als mündliche, nicht zum Druck bestimmte Mitteilungen waren die Inhalte dieser Drucke gemeint...

Es ist nirgends auch nur in geringstem Maße etwas gesagt, was nicht reinstes Ergebnis der sich aufbauenden Anthroposophie wäre... Wer diese Privatdrucke liest, kann sie im vollsten Sinne eben als das nehmen, was Anthroposophie zu sagen hat. Deshalb konnte ja auch ohne Bedenken... von der Einrichtung abgegangen werden, diese Drucke nur im Kreise der Mitgliedschaft zu verbreiten. Es wird eben nur hingenommen werden müssen, daß in den von mir nicht nachgesehenen Vorlagen sich Fehlerhaftes findet.

Ein Urteil über den Inhalt eines solchen Privatdruckes wird ja allerdings nur demjenigen zugestanden werden können, der kennt, was als Urteils-Voraussetzung angenommen wird. Und das ist für die allermeisten dieser Drucke *mindestens* die anthroposophische Erkenntnis des Menschen, des Kosmos, insofern sein Wesen in der Anthroposophie dargestellt wird, und dessen, was als ‹anthroposophische Geschichte› in den Mitteilungen aus der Geist-Welt sich findet.»

INHALT

Öffentlicher Vortrag, Wien, 6. April 1914 9
  Aufgabe und Ziel der Geisteswissenschaft und das geistige Suchen in der Gegenwart.

Öffentlicher Vortrag, Wien, 8. April 1914 40
  Was hat die Geisteswissenschaft über Leben, Tod und Unsterblichkeit der Menschenseele zu sagen?

*Inneres Wesen des Menschen
und Leben zwischen Tod und neuer Geburt*

Erster Vortrag, Wien, 9. April 1914 73
  Die vier inneren Sphären des menschlichen Seelenlebens: Wahrnehmen, Denken, Fühlen und Wollen. Die geistigen Erfahrungen durch ihr Erkraften im Raume außerhalb des Leibes.

Zweiter Vortrag, 10. April 1914 91
  Das Heraustreten aus dem Leibe durch das Erstarken der Erinnerungskraft; Erleben des rein Zeitlichen vor der Inkarnation. Religiosität, Versuchung, Erziehung im vorgeburtlichen Zeitstrom.

Dritter Vortrag, 11. April 1914 106
  Bildung von Phantomen bei den Sinnesempfindungen. Die Schattenbilder des Denkens; der Gedächtnisschatz. Das Ungeborene in Gefühl und Wille. Lebendiges Wahrnehmen und inneres Schauen in vorchristlicher Zeit. Das Wirken des Christus.

Vierter Vortrag, 12. April 1914 124
  Der Unterschied des Erlebens in der geistigen Welt und auf dem physischen Plan. Die Umwandlung der Weisheit in Lebenskräfte; die schöpferische Kraft des fühlenden Wollens; das Gefragtwerden von den Dingen. Vorbereitung im Irdischen auf die Impulsierung des Lebens im Geistigen.

Fünfter Vortrag, 13. April 1914 144
Vorgänge zwischen Tod und Weltenmitternacht. Der imaginative Blick auf die verlassenen Hüllen. Entfaltung des Bewußtseins in der geistigen Welt: Herauslösen der im Irdischen gebundenen Seelenkräfte Erinnerung, Fühlen und Wollen, schöpferisches Seelenlicht. Geselligkeit und Vereinsamung im Geistigen. Die Weltenmitternacht. Das Sich-neu-Ergreifen im Weltensein.

Sechster Vortrag, 14. April 1914 163
Das Erleben der Seele von der Weltenmitternacht an: die überzeitliche Wirkung der Vergangenheit als geistige Außenwelt. Verwandlung von vergangegenen Ereignissen und Taten in Fähigkeiten. Gesichtspunkte bei der Schaffung eines geistig-ätherischen Urbildes für das nächste Erdenleben. Der geistige Kräfteüberschuß durch das Wirken des Christus-Impulses.

Ansprache, 14. April 1914 181
Über den Johannesbau in Dornach

Hinweise 185

Literaturhinweis 189

Übersicht über die Rudolf Steiner Gesamtausgabe 190

ÖFFENTLICHER VORTRAG
Wien, 6. April 1914

*Aufgabe und Ziel der Geisteswissenschaft
und das geistige Suchen in der Gegenwart*

Wer derjenigen Form geisteswissenschaftlicher Weltanschauung, von der ich mir gestatten werde heute und übermorgen zu sprechen, einen gewissen Wert beimessen will, wird sich schon einmal bekannt machen müssen mit dem eigentümlichen, in der Menschheitsentwickelung gelegenen Widerspruch, daß eine geistige Strömung, ein geistiger Impuls von einem gewissen höheren Gesichtspunkt aus im eminentesten Sinn zeitgemäß sein kann und daß dieses also Zeitgemäße dennoch zunächst von der Zeitgenossenschaft scharf zurückgewiesen wird, zurückgewiesen in einer, man möchte sagen, durchaus begreiflichen Weise.

Zeitgemäß war der Impuls zu einer neuen Anschauung vom Weltenall des Raumes, den *Kopernikus* in der Morgenröte der neuen Zeit gegeben hat, zeitgemäß zweifellos von dem Gesichtspunkt aus, daß die Entwickelung der Menschheit gerade zu der Zeit des Kopernikus notwendig machte, daß dieser Impuls kam. Unzeitgemäß erwies sich dieser Impuls durchaus noch für lange Zeiten, insofern als gegen ihn Front gemacht wurde von all denen, die an den alten Denkgewohnheiten, an jahrhundert- und jahrtausendalten Vorurteilen festhalten wollten. Zeitgemäß in einem solchen Sinne erscheint den Bekennern der hier gemeinten Geisteswissenschaft diese geisteswissenschaftliche Weltanschauung, und unzeitgemäß ist sie von dem Gesichtspunkt aus, von dem sie noch von vielen unserer Zeitgenossen beurteilt werden muß. Dennoch glaube ich, im Laufe des heutigen und übermorgigen Vortrages zeigen zu können, daß in unterbewußten Seelentiefen der gegenwärtigen Menschheit etwas wie eine Sehnsucht nach dieser geisteswissenschaftlichen Weltanschauung besteht und etwas wie eine Hoffnung nach ihr lebt.

So wie sie sich zunächst darstellt, diese Geisteswissenschaft, will sie sein eine echte Fortsetzerin der naturwissenschaftlichen Geistesarbeit, wie sie in den letzten Jahrhunderten geleistet worden ist. Und ganz unrichtig wäre es, wenn man glauben wollte, daß diese Geisteswissenschaft irgendwie von sich selbst aus eine Gegnerschaft entfaltete gegen die großen Triumphe, gegen die unermeßlichen Errungenschaften und die weitblickenden Wahrheiten, welche das naturwissenschaftliche Denken der letzten Jahrhunderte gebracht hat. Im Gegenteil, dasjenige, was Naturwissenschaft war und ist für die Erkenntnis der äußeren Welt, das will diese Geisteswissenschaft sein für die Erkenntnis der geistigen Welt. So könnte sie geradezu ein Kind der naturwissenschaftlichen Denkweise genannt werden, obwohl dies noch in weitesten Kreisen heute bezweifelt werden wird.

Um eine Vorstellung, nicht einen Beweis, sondern zunächst eine Vorstellung, die Verständigung hervorrufen soll, anzuführen, sei über das Verhältnis der hier gemeinten Geisteswissenschaft zur naturwissenschaftlichen Weltanschauung das Folgende gesagt: Blicken wir auf die große, gewaltige Entwickelung naturwissenschaftlicher Erkenntnis in den letzten drei bis vier Jahrhunderten, so sagen wir uns, daß sie auf der einen Seite unermeßliche Wahrheiten über den weiten Horizont menschlicher Erkenntnis gebracht hat, daß auf der anderen Seite dieses Denken eingeflossen ist in das praktische Leben. Überall sehen wir uns entgegenleuchten auf dem Gebiete des Technischen, Kommerziellen, das, was uns die in die Lebenspraxis hineingeflossenen Gesetze und Erkenntnisse der Naturwissenschaft gebracht haben. Will man sich nun eine Vorstellung davon machen, wie zu diesen Fortschritten die hier gemeinte Geisteswissenschaft steht, so kann man zunächst einen Vergleich geben. Man kann hinblicken auf den Bauern, der sein Feld bestellt, der einerntet die Früchte des Feldes. Der größte Teil dieser Früchte des Feldes wird hereingenommen in das menschliche Leben, zur Nahrung der Menschen verwendet; ein kleiner Teil nur bleibt übrig. Er wird verwendet zur neuen Fruchtaussaat. Nur von diesem letzteren Teile kann man sagen, daß er folgen darf den Triebkräften, den inneren Lebe- und Bildekräften, die im aufsprossenden Korn, in der aufsprossenden Frucht selber liegen. Das, was in die Scheunen geführt wird, wird zumeist abgebracht von seinem in den eigenen Bildungsgesetzen liegenden Fortschritt, wird gleichsam in eine Seitenströmung geführt, zur menschlichen Nahrung verwendet, setzt nicht fort in unmittelbarer Weise das, was in den Keimen liegt, was die eigenen Triebkräfte sind.

So erscheint der Geisteswissenschaft, die hier gemeint ist, ungefähr das, was die Naturwissenschaft an Erkenntnissen gebracht hat in den letzten Jahrhunderten. Der weitaus größte Teil ist mit Recht dazu verwendet worden, Einsicht zu gewinnen in die äußeren, sinnlich-räumlichen Tatsachen, ist dazu verwendet worden, in den menschlichen Nutzen einzugehen. Aber zurückbleiben kann gerade von den Ideen, welche die Betrachtung der Natur in den letzten Jahrhunderten geliefert hat, in der menschlichen Seele etwas, das nun nicht verwendet wird, um das oder jenes zu begreifen in der sinnlichen Außenwelt, was nicht verwendet wird, Maschinen zu bauen oder Industrien zu pflegen –, sondern das lebendig gemacht wird, so daß es erhalten wird in seiner eigenen Richtung wie das Korn, das wieder zur Aussaat verwendet wird und seinen Bildungsgesetzen folgen darf. Gerade wenn sich der Mensch also durchdringt mit dem, was uns an herrlichen Erkenntnisfrüchten Naturwissenschaft gezeigt hat, wenn er dieses leben läßt in seiner Seele, wenn er ein Gefühl hat dafür, zu fragen: Wie läßt sich das seelische Leben durchleuchten und erkennen an den Begriffen und an den Ideen, welche die Naturwissenschaft geliefert hat, wie läßt sich mit diesen Ideen leben, wie läßt sich von ihnen aus begreifen, wo die Haupttriebkräfte des menschlichen Seelenlebens liegen? – wenn die menschliche Seele ein Gefühl dafür hat, mit dem errungenen Geistesschatz diese Fragen aufzuwerfen – aufzuwerfen nicht in der Theorie, sondern mit der ganzen Fülle des seelischen Lebens –, dann erscheint das, was erst in unserer Zeit, da eine Weile die Naturwissenschaft sozusagen auf ihrem eigenen Boden gepflegt worden ist, in die menschliche Kultur übergehen kann.

Und auch in anderer Beziehung ist diese Geisteswissenschaft vielfach ein Kind der naturwissenschaftlichen Denkweise zu nennen, nur muß der Geist in einer anderen Weise erforscht werden als die Natur. Gerade wenn man auf ebenso sicherer, methodischer, wissenschaftlicher Basis dem Geiste gegenüberstehen will, wie die Naturwissenschaft der Natur gegenüber, so muß man das naturwissenschaftliche Denken umformen und es so prägen, daß es ein taugliches Werkzeug für die Erkenntnis des Geistes wird. Wie das werden kann, davon soll in diesen Vorträgen einiges mitgeteilt werden. Gerade wenn man so recht fest steht auf dem Boden der Naturwissenschaft, dann sieht man ein, daß mit den Mitteln, mit denen sie arbeitet, eine geistige Erkenntnis sich nicht gewinnen läßt. Immer wieder und wiederum ist von erleuchteten Geistern davon gesprochen worden, daß, von dem sicheren Boden der Naturwissenschaft ausgehend, der Mensch einsehen muß, daß seine Erkenntniskraft begrenzt sei. Naturwissenschaft und Kantianismus – um nur diese zu nennen – haben dazu beigetragen, den Glauben heraufzubringen, daß die Erkenntniskräfte des menschlichen Geistes begrenzt seien, daß der Mensch nicht eindringen könne durch sein Wissen in die Gebiete, wo der Quell liegt, mit dem sich die Seele verbunden fühlen muß; wo der Mensch einsieht, daß nicht nur hereinwirken die Kräfte, die mit Naturwissenschaft überschaut werden können, sondern andere Kräfte. Da gibt Geisteswissenschaft der Naturwissenschaft völlig Recht. Gerade für die Erkenntnisfähigkeiten, die die Naturwissenschaft groß gemacht haben, auf denen die Naturwissenschaft auch stehenbleiben muß als solche, für sie gibt es keine Möglichkeit, einzudringen in das geistige Gebiet.

Aber in der menschlichen Seele schlummern andere Erkenntnisfähigkeiten, Erkenntnisfähigkeiten, die im Alltag und im Getriebe der gewöhnlichen Wissenschaft nicht verwendet werden können, die aber hervorgeholt werden können aus dieser menschlichen Seele und die, wenn sie hervorgeholt werden, wenn sie gleichsam aus den untergründlichen Tiefen der Menschenseele herausgeholt werden, dann aus dem Menschen etwas anderes machen: die ihn durchkraften mit einer neuen Erkenntnisart, mit einer solchen Erkenntnisart, die eindringen kann in Gebiete, welche der bloßen Naturwissenschaft verschlossen sind. Es ist – ich lege auf den Ausdruck keinen besonderen Wert, aber er verdeutlicht die Sache – eine Art geistiger Chemie, durch die man in die geistigen Gebiete des Daseins eindringen kann, aber eine Chemie, die allerdings nur in bezug auf sichere Logik und methodisches Denken Ähnlichkeit hat mit der äußeren Chemie: es ist die Chemie des menschlichen Seelenlebens selber. – Und von diesem Gesichtspunkte aus, um uns zu verständigen, sei wiederum von mir vergleichsweise das Folgende gesagt: Wenn wir Wasser vor uns haben, so hat dieses Wasser gewisse Eigenschaften. Der Chemiker kommt und zeigt, daß in diesem Wasser Wasserstoff und Sauerstoff darinnen sind. Nehmen wir den Wasserstoff: er brennt, er ist gasförmig, er ist ganz anders als das Wasser. Würde jemand jemals, wenn er nichts von Chemie wüßte, dem Wasser ansehen können, daß in ihm Wasserstoff ist? Wasser ist flüssig, brennt nicht, löscht sogar das Feuer. Wasserstoff brennt, ist ein Gas, kurz: Würde jemand dem Wasser ansehen können, daß in ihm Wasserstoff enthalten ist? – Dennoch kommt der Chemiker und trennt ab von dem Wasser den Wasserstoff. Mit dem Wasser läßt sich vergleichen der Mensch, wie er im Alltag vor uns steht, wie er vor der gewöhnlichen Wissenschaft steht. In ihm sind vereinigt Physisch-Leibliches und Geistig-Seelisches. Die äußere Wissenschaft und die Weltanschauung, die sich auf ihr aufbaut, sie haben völlig recht, wenn sie sagen: Ja, diesem Menschen, der uns da gegenübersteht, kann man nicht ansehen, daß in ihm ein Geistig-Seelisches ist; und begreiflich ist es, wenn eine Weltanschauung dieses Seelisch-Geistige völlig ableugnet. Aber das ist gerade so, wie wenn man die Natur des Wasserstoffes ableugnen würde.

Allerdings die Notwendigkeit für einen Beweis liegt vor, daß das Geistig-Seelische wirklich abgetrennt von der menschlichen Wesenheit, abgesondert von dem Physisch-Leiblichen in seelisch-geistiger Chemie dargestellt werden könne. Dieses kann sein. Daß es eine solche geistig-seelische Chemie gibt, das ist es, was Geisteswissenschaft heute der Menschheit zu sagen hat, so wie der Kopernikanismus der dadurch überraschten Menschheit zu sagen hatte, daß die Erde nicht still steht, sondern in rasendem Tempo um die Sonne sich bewegt, die Sonne aber still steht. Und wie noch bis in das 19. Jahrhundert herein Kopernikanische Schriften auf dem Index standen, so werden in gewisser Beziehung lange die Erkenntnisse der Geisteswissenschaft auf dem Index anderer Weltanschauungen stehen, jener Weltanschauungen, die sich nicht losmachen können von dem, was jahrhundertealte Vorurteile sind, was Denkgewohnheiten sind. Und daß diese Geisteswissenschaft dennoch bis zu einem gewissen Grad jetzt schon Herzen und Seelen ergreifen kann, daß sie nicht gerade außerhalb des Suchens unserer Zeit liegt, dafür haben wir ja einen kleinen Beweis, dessen ich mich nicht rühmen will, der aber erwähnt werden darf als ein Zeugnis für das, ich möchte sagen, in den Seelen verborgene Zeitgemäße der Geisteswissenschaft. Sind wir ja in der Lage, bereits in unserer Zeit dieser Geisteswissenschaft eine freie Hochschule auf freiem schweizerischem Boden zu bauen; und können wir doch erblicken durch das Verständnis der Freunde dieser Geistesströmung das Wahrzeichen derselben in dem auch dem Baustil nach neuen, doppelkuppeligen Rundbau, welcher von Dornachs Höhen, bei Basel, als ein erstes äußeres Denkmal sich erheben soll für das, was diese Geisteswissenschaft der modernen Kultur einzuverleiben hat. Daß dieser Bau schon im Aufrichten ist, daß sich die Formen seiner Kuppeln schon über den Rundbau erheben, das läßt uns heute mit noch viel mehr Hoffnung und innerer Befriedigung von Geisteswissenschaft sprechen, trotz all der Gegnerschaft, trotz all des Unverständnisses, das ihr begegnet und begegnen muß heute noch in weiten Kreisen.

Das, was ich als geistige Chemie bezeichnet habe, ist allerdings nichts, was erreicht werden kann durch äußere Methoden, die man mit den Augen ansehen kann, die durch äußere Verrichtungen herbeigeführt werden. Das, was geistige Chemie genannt werden kann, vollzieht sich lediglich an der menschlichen Seele selber, und Verrichtungen sind es intimer seelisch-geistiger Art, Verrichtungen, welche die Seele nicht so lassen, wie sie im alltäglichen Leben ist, sondern welche wirken auf diese Seele so, daß sie sich umartet, daß sie zu einem ganz anderen Erkenntniswerkzeug wird, als sie gewöhnlich ist. Und nicht sind es irgendwelche, man möchte sagen, wunderbare Verrichtungen, irgendwelche vom Aberglauben hergenommenen Verrichtungen, die also in geistiger Chemie angewendet werden, sondern es sind durchaus innere, geistig-seelische Verrichtungen, welche sich aufbauen auf dem, was auch im alltäglichen Leben vorhanden ist: Kräfte der Seele, die immer da sind, die wir im alltäglichen Leben brauchen, die aber in diesem alltäglichen Leben, ich möchte sagen, nur nebenher verwendet werden, die aber unermeßlich gesteigert werden müssen, ins Unbegrenzte sich erkraften müssen, wenn der Mensch wirklich zum geistigen Erkenner werden soll.

Die eine Kraft, die in unserem ganzen seelischen Leben sich betätigt mehr nebenher, aber unermeßlich gesteigert werden muß, wir können sie nennen: die Aufmerksamkeit. Was ist Aufmerksamkeit? Nun, wir lassen das Leben, das an der Seele vorüberflutet, nicht so, wie es sich selbst gestaltet, vorüberfluten; wir raffen uns im Inneren auf, um den geistigen Blick auf dieses oder jenes hinzurichten. Einzelne Dinge greifen wir heraus, stellen sie in das Blickfeld unseres Bewußtseins, konzentrieren die Seelenkräfte auf diese Einzelheiten. Und wir dürfen sagen: Nur dadurch ist unser seelisches Leben, das Aktivität braucht, auch im Alltag möglich, daß wir entwickeln können ein solches Interesse, das heraushebt einzelne Ereignisse und Tatsachen und Wesenheiten aus dem vorüberflutenden Strom des Daseins. Diese Aufmerksamkeit, sie ist im gewöhnlichen Leben durchaus notwendig. Man wird immer mehr und mehr einsehen, gerade wenn auch Geisteswissenschaft ein wenig in die Seelen eindringt, daß im Grunde genommen das, was die Menschen die Gedächtnisfrage nennen, nur eine Aufmerksamkeitsfrage ist, und das wird wichtige Gesichtspunkte werfen selbst auf alle Erziehungsfragen. Man kann geradezu sagen, je mehr man sich bemüht, schon beim heranwachsenden und auch beim späteren Menschen die Seele immer wieder und wiederum in die Tätigkeit der Aufmerksamkeit zu versetzen, desto mehr wird das Gedächtnis verstärkt. Nicht allein, daß es besser wirkt für die Dinge, auf die wir aufmerksam gewesen sind, sondern je öfter wir diese Aufmerksamkeitstätigkeit ausüben können, desto mehr wächst unser Gedächtnis heran, desto intensiver gestaltet es sich. Und ein anderes noch: Wer hätte heute nicht gehört von jener traurigen Seelenerscheinung, die man die Diskontinuität des Bewußtseins nennen könnte. Es gibt heute Menschen, die kein volles Zurückschauen haben auf ihr seitheriges Leben, wo sie hinterher nicht wissen: Du warst mit deinem Ich in diesem oder jenem Erlebnisse; die nicht wissen, was sie durchgemacht haben. Vorkommen kann es, daß solche Menschen ihr Heim verlassen, weil sie die Folgerichtigkeit in ihrem seelischen Erleben verloren haben; daß sie ihr Heim verlassen ohne Sinn und Verstand, daß sie wie mit Verlust ihres eigenen Ichs durch die Welt gehen, so daß sie erst nach Jahren wieder finden ihr Ich und anknüpfen können an das, was da ihr Ich erlebt hat. Niemals würden solche Erscheinungen zu jener Tragik führen können, zu der sie oftmals führen, wenn man wüßte, daß auch diese Integrität, dieses In-sich-voll-bewußt-Halten des Bewußtseins abhängt von einer regelrechten Entwickelung der Aufmerksamkeitsbetätigung.

So ist Aufmerksamkeitsbetätigung etwas, was wir im gewöhnlichen Leben durchaus brauchen. Der Geistesforscher muß anknüpfen an sie, muß sie entwickeln zu besonderer innerer Seelenerkraftung, muß sie vertiefen zu dem, was man nennen könnte Meditation, Konzentration. Das sind die technischen Ausdrücke für die Sache. So wie wir im gewöhnlichen Leben, veranlaßt durch das Leben selber, dem oder jenem Gegenstand die Aufmerksamkeit zuwenden, so wendet der Geistesforscher aus innerer Seelenmethodik heraus alle Seelenkräfte auf eine Vorstellung, ein Bild, eine Empfindung, einen Willensimpuls, eine Gemütsstimmung, die er überschauen kann, die ganz klar vor seiner Seele ist, und auf die er alle Seelenkräfte konzentriert; aber so konzentriert, daß er, wie nur sonst im tiefen Schlaf, alle Sinnentätigkeit unterdrückt hat, die sich auf Äußeres richtet, daß er alles Denken und Trachten, alle Sorgen und Affekte des Lebens so zum Stillstand gebracht hat, wie sonst nur im tiefen Schlaf. In bezug auf das gewöhnliche Leben wird in der Tat der Mensch so, wie sonst im tiefen Schlaf; nur daß er sein Bewußtsein nicht verliert, daß er es völlig wach erhält. Aber alle Kräfte der Seele, die sonst zerstreut sind auf das äußere Erleben, auf die Sorgen und Bekümmernisse des Daseins, die sind konzentriert auf die eine, durch Willkür in den Mittelpunkt des menschlichen Seelenlebens gestellte Vorstellung, Empfindung oder sonstiges. Dadurch drängen sich die Seelenkräfte zusammen und das, was sonst nur schlummert, nur wie zwischen den Zeilen des Lebens für dieses Leben mitwirkt, das kraftet sich heraus, prägt sich heraus aus der menschlichen Seele; und es tritt tatsächlich ein, daß durch diese innere Erkraftung der menschlichen Seele in der konzentrierten Tätigkeit, in der ins Unermeßliche gesteigerten Aufmerksamkeit, diese Seele sich so in sich erleben lernt, daß sie fähig wird, sich bewußt herauszureißen aus dem physisch-sinnlichen Leib, wie der Wasserstoff durch die chemische Methode herausgelöst wird aus dem Wasser.

Allerdings, es ist eine innere seelische Erarbeitung, die durch Jahre geht, wenn der Geistesforscher seine Seele durch solche Aufmerksamkeits-, durch solche Konzentrationsbetätigung dazu befähigen will, sich herauszureißen aus dem physischen Leib. Dann aber kommt die Zeit, wo der Geistesforscher einen Sinn zu verbinden weiß mit dem Worte, oh, mit dem der heutigen Welt so paradox klingenden Worte, mit dem dieser Welt so phantastisch erscheinenden Worte: Ich erlebe mich als geistig seelisches Wesen außerhalb meines Leibes und ich weiß, daß dieser Leib außerhalb meiner Seele sich befindet – nun, wie der Tisch sich außerhalb meines Leibes befindet. Ich weiß, daß die Seele, innerlich erkraftet, sich so erleben kann, auch wenn sie den Leib wie ein fremdes Objekt vor sich hat, diesen Leib mit all seinen Schicksalen, die er im gewöhnlichen äußeren Leben durchläuft. Der Mensch wird sich in dem, was er sonst ist, vollständig äußere Wesenheit und er erlebt sich als geistig seelisches Wesen in Absonderung von seinem Leib, und dieses geistig seelische Wesen zeigt dann ganz andere Eigenschaften, als es zeigt, wenn es mit dem physisch-sinnlichen Leibe verbunden ist und sich des an das Gehirn gebundenen Verstandes bedient.

Zunächst löst sich die Denkkraft los von dem physischen Erleben. – Da ich nicht in Abstraktionen sprechen will, sondern von wirklichen Tatsachen berichten möchte, so stoßen Sie sich nicht daran, daß ich ungeschminkt, vorurteilsfrei schildern möchte das, was heute noch so paradox klingt. Wenn der Geistesforscher anfängt einen Sinn zu verbinden mit dem Wort: Du lebst jetzt in deiner Seele; du weißt, daß deine Seele ein wirklich geistiges Wesen ist, in dem du dich erlebst, wenn du außerhalb deiner Sinne und des Gehirns bist; dann erfühlt er sich zunächst mit seinem Denken wie außerhalb seines Gehirns, seinen Kopf umwebend und umlebend. Ja, er weiß, da man, solange man im physischen Leib zwischen der Geburt und dem Tode steht, immer wieder und wieder in den Leib zurückkehren muß –, es weiß der Geistesforscher genau den Moment zu beobachten, wo er, nachdem er mit dem rein Geistig-Seelischen gelebt hat, wiederum zurückkehrt mit seinem Denken in sein Gehirn. Er erlebt es, wie dieses Gehirn einen Widerstand bietet, fühlt, wie er gleichsam mit den Wellen des früheren, rein geistigen Lebens untertaucht und dann hineinschlüpft in sein physisches Gehirn, das jetzt in seiner eigenen Betätigung wiederum dem folgt, was das Geistig-Seelische vollbringt. Dieses Erleben außerhalb des Leibes und dieses wiederum Untertauchen in den Leib, es gehört zu den erschütterndsten Erlebnissen des Geistesforschers.

Aber dieses rein in sich selber sich erlebende Denken, das außerhalb des Gehirns verläuft, stellt sich anders dar, als das gewöhnliche Denken. Die gewöhnlichen Gedanken sind schattenhaft gegen die Gedanken, die nunmehr wie eine neue Welt dastehen vor dem Geistesforscher, wenn er außerhalb seines Leibes ist. Es durchdringen sich die Gedanken mit innerer Bildhaftigkeit. Deshalb nennen wir das, was sich da hinstellt vor das geistige Auge: Imaginationen – aber nicht deshalb, weil wir glauben, daß diese nur etwas Phantastisches, Erdachtes enthalten, sondern weil das, was da wahrgenommen wird, tatsächlich bildhaft erlebt wird, imaginiert wird; aber diese Imagination ist ein Untertauchen in die Dinge selbst, man erlebt die Dinge und Vorgänge der geistigen Welt, und die Dinge und Vorgänge der geistigen Welt stellen sich in Imaginationen vor die Seele hin. – So kann das Denken abgesondert werden von dem physisch-leiblichen Leben, und der Geistesforscher kann sich wissen in einer Welt geistiger Vorgänge und Wesenheiten.

Aber auch andere Kräfte des Menschen können abgelöst werden von dem rein Leiblich-Physischen. Wenn das Denken abgelöst wird, dann erlebt der Geistesforscher zunächst nach all dem, was jetzt geschildert worden ist, sich selber in seiner rein geistig-seelischen Wesenheit; aber es ist das, was er da mit den Dingen und Vorgängen in der geistigen Welt erlebt, eine ganz andere Art und Weise des Wahrnehmens als das gewöhnliche Wahrnehmen. Wenn man gewöhnlich die Dinge wahrnimmt, sind sie dort, und man selber ist hier; sie stehen einem gegenüber. So ist es nicht von dem Augenblick an, wo man im geistig-seelischen Erleben eine geistige Welt um sich hat, die wirklich mit derselben Notwendigkeit aufsteigt, wie um den Blindgeborenen herum Farben und Licht sich erheben, wenn er operiert worden ist. Nein, so wie die äußere Welt erlebt man die geistige Welt nicht. Dieses Erleben ist ein solches, daß man die Dinge und Wesenheiten der geistigen Welt nicht bloß vor sich hat, sondern daß man mit seinem ganzen Wesen untertaucht in sie. Dann weiß man: Du nimmst die Dinge und Wesenheiten wahr, indem du mit deinem Wesen in sie ausgeflossen bist und das, was in ihnen ist, so wahrnimmst, daß sie sich in den Bildern nachbilden, die du schaust. Man fühlt, daß alle Wahrnehmung eine Nachbildung ist. Man fühlt sich in fortwährender Tätigkeit. Deshalb könnte man nennen dieses Aufleben der imaginativen Gedankenwelt eine geistige Mimik, ein geistiges Mienenspiel. Man reißt sich aus dem Leiblichen mit seinem Seelisch-Geistigen heraus; aber dieses Seelisch-Geistige ist in fortwährender Tätigkeit und taucht unter in die Vorgänge der geistigen Welt und ahmt nach, was in ihnen als ihre eigenen Kräfte lebt; und man fühlt sich so mit den Wesen verbunden, daß man vergleichen kann dieses Untertauchen damit, wie wenn jemand einem Menschen gegenüberstünde, erraten könnte, was in diesem lebt, und ein solches inneres Miterleben hätte, daß er in seinem eigenen Mienenspiel den Ausdruck der Trauer zeigen müßte, wenn der andere traurig wäre, und in seinem eigenen Mienenspiel den Ausdruck der Freude zeigen müßte, wenn der andere freudig wäre. So erlebt man geistig-seelisch mit, was andere erleben; man wird selber der Ausdruck davon. In der geistigen Miene drückt man selbst das Wesen der Dinge aus. Ein aktives Wahrnehmen ist es, zu dem man getrieben wird. Man darf sagen: Geistesforschung stellt ganz andere Anforderungen an die menschliche Seele als äußere Forschung, die die Dinge passiv hinnimmt, die Anforderungen, daß die Seele in innerer Regsamkeit ist und untertauchen kann in die Dinge und Wesenheiten und zum Selbstausdruck desjenigen wird, was die Dinge ihr darbieten.

So wie nun die Denkkraft als Geistig-Seelisches eben in geistiger Chemie herausgesondert werden kann aus dem Physisch-Leiblichen, so kann auch eine andere Kraft, die der Mensch sonst nur im Leibe verwendet, die sich sozusagen hineingießt in den Leib, aus diesem Leib herausgesondert werden. So sonderbar das klingt: Diese andere Kraft ist die Sprachkraft, die Kraft, die wir sonst im gewöhnlichen Leben im Sprechen anwenden.

Wie ist es denn, wenn wir sprechen? Unsere Gedanken leben in uns, unsere Gedanken lassen mitvibrieren unser Gehirn; dieses hat seine

Verbindung mit dem Sprachapparat, Muskeln werden in Bewegung gesetzt; was wir innerlich erleben, fließt aus in die Worte und lebt in den Worten. Können wir nicht sagen und gerade von dem Gesichtspunkt der Geisteswissenschaft aus müssen wir das sagen: In dem Sprechen ergießen wir, was in unserer Seele ist, in leiblich-physische Organe hinaus. Dadurch, daß der Mensch die Aufmerksamkeit also steigert, wie es geschildert worden ist, und noch etwas anderes hinzufügt – wiederum eine solche Betätigung, die gewöhnlich schon vorhanden ist und auch ins Unbegrenzte gesteigert werden muß –, entsteht die Loslösung der Sprachkraft von dem physisch-sinnlichen Leibe. Diese Kraft ist die Hingabe.

Wir kennen sie in den Momenten, wo wir religiös fühlen, wo wir in Liebe diesem oder jenem Wesen hingegeben sind, wo wir in strenger Forschung den Dingen und ihren Gesetzen folgen können, wo wir uns selbst vergessen können mit all unseren Empfindungen und Gedanken. Wir kennen sie, diese Hingabe. Sie verfließt eigentlich nur zwischen den Zeilen des gewöhnlichen Lebens. Der Geistesforscher muß diese Kraft ins Unendliche steigern; unbegrenzt muß er sie erkraften. Er muß in der Tat dem Strom des Daseins so hingegeben sein können, wie er sonst nur hingegeben ist diesem Strom des Daseins – ohne selbst etwas dazu zu tun zu dem, was er erlebt – im tiefen Schlaf, wenn alle Regsamkeit seiner Glieder ruht, wenn alle Sinne schweigen, wenn der Mensch nur ganz hingegeben ist und nichts tut; aber dann ist er im Schlaf in die Bewußtlosigkeit verfallen. Wenn sich aber der Mensch durch innere Willkür dazu aufraffen kann, immer wieder und wiederum es als Übung seiner Seele zu machen, daß er alle Sinnestätigkeit unterdrückt, daß er alle Regsamkeit der Glieder unterdrückt, daß er sein physisch-sinnliches Leben versetzt in einen Zustand, wie es sonst nur im tiefen Schlafe ist, dabei aber wach bleibt, vollständig sein inneres Bewußtsein licht erhält und das Gefühl, die Empfindung entwickelt, eingegossen zu sein dem Strom des Daseins, nichts zu wollen als das, was die Welt mit einem will: wenn er dieses Gefühl immer wieder und wiederum hervorruft, wenn er es aber hervorruft abgesondert von der Aufmerksamkeit, dann erkraftet sich die Seele gerade immer mehr und mehr.

Nur müssen die beiden Übungen – die mit der Aufmerksamkeit und die mit der Hingabe – abgetrennt voneinander gemacht werden; denn sie widersprechen einander. Hat die Aufmerksamkeit erfordert höchste Anspannung, Konzentration nach einem Objekte hin: die vertiefte Meditation; so erfordert Hingabe, passive Hingabe an den Strom des Daseins, unermeßliche Steigerung desjenigen Gefühls, das wir finden im religiösen Erleben oder in sonstiger Hingabe an ein geliebtes Wesen. Die Früchte, die der Mensch aus solch unermeßlicher Steigerung der Hingabe und Aufmerksamkeit schöpft, sind eben, daß er sein geistig-seelisches Leben heraussondert aus dem Physisch-Leiblichen. Und so kann die Kraft, die sonst in das Wort sich ausgießt, die dadurch sich betätigt, daß sie nicht in sich stehen bleibt, sondern die Nerven in Bewegung versetzt, diese Kraft kann abgetrennt werden von der äußeren Sprachbetätigung, kann im Seelisch-Geistigen in sich selber bleiben. Da wird die Sprachkraft – so können wir sie nennen – aus ihrem Sinnlich-Physischen herausgerissen, und der Mensch erlebt dasjenige, was man mit einem *Goetheschen* Wort das geistige Gehör, das geistige Hören nennen kann.

Wiederum ist es so, daß der Mensch sich erlebt außerhalb seines Leibes, aber jetzt so, daß er untertaucht in die Dinge und das innere Wesen der Dinge wahrnimmt; aber auch so wahrnimmt, daß er es in sich selber nachbildet, wie mit einer inneren Gebärde, nicht bloß wie mit einer Miene, sondern mit innerer Gebärde, wie mit einer inneren Geste. Das aus dem Leib herausgerissene Seelisch-Geistige betätigt sich so, wie wenn wir versucht sind, durch eine besondere Anlage in bezug auf unser Nachahmungstalent, das durch unsere Geste auszudrücken, was uns beschäftigt. Was da nur durch besondere Anlagen gemacht wird, das macht die aus dem Leib herausgerissene Seele, um wahrzunehmen. Sie taucht unter in die Dinge, und was für Kräfte da drinnen spielen, das bildet sie aktiv nach. All dieses Wahrnehmen in der geistigen Welt ist ein Sich-Betätigen, und indem man die Tätigkeit wahrnimmt, in die man sich versetzen muß, weil man nachbildet das innere Weben und Wesen der Dinge, nimmt man diese Dinge wahr. In der äußeren sinnlichen Welt ist das Hören passiv, wir hören zu. – Sprechen und Hören fließen wie zusammen im geistigen Hören. Wir tauchen unter in das Wesen der Dinge; wir hören ihr inneres Weben. Was *Pythagoras* die Sphärenmusik genannt hat, ist etwas, was der Geistesforscher wirklich erreichen kann. Er taucht unter in die Dinge und Wesen der geistigen Welt und hört, aber hört, indem er ausspricht. Ein sprechendes Hören, ein hörendes Sprechen im Untertauchen in das Wesen der Dinge ist das, was man erlebt. Die wahre Inspiration ist es, die sich also ergibt.

Und eine dritte innere Betätigung, eine dritte Art inneren Erlebens kann über den Geistesforscher kommen, wenn er die gesteigerte Aufmerksamkeit und Hingabe immer weiter entwickelt. Was da an und in dem Geistesforscher auftritt, indem er sich außerhalb seines Leibes erlebt, ich möchte es in der folgenden Weise besprechen.

Betrachten wir das Kind. Es ist des Menschen Eigentümlichkeit – ich kann nicht ausführlich darüber sprechen, ich will nur das andeuten, was zum Zweck des heutigen Vortrags wichtig ist –, es ist eine Eigentümlichkeit des heranwachsenden Menschen, daß er sich seine Richtung im Raume, daß er sich die Art und Weise, in den Raum hineingestellt zu sein, selber geben muß im Laufe des Kindheitslebens. Der Mensch wird geboren, indem er nicht gehen, nicht stehen kann, indem er sich anfangs, wie man hier in Österreich zu sagen pflegt, aller Viere bedienen muß. Dann entwickelt er jene inneren Kräfte, die ich Aufrichtekräfte nennen möchte, und dadurch tritt im Menschen das hervor, was so viele tiefere Geister in seiner Bedeutung gefühlt haben, indem sie sagten: dadurch, daß sich der Mensch in die vertikale Richtung erheben kann, weiß er den Blick hinauszurichten in die Weiten des Himmelsraumes, haftet sein Blick nicht bloß an dem Irdischen. Aber das Wesentliche ist, daß der Mensch durch innere Kräfte, durch inneres Erkraften und Erleben sich herausentwickelt sozusagen aus seinem hilflosen horizontalen Leben in das aufrechte vertikale Leben hinein. Der Naturwissenschafter wird schon einsehen, daß das, was da an innerer Betätigung des Menschen vorhanden ist, etwas ganz anderes ist als die Vererbungskräfte, die dem Tiere seine Richtkräfte geben in der Welt. Ganz anders wirken die Kräfte im Tier, die das Tier in diese oder jene Richtung zur Vertikalen bringen, als im Menschen, in welchem eine Summe von Kräften wirkt, die ihn herausreißt aus seiner hilflosen Lage, und die innerlich wirkt, um ihm anzuweisen diejenige Raumesrichtung, durch die er eigentlich im wahren Sinn des Wortes Erdenmensch ist, durch die er erst wird, was er als Mensch auf der Erde ist. Diese Kräfte wirken sehr im Verborgenen. Man kommt ihnen nur bei, wenn man sich schon ein wenig in Geisteswissenschaft vertieft hat; aber es ist ein ganzes System, eine große Summe von Kräften. Sie werden nicht alle verbraucht in der kindlichen Zeit des Menschen, wo er stehen und gehen lernt. Es schlummern gerade Kräfte von dieser Art noch im Menschen drinnen; aber sie bleiben unbenützt im äußeren Sinnesleben und im äußeren Wissenschaftsleben.

Durch das, was die Seele an Übungen gesteigerter Aufmerksamkeit und Hingabe verrichtet, wird der Mensch innerlich gewahr, wie in ihm sitzen diese Kräfte, die ihn aufgerichtet haben als Kind. Er wird geistiger Richtekräfte, geistiger Bewegungskräfte sich bewußt und die Folge davon ist, daß er zu der inneren Mimik, zu dem inneren Mienenspiel, zu der inneren Gebärdenfähigkeit, zu der inneren Geste, auch innere Physiognomie seines Geistig-Seelischen hinzuzufügen vermag. Wenn das Geistig-Seelische so heraus ist aus dem Physisch-Leiblichen, wenn der Mensch anfängt als Geistesforscher einen Sinn verbinden zu können mit dem Wort: Du erlebst dich im Geistig-Seelischen –, dann kommt auch die Zeit, wo er sich der Kräfte bewußt wird, die ihn aufgerichtet haben, die ihn als physisch-sinnliches Wesen vertikal auf die Erde gestellt haben. Diese Kräfte verwendet er jetzt im rein Geistig-Seelischen, und dadurch kommt er in die Lage, diese Kräfte anders zu verwenden als sonst im Leben; er gelangt dazu, diesen Kräften andere Richtungen zu geben, aus sich selber eine andere Gestalt zu machen als er gemacht hat im physischen Erleben während seiner Kindheit. Er weiß jetzt innere Bewegungen zu entwickeln, weiß sich allen Richtungen anzupassen, er weiß seinem Geistigen andere Physiognomien zu geben denn als Erdenmensch; er gelangt dazu, hinunterzutauchen in andere geistige Vorgänge und Wesen; er weiß sich so zu verbinden, daß er die Kräfte, die ihn sonst vom kriechenden Kinde zum aufrechten Menschen wandeln, daß er diese wandelt im Inneren der geistigen Dinge und Wesenheiten, so daß er diesen

Dingen und Wesenheiten ähnlich wird und sie so selber ausdrückt und dadurch wahrnimmt. Das ist die reale Intuition. Denn das wirkliche Wahrnehmen geistiger Wesenheiten und Vorgänge ist ein Untertauchen in dieselben, ist ein Annehmen ihrer eigenen Physiognomie. Während man das, was Vorgänge in den Wesen sind, erlebt durch innere Mimik, während man die Beweglichkeit der geistigen Wesen erlebt dadurch, daß man ihre Gesten nachzubilden vermag; vermag man sich nun selber in die Dinge und Vorgänge zu verwandeln, vermag man die eigene Gestalt des Geistigen anzunehmen, dadurch nimmt man es wahr, daß man es sozusagen selbst geworden ist.

Ich habe Ihnen nicht in allgemein philosophischen Ausdrücken schildern wollen die Art und Weise, wie sich der Geistesforscher hineinlebt in die geistigen Welten, ich habe Ihnen möglichst konkret schildern wollen, wie dieses geistig-seelische Erleben vom Leiblichen, vom physisch-sinnlichen Wahrnehmen sich losreißt und untertaucht in die geistige Welt, indem es aktiv wahrnehmend in derselben wird. Das aber ist ersichtlich geworden, daß jeder Schritt in die geistige Welt hinein von Aktivität begleitet werden muß, daß wir bei jedem Schritte wissen müssen, daß die Dinge uns nicht ihr Wesen entgegentragen, sondern daß wir nur das wissen können von den Dingen und Vorgängen der geistigen Welt, was wir nachzubilden, nachzuschaffen imstande sind, indem wir uns aktiv wahrnehmend verhalten können. Das ist der große Unterschied der Geisteserkenntnis von der gewöhnlichen äußeren Erkenntnis, daß diese äußere Erkenntnis sich passiv hingibt den Dingen, daß die Geisteserkenntnis in fortwährender Aktivität leben muß, daß der Mensch werden muß zu dem, was er wahrnehmen will.

Es wird einem heute noch, oder man könnte auch sagen, heute schon wiederum verziehen, wenn man im allgemeinen von einer geistigen Welt spricht. Das lassen sich die Leute noch gefallen. Das aber wirkt noch auf unsere Zeit paradox, daß jemand sagen kann: Der Mensch kann sich loslösen von allem Sehen, Hören, allen sinnlichen Wahrnehmungen, allem Denken, das an Nerven und Gehirn gebunden ist, und kann sich dann, indem vor ihm ganz verschwindet alles, was erlebt wird im physischen Dasein, umgeben fühlen, umgeben wissen von einer ganz neuen konkreten Welt, ja, von einer Welt, in der Vorgänge und Wesen rein geistiger Art sind, so wie hier in der physischen Welt Vorgänge und Wesen physischer Art sind. Nicht ein verschwommener Pantheismus, nicht eine allgemeine Sauce des geistigen Lebens ist es, wovon Geisteswissenschaft zu sprechen hat. Der Geisteswissenschaft gegenüber ist es, wenn man nur von einem pantheistischen Geisteswesen spricht, so, wie wenn man sagte: Ich führe dich auf eine Wiese, da sprießt etwas auf, das ist Natur; dann führt man ihn in ein Laboratorium und sagt: Das ist Natur, Pan-Natur! Alle Blumen und Käferchen und Bäume und Sträucher, alle chemischen und physikalischen Vorgänge: Pan-Natur! Die Leute würden wenig zufrieden sein mit solcher Pan-Natur; denn sie wissen, man kommt nur zurecht, wenn man das Einzelne wirklich verfolgen kann. Ebensowenig wie die äußere Wissenschaft von Pan-Natur spricht, ebensowenig spricht Geisteswissenschaft von einer allgemeinen Geistessauce; sie spricht von wirklichen, wahrnehmbaren, konkreten geistigen Vorgängen und Wesenheiten. Sie darf sich nicht scheuen, herauszufordern die Zeit, indem sie sagt: Geradeso wie wir, wenn wir in der physischen Welt stehen, zunächst die Menschen als physische Wesen um uns sehen unter den, man könnte sagen, Hierarchien der physischen Wesen, der Mineralien, Pflanzen, Tiere und Menschen –, so schwindet das um uns herum aus unserem geistigen Horizont, wenn wir uns hineinleben in die geistige Welt; aber auftauchen geistige Reiche, geistige Hierarchien: Wesen, die zunächst dem Menschen gleich sind, Wesen, die höher sind als der Mensch; und so wie vom Menschen nach unten gehen die Tiere, Pflanzen und Mineralien in der physischen Welt, so sind da Wesen und Geschöpfe hinaufsteigend vom Menschen in höhere Reiche des Daseins, einzelne, individuelle geistige Wesenheiten und Geschöpfe.

Wie die Menschenseele sich selber hineinstellt in die geistige Welt, wie ihr Leben ist innerhalb dieser geistigen Welt nach der Geistesforschung, die im Prinzip heute angedeutet worden ist; wie die Menschenseele zu leben hat in dieser geistigen Welt, wenn sie den physischen Leib beim Tode ablegt, wenn sie den Gang durchmißt, nachdem sie durch die Pforte des Todes geschritten ist, in einer rein geistigen Welt, davon soll dann übermorgen die Rede sein. Über einzelne Erkenntnisse der Geisteswissenschaft über dieses Leben nach dem Tod soll der übermorgige Vortrag handeln.

Das, was Geisteswissenschaft so schon als ihre Methode ausbildet – nun, man merkt es sofort –, es unterscheidet sich sehr wesentlich von dem, was unsere Zeitgenossen als solches noch zugeben können aus den Denkgewohnheiten heraus, die sich einmal gebildet haben im Laufe der Jahrhunderte, und die ebenso fest sitzen gegenüber dieser Geisteswissenschaft wie die Denkgewohnheiten vergangener Jahrhunderte festgesessen sind gegenüber dem kopernikanischen Weltsystem. Aber, wie muß Geisteswissenschaft denken gegenüber dem Suchen der Zeit, wenn sie sich recht verstehen will und wenn sie sich recht verhalten will gegenüber diesem Suchen der Zeit?

Der erste Einwand, der aus unserer Zeit heraus so leicht gemacht werden kann, ist der, daß man sagt: Ja, der Geisteswissenschafter spricht also davon, daß die Seele erst besondere Kräfte entwickeln soll; dann kann sie hineinschauen in die geistige Welt. Derjenige, der diese Kräfte noch nicht entwickelt hat, der es noch nicht gebracht hat zum geistigen Bilderbilden, zum Trennen des Denkens, zum Abtrennen der Sprachkräfte, zum Abtrennen der Raumesrichtekräfte, der Wesenrichtekräfte, den ginge also die geistige Welt gar nichts an! Solcher Einwand ist gerade so wie der, der sagen würde: Derjenige, der nicht malen kann, den gehen Bilder nichts an. – Das wäre schlimm. Malen kann Bilder nur derjenige, der malen gelernt hat. Aber es wäre traurig, wenn derjenige nur Bilder begreiflich und verständlich finden könnte, der malen könnte. Malen kann es freilich nur der Maler; wenn aber das Bild vor dem Menschen steht, dann ist es so, daß die Menschenseele die ganz naturgemäßen Kräfte in sich hat, das Bild zu verstehen, auch wenn sie nicht vermag, es zu malen. Und die menschliche Seele hat eine Sprache in sich, die sie mit der lebendigen Kunst verbindet. So ist es mit der Geisteswissenschaft. Auffinden die Tatsachen und Vorgänge und Wesenheiten der geistigen Welt und sie schildern, das kann nur der, der selber zum Geistesforscher geworden ist; wenn aber der Geistesforscher sich bemüht – wie es zum Beispiel in bezug auf die geisteswissenschaftliche Methode heute versucht worden ist –, das, was er in der geistigen Welt erforscht, in die Worte der gewöhnlichen Gedanken und Ideen zu kleiden, dann ist das, was er so gibt, begreiflich jeder Seele, auch wenn sie kein Geistesforscher geworden ist; wenn sie nur hinwegzuräumen vermag all das, was aus der zeitgenössischen Bildung, was aus der Bildung kommt, die sich so gibt, als ob sie auf dem festen Boden der Naturwissenschaft stünde, die in Wahrheit aber durchaus nicht auf ihm steht, sondern es nur glaubt. Wenn sich die Seele nur aller Vorurteile begibt, wenn sie sich nur wirklich unbefangen wie der Betrachtung eines Bildes hingibt demjenigen, was der Geistesforscher zu künden weiß, dann ist das Ergebnis der Geistesforschung für jede Seele verständlich. Die menschlichen Seelen sind auf Wahrheit und auf Wahrheitsempfindung veranlagt, nicht auf die Empfindung der Unwahrheit und des Unrichtigen, wenn sie nur hinwegräumen allen Schutt, der sich aus Vorurteilen ansammelt. Tief ist in den Menschenseelen eine geheime intime Sprache, die Sprache, durch die jeder auf jeder Bildungs- und Entwickelungsstufe den Geistesforscher verstehen kann, wenn er nur will.

Das ist es aber, was gerade der Geisteswissenschafter in dem Suchen unserer Zeit findet. In verflossenen Jahrhunderten haben die Menschen einzig und allein geglaubt, über die geistige Welt etwas wissen zu können durch die Glaubensvorstellungen; in der letzten Zeit haben diese Seelen glauben können, daß ein sicheres Wissen sich nur auf den äußeren Tatsachen aufbauen lasse; in unserer Zeit wissen es die Seelen nur noch nicht in ihrem Oberbewußtsein, wie man sagen kann – bei dem, was sie sich deutlich machen können in Begriffen und Vorstellungen und Gefühlen, sitzt es noch nicht –, aber für den Geistesforscher ist es klar: Wir leben in einer Zeit, in der sich in den Tiefen der menschlichen Seelen, in jenen Tiefen, von denen diese Seelen selber noch nicht viel wissen, vorbereitet Sehnsucht nach der Geisteswissenschaft, Hoffnung auf diese Geisteswissenschaft. Immer mehr und mehr wird man erkennen, daß alte Vorurteile schwinden müssen. Namentlich in bezug auf das Denken wird man dann so manches erkennen. So wird es heute noch viele Menschen geben – gerade diejenigen, die glauben auf einem festgefügten philosophischen Boden zu stehen –, die da sagen: Hat es nicht Kant bewiesen, hat es nicht die Physiologie bewiesen, daß der Mensch hinter die Sinneswelt nicht hinuntertauchen kann mit seinem Wissen? Und nun kommt da eine solche Geisteswissenschaft und will Kant bekämpfen, will zeigen, daß das nicht richtig sei, was die moderne Physiologie so klärlich zeigt! Ja, Geisteswissenschaft will gar nicht zeigen, daß das unrichtig sei, was Kant von seinem Standpunkt aus sagt und was die moderne Physiologie von ihrem Standpunkte aus sagt; aber die Zeit, das heute noch im geheimen wirkende Suchen der Zeit, wird lernen, daß es noch einen anderen Gesichtspunkt gegenüber richtig und unrichtig gibt als den, an den man sich gewöhnt hat. Nehmen wir, wie sich die wirkliche Lebenspraxis – die Lebenspraxis, die die fruchtbare ist –, wie sich die zu diesen Dingen verhält.

Es könnte jemand durch strikte Beweise erhärten, daß der Mensch mit seinen Augen unfähig ist, zum Beispiel Zellen zu sehen. Solch ein Beweisgang könnte ganz richtig sein, so richtig wie der Kantsche Beweis, daß der Mensch mit den Fähigkeiten, die *Kant* kennt, nicht eindringen kann in das Wesen der Dinge. Nehmen wir an, es gäbe noch keine mikroskopische Forschung, und es sei bewiesen, der Mensch könne nicht kleinste Teile sehen; das kann richtig sein. Der Beweis kann in jeder Beziehung absolut klappen und nichts könnte einzuwenden sein gegen den strengen Beweis, daß der Mensch mit seinen Augen zunächst die kleinsten Teilorganismen der großen Organismen nicht sehen kann. Aber darauf kam es nicht an im wirklichen Fortgang der Forschung; da kam es darauf an, trotz der Richtigkeit dieses Beweises zu zeigen, daß physische Werkzeuge gefunden werden können, Mikroskop, Teleskop und andere, um das zu erreichen, was ganz beweisbar nicht erreicht werden kann, wenn die Fähigkeiten unbewaffnet bleiben, die der Mensch hat. Recht haben die, die da sagen: Die menschlichen Fähigkeiten sind begrenzt; aber die Geisteswissenschaft widerspricht ihnen nicht, sie zeigt nur, daß es ebenso eine geistige Erkraftung und Verstärkung der menschlichen Erkenntniskräfte gibt, wie es eine physische Erkraftung gibt, und daß trotz der Richtigkeit des entgegengesetzten Gedankenganges die fruchtbare Geistesforschung sich gerade jenseits eines solchen Richtigen und Unrichtigen stellen muß. Die Menschen werden lernen, nicht mehr zu pochen auf das, was sich mit den beschränkten Mitteln der Beweiskräfte, die man hat, eben beweisen läßt; sie werden einsehen, daß das Leben andere Anforderungen an die Menschheitsentwickelung stellt als das, was man manchmal so unmittelbar logisch sicher nennt.

Und ein anderes muß gesagt werden, wenn das wirkliche, nicht bloß das eingebildete Suchen der Zeit in Beziehung gebracht werden soll zu demjenigen, was Geistesforschung wirklich als Aufgabe, als Ziel hat. Noch einmal darf da hingewiesen werden auf die wahrhaft gewaltigen Fortschritte der Naturwissenschaft. Es ist nicht zu verwundern gegenüber diesen großen, gewaltigen Fortschritten der Naturwissenschaft, daß es heute Geister gibt, die da glauben, auf dem festen Boden der Naturwissenschaft ein Weltgebäude aufrichten zu können, das allerdings nicht auf solche Kräfte reflektiert, wie sie heute besprochen worden sind. Es gibt heute eine schon weitverbreitete, ich möchte sagen, materialistisch gefärbte Geistesrichtung; aber sie nennt sich etwas nobler, weil der Ausdruck materialistisch in Mißklang gekommen ist, die monistische Geistesströmung: diese monistische Geistesströmung, deren Oberhaupt der ganz gewiß auf seinem naturwissenschaftlichen Gebiet bedeutende *Ernst Haeckel* und deren Feldmarschall *Wilhelm Ostwald* ist. Diese Geistesanschauung, sie versucht durch einen Ausbau dessen, was an Einsichten bloß aus der Naturerkenntnis heraus gewonnen werden kann, eine Weltanschauung aufzubauen. Das Suchen der Zeit wird gegenüber einem solchen Versuch zu dem folgenden Ergebnis kommen: Solange die Naturwissenschaft dabei stehenbleibt, die Gesetze des äußeren Sinnesdaseins zu erforschen, die Zusammenhänge in diesem äußeren Sinnesdasein der Seele zu vergegenwärtigen, so lange steht Naturwissenschaft auf festem Boden. Und sie hat wahrhaftig ein Großes geleistet; sie hat das Große geleistet, daß sie alten Vorurteilen das Lebenslicht gründlich ausgeblasen hat. So wie noch Faust selbst vor der Natur gestanden hat und zu einer äußeren, materiellen Magie gegriffen hat, so kann heute der, der die Naturwissenschaft versteht, nicht mehr zu einer solchen materiellen Magie greifen. – Aber etwas anderes ist es, daß das geistige Leben selber, auf den Wegen, die charakterisiert worden sind, eine innere Magie der Seele auferlegt. – Gegen alle jene abergläubischen Geistesströmungen, gegen alles das, was die äußere Natur so erklären will, wie wir etwa eine Uhr erklären, wenn wir sagen: Da sind drinnen kleine Geisterchen; gegenüber aller Naturerklärung, die hinter den Naturerscheinungen diese und jene Wesen findet, hat die Naturwissenschaft ihr Großes geleistet in der Negation, auch als Weltanschauung. Und schauen wir uns einmal an, wie die sogenannte naturwissenschaftliche Naturanschauung wirkt, solange sich die Geister damit beschäftigen können, die alten, ungesunden Begriffe von allerlei geistigen Wesen, die hinter der Natur erdichtet werden, zu beseitigen. Solange Front gemacht werden kann gegen solches Geistesstreben, so lange lebt eine naturwissenschaftliche Weltanschauung von der Bekämpfung desjenigen, was bekämpft werden mußte.

Aber dieser Kampf, er hat in gewisser Beziehung seinen Höhepunkt schon überschritten, hat sein Gutes bereits geleistet; und heute geht das Suchen der Zeit dahin, zu fragen: Mit welchen Mitteln können wir uns ein Weltbild aufbauen, in dem die menschliche Seele drinnen Platz hat? Da versagt diese naturwissenschaftliche Weltanschauung, dieser Haeckel-Ostwaldsche Materialismus völlig, wenn sich der Mensch richtig versteht. Immer klarer und klarer wird es dem Suchen der Zeit werden, man möchte sagen, daß als Soldaten die Bekenner der rein materialistischen Weltanschauung im Bekämpfen alten Aberglaubens groß sind, daß sie aber sind wie Krieger, die ihren Dienst getan und nun kein Talent haben, die Künste des Friedens zu entwickeln, Industrien zu entwickeln, Ackerbau zu treiben. Der Naturwissenschaft soll nicht ihre Größe genommen werden, wenn sie Weltanschauung wird, um zu bekämpfen abergläubische Vorstellungen. Solange solche Weltanschauungsdenker stehenbleiben können beim Kampf, da haben sie noch etwas am Kampf in der Seele, was sie aufrecht erhält, wenn aber der Mensch sich dann ein wirkliches Weltbild aufbauen will, in welchem die Seele einen Platz hat, dann ist er wie der Krieger, der für die Künste des Friedens kein Talent hat. Da steht er gegenüber der Frage seiner Seele, sagen wir, in Friedenszeiten des Weltlebens, und es baut sich ein Weltenbild nicht auf.

Solche Stimmung wird sich immer mehr und mehr geltend machen in den Seelen; diese Stimmungen kann der Geistesforscher schon schauen in den Untergründen der Seelen. Da wo diese Seelen noch nichts davon wissen, da walten die Sehnsuchten nach dem, was die Geistesforschung der Welt bringen will. Das ist das Geheimnis der heutigen Zeit. Aber wenn sie so von einem höheren Gesichtspunkt aus, man möchte sagen, durchaus zeitgemäß ist, diese geistesforscherische Weltanschauung, so ist sie unzeitgemäß vor vielen Zeitgenossen, die noch nicht tief hineinschauen in das, was sie eigentlich selber wollen. Daher bringt diese Geisteswissenschaft zunächst ein Weltbild, das man so ansieht, als ob es nicht auf festem wissenschaftlichem Boden stünde. Das andere Weltbild, das des sogenannten Monismus, es will bloß auf Grundlage der äußeren Wissenschaft aufgebaut sein. Dieses Weltbild, man könnte an seiner Kehrseite heute sehen, wohin es führen muß, wenn die Seele wirklich ihre Hoffnungen, ihre Sehnsuchten erfüllt sehen will. In jener Aktivität der Geistesforschung, von der gesprochen worden ist, ergibt sich für die Seele das, was diese Seele wirklich hinaufhebt zur geistigen Gemeinschaft, ergibt sich die geistige Welt in wahrnehmbarer Aktivität, in aktiver Wahrnehmung. Durch die Geisteswissenschaft kann der Mensch wiederum wissen von der wahren Geisteswelt, von der geistigen Wirklichkeit. Davon weiß das sogenannte monistische Weltbild nichts zu sagen dem geistigen Suchen der Zeit.

Dieses Suchen der Zeit, dieses Suchen der menschlichen Seelen, es läßt sich aber nicht unterdrücken, und so hat sich ein Teil unserer Zeitgenossen schon daran gewöhnt, die Gedanken [über Geistiges] in sich selber gleichsam so zu stellen, daß diese Gedanken wie die naturwissenschaftlichen Gedanken laufen: daß Äußeres angeschaut wird in passiver Hingabe. Was ist geworden? Das ist geworden, daß ein Teil unserer Zeitgenossen – die sich damit beschäftigen, die wissen es – im Grunde genommen darauf verfallen ist, das Geistige so ansehen zu wollen, wie man das Sinnliche anschaut. Ich sage nicht, daß nicht auf diesem Wege manches durchaus Wahre zustande kommen kann; aber die Methode eines solchen Vorgehens ist eine andere als die der Geisteswissenschaft. Das, was man Spiritismus nennt, das will äußerlich, ohne aktive innere Wahrnehmung, ohne sich in die geistigen Welten zu erheben, geistige Wesenheiten und Vorgänge anschauen äußerlich passiv, wie man anschaut physisch-sinnliche Vorgänge. Wessen Kind ist der rein äußerliche, wir dürfen sagen materialistische Spiritismus? Er ist das Kind derjenigen Geistesströmung, die auf dem sogenannten monistischen Standpunkt steht und dem Aberglauben des Materialismus, der bloßen Wirksamkeit äußerer Naturgesetze sich hingibt. Was – so wird mancher Zeitgenosse sagen – der Spiritismus, ein Kind des echten Haeckelschen Monismus? – Das Suchen der Zeit wird sich davon überzeugen, daß es eben mit diesem Kind so geht wie mit anderen Kindern. Mancher Vater, manche Mutter hat die schönsten Gedanken über all das, was sich am Kind entwickeln soll, und es kann doch ein rechter Balg manchmal entstehen. Von dem, was als ein wahres Kulturkind der Monismus träumt, auf das kommt es nicht an; auf das kommt es an, was wirklich entsteht. Der bloße Glaube an das Materielle wird den Glauben erzeugen, daß auch die Geister sich materiell allein betätigen und offenbaren können. Und je mehr wachsen würde der reine monistische Materialismus, desto mehr würden Spiritistengesellschaften und spiritistische Anschauungen überall aufblühen als das notwendige Gegenbild. Je mehr es den blinden Bekennern Haeckel- und Ostwaldscher Richtung gelingen wird, in Weltanschauungsfragen gelingen wird, zurückzudrängen wahre Geisteswissenschaft, desto mehr werden sie sehen, daß sie züchten werden den Spiritismus, die Kehrseite wahrer Geistesforschung. So sicher der Geistesforscher steht auf dem Boden des erforschbaren, des erkennbaren, des wißbaren Geisteslebens, so wenig kann er der Methode folgen, die den Geist materialisieren will und sich passiv an das hingeben will, was Geist ist, während man es nur im Aktiven erleben kann.

Ich will aber doch auch das Suchen unserer Zeit, das sich noch nicht innerlich verstehen kann in bezug auf ein anderes charakterisieren. Ein Mann, der als Philosoph eine gewisse Schätzung verdient, hat einen sonderbaren Aufsatz in einer viel gelesenen Zeitschrift geschrieben. Darin schreibt er zum Beispiel, daß *Spinoza* und Kant für manchen Menschen recht schwer zu lesen sind. Man liest sich hinein in sie; aber da wandeln und wirbeln die Begriffe nur so herum –; nun, es soll durchaus nicht abgeleugnet werden, daß es für viele Menschen so ist, wenn sie sich in Kant oder Spinoza hineinlesen wollen, daß ihnen da die Begriffe durcheinanderwirbeln. Aber jener Philosoph gibt einen Ratschlag, wie man das gemäß dem Suchen unserer Zeit anders gestalten könne. Er sagt: Wir haben ja heute eine Einrichtung, einen technischen Fortschritt, durch den das, was in den bloß abstrakten Kantschen und Spinozaschen Gedanken vor die Seele gestellt, diese Seelen verwirrt, recht anschaulich vor die Seelen gebracht werden kann, so daß man sich ihm passiv in der Wahrnehmung hingeben kann. Der Philosoph will in einer Art von Kinematographen zeigen, wie Spinoza dasitzt, zunächst Glas schleift, wie dann der Gedanke der Ausdehnung über ihn kommt – das wird gezeigt in wechselnden Bildern. Das Bild der Ausdehnung verwandelt sich in das Bild des Denkens und so weiter. Und so könnte die ganze Ethik und Weltanschauung Spinozas anschaulich aufgebaut werden auf kinematographische Weise. Dem äußeren Suchen der Zeit wäre so Rechnung getragen. Merkwürdig, daß der Herausgeber der betreffenden Zeitschrift sogar die Anmerkung gemacht hat: So könnte dem uralten metaphysischen Bedürfnis des Menschen durch eine Erfindung, die manchen als Spielerei erscheint, abgeholfen werden, die durchaus zeitgemäß ist.

Nun könnte es vielleicht von einer gewissen Seite her ganz dem Suchen unserer Zeit, aber nur dem äußeren, angemessen sein, wenn man vor dem Kinematographen lesen könnte: Spinozas «Ethik» oder Kants «Kritik der reinen Vernunft». Warum denn nicht? Es wäre Rechnung getragen dem passiven Hingeben, das man heute liebt. Man liebt es so, daß man nicht glauben kann, daß das [Geistige] eine Realität haben muß, in das man sich nur *so* hineinfinden kann, daß man jeden Schritt mittut. Daß man an sich selber, in seinem Geistig-Seelischen, das ausdrückt, was das Wesen der Dinge ist, das liebt unsere Zeit noch nicht. Sehen wir uns einmal eine Anschlagsäule an! Versuchen wir die Gedanken zu erraten der Menschen, die davor stehen. Zu einem Vortrag, bei dem keine Lichtbilder gegeben werden, sondern wo bloß darauf reflektiert wird, daß die Seelen miterzeugen die Gedanken, die vorgebracht werden, werden nicht so viel Menschen hineingehen als zu einem Vortrag, wo Geistig-Seelisches angeblich in Lichtbildern demonstriert wird, wo man sich nur passiv hingeben braucht.

Wer hineinschaut in das Suchen unserer Zeit, wo es seine tiefsten, noch unbewußten Hoffnungen und Sehnsuchten geltend macht, der weiß, daß in den Tiefen der Seelen doch ruht der Trieb nach Aktivität; der Trieb, sich wieder zu finden als Seele in voller Aktivität. Frei, mit sicherem innerem Halt bedacht, kann die Menschenseele nur sein, wenn sie innere Aktivität entwickeln kann. Im Leben sich zurechtfinden und orientieren kann die menschliche Seele nur dadurch, daß sie sich bewußt wird, daß sie nicht nur das ist, was ihr von der Welt passiv geschenkt wird, sondern wenn sie weiß, daß sie dabei ist bei dem, was sie in Tätigkeit zu erleben vermag; und von der geistigen Welt vermag sie nur das einzusehen, dessen sie sich in Tätigkeit zu bemächtigen vermag. Im Nachdenken dessen, was die Geisteswissenschaft gibt, wird das Auffassen ein Mittun, eine Mittätigkeit entwickeln müssen; dadurch aber wird Geisteswissenschaft zu einer Befriedigung der tiefsten, der unterbewußten Triebe in den Seelen der Gegenwart, dadurch kommt sie entgegen dem intimsten Suchen unserer Zeit. Denn in bezug auf die hier mitberührten Dinge ist unsere Zeit eine Zeit des Übergangs. Oh, es ist leicht zu sagen, ist sogar trivial zu sagen: Wir leben in einer Übergangszeit; denn jede Zeit ist eine Übergangszeit. Daher ist es immer richtig, zu sagen, wir leben in einer Übergangszeit. Aber wenn man es betont, daß man in einer Übergangszeit lebe, so kommt es vielmehr darauf an, worin irgendeine Zeit in einem Übergang sich befinde. Will man nun unsere Zeit in ihrem Übergang schildern, so muß man sagen: Es war notwendig – denn nur dadurch konnten die Naturwissenschaften und was durch sie groß geworden ist, zu ihren Errungenschaften kommen –, daß einmal durch Jahrhunderte hindurch die Menschheit durch eine Erziehung zur Passivität gegangen ist; denn nur so, durch die Hingebung an die materialistischen Wahrheiten, konnte erreicht werden, was erreicht werden mußte gerade auf naturwissenschaftlichem Boden. Aber es ist so, daß sich das Leben rhythmisch abspielt. Wie ein Pendel aufschwingt und wieder abwärts schwingt und auf die entgegengesetzte Seite ausschlägt, so muß die Menschenseele, wenn sie in berechtigter Weise eine Zeitlang erzogen worden ist zu treuer, passiver Hingabe, sich wieder aufraffen, um sich selbst wieder zu finden; um sich in sich zu ergreifen, muß sie sich aufraffen zur Aktivität. Denn was ist sie durch die Passivität geworden? Nun, das, was sie geworden ist durch die Passivität, ich will es aussprechen ungescheut mit einem radikal klingenden Satze, der für viele gewiß viel zu paradox klingen wird. Aber auf der anderen Seite zeigt gerade das Sich-Einleben in die Geisteswissenschaft, wie es eigentlich nur die Tatsache ist, daß man sich nicht zu den Konsequenzen der naturwissenschaftlichen Weltanschauung aufrafft, wenn man dieses radikale Ergebnis nicht betont. Man hat nicht den Mut, die wirklichen Konsequenzen zu ziehen, auch diejenigen nicht, die vorgeben, einzig und allein auf dem Boden dessen zu stehen, was wahre Naturwissenschaft ergibt. Hätte man diese Konsequenz, dann würde man merkwürdige Worte raunen hören durch das Suchen der Zeit.

Am Ausgangspunkt der alttestamentlichen Urkunden stehen Worte – ich will heute über ihre innere Bedeutung nicht sprechen; jeder mag die Worte nehmen als das, wofür er sie nehmen kann; mag sie der eine für ein Bild, der andere für den Ausdruck einer Tatsache halten: in dem, was ich über diese Worte zu sagen habe, können alle übereinstimmen –, die Worte heißen: «Ihr werdet sein wie Gott und erkennen – oder unterscheiden – das Gute und das Böse!» Es klingt uns herüber, das Wort, aus dem Anfang des Alten Testamentes. Wie man es auch nehmen will: das wird man zugeben müssen, daß es ein Bedeutungsvolles ausdrückt für die Menschennatur und die Menschenseele. Dem Versucher wird es zugeschrieben, der sich herannaht an den Menschen und ihm ins Ohr raunt: «Wenn du mir folgst, wirst du sein wie ein Gott und unterscheiden das Gute und das Böse.» Das wird man ahnen können, daß die Hinneigung nicht nur zu dem Guten nicht ohne diese Versuchung sich im Menschen ausdrücken würde; daß ohne diese Versuchung die Hinneigung nur zum Guten entstanden wäre, so daß alle menschliche Freiheit in gewisser Weise mit dem zusammenhängt, was diese Worte ausdrücken. Aber sie drücken aus, daß der Mensch gewissermaßen aufgefordert wurde durch den Versucher, über sich hinaus sich als ein anderes Wesen anzuschauen, als er ist: wie ein Gott sich zu verhalten zu dem Guten und zu dem Bösen. Wie gesagt: Mag man über diese Worte und den Versucher denken wie man will, ich fordere ja heute wirklich nicht, daß man ihn gleich hinnimmt als ein wirkliches Wesen – obwohl es sich recht gut bewahrheitet für den, der die Dinge durchschaut, das Wort: «Den Teufel spürt das Völkchen nie, und wenn er sie beim Kragen hätte.» Der, der das Suchen der Zeit ein wenig zu belauschen vermag, der hört heute in diesem Suchen der Zeit doch sein Raunen wieder. Er naht sich. Nenne man es nun eine Stimme der Seele oder wie man will: *da* ist er – ohne allen Aberglauben mag es gesagt werden. Und für diejenigen, die den Mut haben, die letzten Konsequenzen einer rein naturwissenschaftlichen Weltanschauung zu ziehen, bringt er Worte von einer großen Eigentümlichkeit, von einer sonderbaren Weisheit hervor. Es haben nur nicht die Menschen, die da vorgeben auf dem Boden rein naturwissenschaftlicher Grundlage zu stehen, den Mut zur letzten Konsequenz. Sie nehmen auf in ihr Fühlen und Denken doch den Glauben an eine Unterscheidung von Gut und Böse, den sie eigentlich ableugnen müßten, wenn sie rein auf dem Boden der Naturwissenschaft stehen wollten. Es ist doch so, daß, sobald man sich auf den Boden der bloßen Naturwissenschaft stellt, daß nicht nur die Sonne über Gute und Böse in gleicher Weise scheint, sondern daß nach der Naturgesetzmäßigkeit aus der menschlichen Natur heraus das Böse gerade so verrichtet wird als das Gute. Und so raunt er, der Versucher, die Konsequenz ziehend, den Menschen zu: Seht ihr es nicht, ihr seid ja bloß wie höherentwickelte Tiere. Ihr seid wie die Tiere und könnt nicht unterscheiden zwischen dem Guten und Bösen. – Das ist es, was unsere Zeit zu einer Übergangszeit macht, daß der Versucher mit der entgegengesetzten Stimme als jener, mit der er nach dem Alten Testament gesprochen hat, in unserer Zeit wieder spricht: Ihr seid ja nur entwickelte Tiere und dürft also, wenn ihr euch selbst versteht, keinen Unterschied machen zwischen Gut und Böse.

Hätte man den Mut zu dieser Konsequenz, so wäre sie der Ausfluß einer reinen, in Passivität hingegebenen Weltanschauung. Daß die Zeit bewahrt bleibe vor dieser Stimme – es sei das bloß bildlich gesprochen –, daß in das Suchen der Zeit hineingebracht werde ein Wissen vom geistigen Leben: das ist die Aufgabe, das ist das Ziel der Geisteswissenschaft. Diejenigen, die diese Geisteswissenschaft heute noch bekämpfen vom Standpunkt irgendeiner Wissenschaft, sie werden sich überzeugen müssen, daß es sich mit diesem Kampf so verhält wie mit dem Kampf gegen den Kopernikanismus. Jetzt, wo wir durch den Bau unserer freien Hochschule für Geisteswissenschaft in Dornach auch in der Welt mehr beachtet werden, die uns früher nicht beachtet hat, mehren sich die Stimmen der Gegner. Und als ich in der letzten Zeit darauf einwendete in der Schrift: «Was soll die Geisteswissenschaft und wie wird sie von ihren Gegnern behandelt?», daß die Gegner der Geisteswissenschaft heute auf demselben Standpunkt stehen, auf dem die Gegner des Kopernikus gestanden haben, da sagte einer, der sich betroffen fühlte mit Recht: Ja, der Unterschied wäre nur der, daß das, was Kopernikus gesagt hat, Tatsachen sind, während die Geisteswissenschaft nur Behauptungen vorbringt. Er merkt gar nicht, der Arme, daß für die Leute seines Geistes die Tatsachen des Kopernikanismus damals auch nichts anderes waren als Behauptungen, leere Behauptungen, und er merkt nicht, daß er heute leere Behauptungen nennt, was vor der wirklichen Forschung eben Tatsachen, allerdings Tatsachen des geistigen Lebens sind. Und so kann man sowohl von der Wissenschaft als von seiten des religiösen Lebens Einwände über Einwände gerade gegen diese Geisteswissenschaft erhoben finden. Wie die Menschen zur Zeit des Kopernikus gesagt haben: An die Umdrehung der Erde um die Sonne können wir nicht glauben, denn sie steht nicht in der Bibel –, so sagen die Leute heute: An das, was Geisteswissenschaft zu sagen hat, glauben wir nicht, denn es steht nicht in der Bibel. – Es werden aber die Menschen mit dem zurechtkommen, was die Geisteswissenschaft zu sagen hat, wie sie zurechtgekommen sind mit dem, was Kopernikus zu sagen hatte.

Und immer wieder und wiederum muß erinnert werden an einen zugleich tief gelehrten Mann und Priester, der an der hiesigen Universität gewirkt hat und der, als er seine Rektorrede gehalten hat über Galilei, die schönen Worte gesprochen hat: Damals, da standen die Leute, die da glaubten, an religiösen Vorstellungen werde gerüttelt, die standen gegen Galilei; heute aber – so sagte dieser Gelehrte beim

Antritt seines Rektorats –, heute weiß der wahrhaft religiöse Mensch, daß durch jede neue Wahrheit, die erforscht wird, ein Stück hinzugefügt wird zur Uroffenbarung der göttlichen Weltenlenkung und zu der Herrlichkeit der göttlichen Weltordnung. – So möchte man die Gegner der Geisteswissenschaft auf etwas aufmerksam machen, was wohl hätte sein können, wenn es auch nicht wirklich war. Nehmen wir an, vor Kolumbus wäre jemand hingetreten und hätte gesagt: Dieses neue Land – das er dann entdeckt hat – dürfen wir nicht entdecken, wir leben im alten Land gut, da scheint die Sonne so schön herein. Wissen wir denn, ob in dem neu zu entdeckenden Lande auch die Sonne scheint? – So kommen dem Geisteswissenschafter seinen religiösen Vorstellungen gegenüber diejenigen vor, die ihre religiösen Empfindungen gestört glauben durch die Entdeckungen der Geisteswissenschaft. Der muß eine wankende religiöse Vorstellung, einen schwachmütigen Glauben haben, der da glauben kann, daß die Sonne seines religiösen Empfindens nicht bescheinen werde jedes neu entdeckte Land, auch auf dem geistigen Gebiete, so wie die Sonne, die die alte Welt bescheint, auch die neue Welt bescheint. Und sicher sein könnte der, welcher die Tatsachen unbefangen ins Auge faßt, daß das so ist. Die Zeit aber in ihrem Suchen, wenn sie sich immer mehr und mehr durchdringen wird mit der Geisteswissenschaft, sie wird von ihr so berührt werden, wie mancher sich heute noch nicht erträumen läßt.

Die Geisteswissenschaft hat noch viele Gegner, begreiflicherweise. Aber im Einklang fühlt man sich doch in dieser Geisteswissenschaft mit all denjenigen Geistern der Menschheit, welche, wenn sie auch noch nicht Geisteswissenschaft gehabt haben, geahnt haben jene Zusammenhänge der menschlichen Seele mit den geistigen Welten, die eben durch Geisteswissenschaft aufgeschlossen werden. So fühlt man sich gerade mit Bezug auf das, was über das neue Wort des Versuchers gesagt worden ist, im Einklang gerade zum Beispiel mit *Schiller* und seinem Ahnen gegenüber der geistigen Welt. Aus seinen eigenen naturwissenschaftlichen Studien heraus hat Schiller durchaus den Eindruck bekommen, daß er den Menschen herauszuheben hat aus der bloßen Tierheit, und daß die menschliche Seele Anteil hat an einer geistigen Welt. Wie eben in tiefem Einklang mit einem führenden

Geist der neueren Weltanschauungsentwickelung fühlt man sich auf dem Boden der Geisteswissenschaft, wenn man zusammenfassen kann wie in ein Gefühl, was heute mit breiteren Sätzen hat ausgeführt werden wollen, zusammenfassen kann mit den Schillerschen Worten:

> Jetzt fiel der Tierheit dumpfe Schranke,
> Und Menschheit trat auf die entwölkte Stirn!
> Und der erhab'ne Fremdling, der Gedanke,
> Sprang aus dem staunenden Gehirn!

Bekräftigend, daß die Tierheit wich, und der Mensch einer geistigen Welt angehört, bekräftigend solche Sätze, steht die Geisteswissenschaft heute vor dem Suchen unserer Zeit.

Und erinnert – ganz am Schluß – darf werden an einen Geist, der hier in Österreich gewirkt hat, indem er in seiner tief innerlich lebenden Seele gefühlt hat wie einen dunklen Drang das, was Geisteswissenschaft zur Gewißheit zu erheben hat. Gefühlt hat er es, man möchte sagen, mit seinem Denken und Sehen einsam dastehend, an geistigen Ausblicken festhaltend, trotzdem er als Arzt voll auf dem Boden der Naturwissenschaft stehen kann. Mit ihm, mit *Ernst Freiherrn von Feuchtersleben,* ihm, dem Seelenpfleger und Seelenpädagogen, sei es als ein Bekenntnis der Geisteswissenschaft ausgesprochen, sei zusammengefaßt das, was im heutigen Vortrag vorgebracht worden ist, zusammengefaßt eben mit den Worten Feuchterslebens, in denen etwas erklingt von dem, was die Seele als ihre höchste Kraft erfühlen kann; erfühlen kann aber nur dann, wenn sie sich gewiß ist ihres Zusammenhangs mit der geistigen Welt. Ernst von Feuchtersleben sagt – was man wie ein Motto zu aller Geisteswissenschaft vorbringen kann: «Die menschliche Seele kann sich nicht verhehlen, daß sie zuletzt ihr wahres Glück doch nur durch die Erweiterung ihres innersten Besitzes und Wesens ergreifen kann.»

Die Erweiterung, die Befestigung, die Sicherung dieses innersten Wesens, dieses geistigen inneren Wesens der Seele soll dem Suchen der Zeit durch die Geisteswissenschaft dargeboten werden.

ÖFFENTLICHER VORTRAG
Wien, 8. April 1914

Was hat die Geisteswissenschaft über Leben, Tod und Unsterblichkeit der Menschenseele zu sagen?

Wenn es schon in einer gewissen Beziehung schwierig ist, sich über die Grundlagen der Geisteswissenschaft, wie sie hier gemeint ist, so auseinanderzusetzen, wie es im Vortrag von vorgestern geschehen ist, so darf wohl gesagt werden, daß die Mitteilungen in bezug auf diejenigen Forschungsergebnisse, die den Gegenstand des heutigen Vortrags bilden sollen, in gewisser Beziehung eigentlich ein Wagnis sind gegenüber den Vorstellungsarten und Denkgewohnheiten der Gegenwart. Denn wird man in dem, was der Vortrag von vorgestern ausdrückte, schon manches Paradoxe finden müssen von diesen Vorstellungsarten und Denkgewohnheiten aus, so wird man von einem solchen Gesichtspunkte aus ganz gewiß und begreiflicherweise es nicht leicht haben, in dem, was heute zu sagen ist, ernstes Forschen zu sehen. Man wird viel eher in weiten Kreisen der Gegenwart geneigt sein, darin nur zu sehen die Schwärmereien eines sonderbaren Phantasten. Dessen muß man sich voll bewußt sein, wenn man über diese Dinge redet; bewußt sein dessen, daß alles das, was in einer späteren Zeit in das allgemeine Bewußtsein übergeht, vieles sogar von dem, was dann später eine Selbstverständlichkeit wird, in der Zeit, in der es zuerst auftritt, etwas Paradoxes, etwas Phantastisches ist.

Dies möchte ich nur vorausschicken, um zu charakterisieren, wie sehr sich der Geistesforscher dessen bewußt ist, was alles begreiflicherweise empfunden werden kann, wenn er seine für die heutige Zeit durchaus noch paradox erscheinenden Forschungsresultate mitzuteilen sich gestattet.

Bevor ich auf diese Forschungsergebnisse zu sprechen komme, möchte ich in ein paar einleitenden Worten die Grundstimmung der Seele des Geistesforschers charakterisieren. Diese Grundstimmung ist ja eine ganz andere als die Stimmung gegenüber einem anderen Forschungsfelde. Während man in seiner Erkenntnis dem äußeren Leben gegenüber und auch der gewöhnlichen Wissenschaft gegenüber heute mit einem gewissen Rechte das Gefühl hat, man habe die Erkenntniskräfte in sich, man brauche sie nur sozusagen in Wirksamkeit überzuführen, dann könne man urteilen über alles das, was die Natur selbst und was der Forscher aus der Natur darbietet – während man bei dieser Forschung alle Mühe darauf verwendet, um eben zu forschen, um eben die Dinge zu beobachten und durch den Verstand ihre Gesetze zu erkennen, ist die Stimmung des Geistesforschers gegenüber der Wahrheit, gegenüber allem Erkenntnisstreben doch eine ganz andere. Da bekommt man, indem man sich in diese Geistesforschung hineinarbeitet, immer mehr und mehr das Bedürfnis, alle Arbeit der Seele, alles innere Streben zunächst auf die Vorbereitung zu verwenden; und immer mehr und mehr bekommt man das Gefühl: Wenn man sich irgendeiner Wahrheit aus diesem oder jenem Gebiet nähern will, so möchte man eigentlich immer noch warten, immer noch weiter und weiter sich vorbereiten, weil man das Bewußtsein hat: Je mehr Mühe und Arbeit man auf jenen Weg der Seele verwendet, der zurückgelegt werden muß, bevor man forscht, desto mehr macht man sich reif, die Wahrheit zu empfangen. Denn ein Empfangen der Wahrheit, das ist es, um was es sich bei der eigentlichen, wirklichen Geisteswissenschaft handelt. Und so stark kommt dieses Gefühl, diese Stimmung über die Seele, daß man eine heilige Scheu empfindet, die Dinge an sich herankommen zu lassen und daß man immer wieder und wiederum gegenüber wichtigen, wesentlichen Erkenntnissen der Geistesforschung lieber wartet, als daß man die Dinge zu früh in das Bewußtsein hereinkommen läßt. Das bedingt eine ganz besondere Stimmung in dem Geistesforscher selber, jene Stimmung, die all die Arbeit, von der vorgestern als einer inneren Seelenarbeit in Übungen gesprochen worden ist, allmählich durchdringt, die beim Geistesforscher herbeiführt eine gewisse Stellung gegenüber der Wahrheit, eben die Stellung von heiliger Scheu gegenüber der Wahrheit.

Nachdem ich dies vorausgeschickt habe, möchte ich nun, ich möchte sagen, unbefangen auf dasjenige eingehen, was über das wichtige, bedeutungsvolle, jeder Seele so naheliegende Thema des heutigen Abends zu sagen sein wird. Gewiß, es sind nicht die schlechtesten

Gemüter in unserer Gegenwart, die noch immer festhalten an der Meinung, daß die Wahrheiten des Glaubens besondere seien und die Wahrheiten des Wissens auch besondere seien, und die da glauben, daß alles das, was der Mensch sich vorstellen kann als über Geburt und Tod hinausgehend, daß alles das nur ein Gegenstand des Glaubens, nicht streng beweisbarer Wissenschaft sei. Gerade diese strenge Trennung zwischen Glauben und Wissen, sie wird durch die Geisteswissenschaft aufgehoben. Und man fühlt sich doch im Einklang mit dem, was längst herein wollte in das moderne Geistesstreben, wenn man in dem Sinne die Wahrheiten, die jenseits des Todes liegen, entwickelt, wie es hier geschehen soll; man fühlt sich im Einklang damit, wenn man sich immer wieder und wiederum so etwas vor Augen hält, daß der große *Lessing* doch mit einer der Hauptwahrheiten dieser Geisteswissenschaft sich auseinandersetzte, auseinandersetzte noch in jener Schrift, die er wie sein geistiges Testament kurz vor seinem Tod als reife Frucht seines Denkens und Sinnens verfaßt hat: in seiner «Erziehung des Menschengeschlechts». Es scheut Lessing nicht davor zurück, zu sagen, daß die Anschauung von den wiederholten Erdenleben nicht deshalb ein Irrtum zu sein brauche, weil sie auftrat gleichsam als etwas Erstes, worauf das Menschengeschlecht kam, bevor die Vorurteile der Schule und der Philosophen noch etwas wie einen trüben Schleier gebreitet haben über das, was als vom Jenseits des Todes die Menschheit im Beginn ihrer Kulturentwickelung wußte. So fühlt man sich dann im Einklang – es könnten noch viele Geister angeführt werden – mit den besten Persönlichkeiten, die ihr Streben eingefügt haben in die Kulturentwickelung der Menschheit, gerade wenn man auf dem Boden dieser Geisteswissenschaft steht.

Gesagt worden ist nun vorgestern, daß die Dinge des geistigen Lebens, die Vorgänge desselben nur erforscht werden können dann, wenn wirklich der Mensch durch das vorgestern Geschilderte dazu kommt, in seiner Seele die in ihr schlummernden Kräfte so zu erstarken, so zu erkraften, daß diese Seele die Möglichkeit findet – es wurde gesagt vergleichsweise: Wie durch den Chemiker der Wasserstoff sich aus dem Wasser herauszieht –, daß so die Seele des Geistesforschers die Möglichkeit findet, durch die Seelenübungen sich herauszuziehen aus dem Physisch-Leiblichen, und sich zu erleben abgesondert von dem Physisch-Leiblichen, so daß sie dann einen Sinn verbinden kann mit dem Worte: Ich erlebe mich als seelisch-geistiges Wesen außerhalb meines Leibes, und mein Leib mit allem, was in der Sinneswelt zu ihm gehört, steht vor mir wie ein äußerer Gegenstand vor uns steht, wenn wir ihn mit den Augen anschauen, mit den Händen berühren. – Und schon als ich das letzte Mal hier einige öffentliche Vorträge halten durfte, konnte ich aufmerksam machen auf den bedeutungsvollen Augenblick, der im Leben des Geistesforschers eintritt, wenn wirklich dieser Geistesforscher, durch die vorgestern erwähnten Übungen, reif geworden ist – wer weiteres über diese Übungen wissen will, der findet es in meinem Buche «Wie erlangt man Erkenntnisse der höheren Welten?» und in meiner «Geheimwissenschaft im Umriß». Auch hier soll nur prinzipiell hingewiesen werden auf das, was der Geistesforscher erlebt. Wenn er seine Seele dahin gebracht hat, daß sie heraustreten kann aus ihrem Leibe, dann kommt dies Erlebnis eines Tages, man könnte auch sagen eines Nachts; denn beides ist möglich: mitten in den gewöhnlichen Vorgängen des Tages, mitten in der Nacht, und es wird, wenn es richtig vorbereitet ist, weder das eine noch das andere stören. Es kann in hundertfach verschiedener Weise auftreten, ich möchte nur den typischen Charakter schildern. Es kann auftreten so oder so, es wird immer in einer typischen Art auftreten, was ich jetzt anführe: Da kommt es, daß der Mensch wie aufwacht aus dem Schlafe; er weiß: etwas geht vor, was nicht ein Traum ist. Er ist entrückt allem äußeren Wahrnehmen, allen Bekümmernissen, allen Leidenschaften, all dem, was ihn mit dem Tag verbindet. Oder mitten im Tage tritt das Ereignis ein, wo man mit seinem Vorstellen stillstehen muß, wo etwas ganz anderes in das Vorstellen, in das Bewußtsein hereintritt. Das, was dann hereintritt, das kann so sein – es wird immer ähnlich sein dem, wie ich es schildere; ich möchte möglichst konkret schildern, wie sich dieses erschütternde Ereignis für den Geistesforscher wirklich zutragen kann –, da kann man das Gefühl haben: Du bist jetzt wie in einem Haus, in das der Blitz eingeschlagen hat. Deine Umgebung zerfällt wie ein Haus, in das der Blitz eingeschlagen hat. Der Blitz geht durch dich selber durch. Man fühlt, wie alles, womit man materiell verbunden ist, wie durch die Elemente von einem abgetrennt wird, so fühlt man sich aus sich herausgelöst, sich aufrechthaltend als ein geistiges Wesen. Es ist das der denkbar tiefste, erschütterndste Eindruck. Von diesem Momente an, oder von einem ähnlichen, weiß man, was es heißt, außer seinem Leibe in der Seele selber sich erleben. Und die Geistesforscher aller Zeiten, sie haben einen Ausdruck gebraucht für dieses Erlebnis, der voll zutreffend erscheint demjenigen, der dieses Erlebnis kennt. Denn es hat zu allen Zeiten, eben so, wie es die verschiedenen Kulturen bedingten, eine Art von Geistesforschung gegeben. Die heutige ist verschieden von denjenigen der früheren Zeiten; sie ist angemessen den Fortschritten der modernen Naturwissenschaft. Aber das, was durch sie erreicht wird, wurde auch erreicht durch die Methoden, die durch die verschiedenen Kulturen möglich geworden waren. So haben die Geistesforscher der verschiedensten Zeiten das eben angedeutete Erlebnis mit den Worten belegt: man sei als Mensch angekommen an der Pforte des Todes. Und tatsächlich, was man sich zunächst vorstellen kann als erlebbar durch den Tod, das tritt ein. Es tritt nicht ein unmittelbar als eine Wirklichkeit; denn der Geistesforscher kehrt ja wieder in seinen Leib zurück und alles ist wie früher; er nimmt wieder die äußere Welt wahr. Alles das aber, was er erlebt, das ist das Bild von demjenigen, was sich wirklich zuträgt, wenn der Mensch durch die Pforte des Todes schreitet, wenn das äußere, physische Leben aufhört und das Leben nach dem Tode beginnt.

Will man nun verstehen, wie der Geistesforscher zu den Dingen kommt, von denen hier die Rede ist, so muß man sich vergegenwärtigen, daß er durch die sorgfältige Vorbereitung seiner Seele, von der gesprochen worden ist, dahin gelangt, ganz anders wahrzunehmen als man mit den äußeren Sinnen wahrnimmt; daß er wirklich hineinschauen kann in diejenigen Sphären des Daseins, von denen gesprochen werden soll.

Das erste, wozu der Geistesforscher kommt, wenn er einen solchen Moment überwunden hat, durch den man an der Pforte des Todes steht, das erste könnte man in einem gewissen Sinn nennen: Man gelangt jenseits des menschlichen Gedächtnisses. Das menschliche Gedächtnis, die menschliche Erinnerungskraft, ist ja etwas, was gewissermaßen in unserer Seele lebt als der Anfang, möchte man sagen, von einem Geistigen. Das sehen selbst schon äußere philosophische Forscher, die nichts von der Geisteswissenschaft wissen, ein. Der zu so glänzenden Erfolgen gekommene französische Forscher *Bergson* sieht schon in dem Gedächtnis des Menschen etwas rein Geistiges, das mit biologischen oder physiologischen Vorgängen nichts zu tun hat. Und wenn erst die Vorurteile der Naturwissenschaft, die heute noch fast an jedem haften, vorüber sein werden, dann wird man einsehen, wie in dem Schatz unseres Gedächtnisses für die Menschenseele schon etwas vorliegt, was gleichsam der Anfang ist zu einem Übergehen dessen, was an Sinne und Gehirn gebunden ist, zu einem rein Geistig-Seelischen. Indem wir gleichsam unsere Vorstellungen zurückschieben in das Gedächtnis, bewahren wir sie nicht auf durch irgendwelche körperlichen Vorgänge, sondern rein in der Seele. Das kann ich nur andeuten. Die naturwissenschaftliche Rechtfertigung dessen, was eben gesagt worden ist, würde sehr viel Zeit und besondere Vorträge in Anspruch nehmen. So nun, wie man im gewöhnlichen Leben Erinnerungsbilder wahrnimmt, die aus dem Schatze unserer Seele heraufkommen, die so, wie sie auftreten, nichts haben, was uns verleiten könnte, sie etwa zu einer Illusion oder Halluzination zu machen, so treten, aber jetzt nicht aus dem Seelenschatze herauf, sondern aus geistigen Welten heraus, vor die Seele des Geistesforschers die geistigen Vorgänge und geistigen Tatsachen; und man merkt dann, daß hinter dem, was wir den Gedächtnisschatz nennen, die menschliche Seele noch etwas anderes erleben kann. Der Geistesforscher sieht dann gleichsam das Folgende: Nun bist du aus deinem Leibe mit deiner Seele herausgezogen; nun kannst du erst recht überblicken, weil es wie ein äußeres Objekt geworden ist, dasjenige, was du dir durch die Sinneswelt erworben hast: den Schatz des Gedächtnisses. Aber dieser Schatz des Gedächtnisses ist wie ein Schleier, der etwas zudeckt, was immer in der Seele, nur unbewußt, lebt, was immer in ihr ist; was aber durch Erinnerung und Gedächtnis zugedeckt wird, verschleiert wird. Ja, in diesen menschlichen Seelentiefen ist etwas unten, das immer in ihnen lebt; aber indem der Mensch seine Erinnerungen ausbreitet in seiner Seele, deckt er dieses unterbewußte Geistig-Seelische zu. Indem der Geistesforscher in das Geistig-Seelische sich herein erhebt, hat er allerdings, man möchte sagen, wie den Kometenschweif seines geistig-seelischen Wesens anhängen seine Erinnerungen, aber er kann durch diese Erinnerungen durchschauen auf etwas, was man nennen könnte: Kräfte höherer Art als die Kräfte sind, die uns die Erinnerungen aufbewahren. Wenn der Ausdruck nicht so verpönt wäre – aber es ist schwierig, für diese Gebiete, die nichts mit der Sinnenwelt zu tun haben, gehörige Ausdrücke zu finden –, so könnte man den Ausdruck anwenden: Man steigt zu einem Übergedächtnis auf von dem Gedächtnis. Man kommt allmählich in das hinein, was vorgestern imaginatives Vorstellen genannt worden ist. Während man bei dem Gedächtnis immer das Gefühl hat: Die Bilder des Gedächtnisses steigen herauf, sie stellen sich vor die Seele hin, indem du dich ihnen passiv hingibst –, taucht man nun unter in das, was hinter dem Gedächtnis ist und weiß, daß man aktiv mit hervorbringen muß das, was dann als Imagination, als Inhalt eines Übergedächtnisses heraufstrebt. Aber man weiß auch durch die zu diesen Dingen vorbereitete Seele, daß das, was sich da offenbart als hinter dem Gedächtnis liegend, immer da war, daß es nur zugedeckt war durch das Gedächtnis, und man weiß, indem man es erkennt in seiner Wesenheit, daß das, was sich da hinunterschiebt in die Gründe, die unter dem Gedächtnisschatze liegen, selber etwas ist, was nun an unserem physischen Organismus arbeitet, was tätig ist an ihm. Man macht noch eine ganz andere Entdeckung. Man macht die folgende Entdeckung – und diese Entdeckung ist außerordentlich bedeutungsvoll für das Verhältnis der Geistesforschung zur Naturforschung. Die Naturforschung tritt uns heute entgegen, indem sie sagt: Alles das, was der Mensch empfindet, denkt und will, ist gebunden an Vorgänge seines Nervensystems. Recht hat sie damit; aber sie kann mit ihren Mitteln nicht die Art, wie das Seelenleben an das Nervensystem gebunden ist, wie zum Beispiel das Denken an das Gehirn gebunden ist, herausbekommen. Man muß zu viel tieferen Grundlagen des Seelenlebens gehen. Wenn man mit der Geistesforschung kommt, da merkt man: Ja, es ist für das gewöhnliche Vorstellen des Alltags, auch für die wissenschaftliche Arbeit, durchaus richtig, daß alle Gedanken, die wir uns bilden, auch alle Empfindungen zum Beispiel, an das Gehirn gebunden sind; aber wie sind sie an das Gehirn gebunden? Das tiefere Seelische, von dem das gewöhnliche Bewußtsein gar nichts weiß, das erst durch Geistesforschung entdeckt wird, das bearbeitet erst, sagen wir, eine gewisse Gehirnpartie, das sendet erst seine Arbeitskräfte hinein in Sinne und Gehirn; und dadurch, daß dieses «hinterbewußte» Seelische das Nervensystem bearbeitet, wird dieses zum Spiegel, um das, was im gewöhnlichen Leben auftritt, zu spiegeln. Was im gewöhnlichen Leben auftritt, ist das Spiegelbild des Seelisch-Geistigen. Geradeso wie wenn ein Spiegel hier hinge und Sie sich ihm nähern würden; wie Sie nicht sich sehen, oder sich erfühlen würden, sondern das Spiegelbild, geradeso verhalten Sie sich, indem Sie Ihr alltägliches Denken, Vorstellen, Fühlen und Wollen entwickeln. Das tiefere Seelische arbeitet speziell am Nervensystem und Gehirn, und was es da erarbeitet, das macht, daß etwas wahrgenommen werden kann. So ist es das Seelisch-Geistige, das das Auge bearbeitet, und was im Auge gewisse Vorgänge hervorruft. Wenn diese Vorgänge hervorgerufen sind, dann spiegelt das Auge in das Geistig-Seelische dasjenige zurück, was wir die Farbe nennen. So ist es das tiefere Seelisch-Geistige, was im Leibe arbeitet. Und dazu wird die Geistesforschung die Menschheit führen: zu erkennen, daß wir es selbst sind, die im Inneren unserer Vorstellungen leben, und die mit ihrem tieferen Wesen erst selber den Leib zubereiten, daß er zum Spiegelungsapparat dafür wird, was dann die Seele erlebt. So ist es im gewöhnlichen, äußeren, räumlichen Leben. In dem Augenblick aber, wo unsere Vorstellungen zu Erinnerungsbildern werden, muß noch etwas anderes vorgehen; wir müssen, wenn nicht die Vorstellungen wie Träume an uns vorüberhuschen sollen, damit sie Erinnerung werden, Aufmerksamkeit verwenden. Alles, was zur Erinnerung werden soll, was uns bleiben soll in der Seele, auf das müssen wir uns länger hinkonzentrieren, als notwendig ist, sagen wir, zum bloßen Vorstellungsbilde. Ein Farbeneindruck würde uns nicht in der Erinnerung bleiben, wenn wir ihn nur gerade so lange anschauten, als es notwendig ist, daß die Farbe hervorgerufen wird. Schauen wir ihn länger an, so appellieren wir an jene Kraft, welche alles das in unserer Seele als Erinnerung erhält. Wir schieben gleichsam zurück unsere Seelentätigkeit in ein tieferes Wesen und dieses stellt sich heraus nicht als der physische Leib, sondern als etwas, was feiner, ätherischer ist als der physische Leib; und was man in der Geistesforschung eben mit dem allerdings verpönten, heute gar nicht beliebten Ausdruck «ätherisch» bezeichnen kann – doch hat das Wort nicht den Sinn, den man gewöhnlich damit verbindet –, er stellt sich dar als ein ätherischer Leib, der schon geistiger Art ist.

Aber nicht nur so wirkt unsere Seele, daß sie diese Erinnerungsbilder schafft, sondern sie wirkt viel mehr durch ihren Verkehr mit der Außenwelt im Leben zwischen Geburt und Tod in sich hinein. Und da entdeckt der Geistesforscher das Merkwürdige, daß unsere Erinnerungen nur deshalb Vorstellungen bleiben, weil sie aufgehalten werden vom Ätherleib, nicht in den physischen Leib hineingelassen werden. Würden sie in den physischen Leib hineinrinnen, würden sie darin zur Tätigkeit werden, diese Vorstellungen, so würden sie übergehen in die Bildungskräfte, in die Lebekräfte des physischen Leibes, würden diesen durchorganisieren. Dadurch, daß wir unsere Vorstellungen Vorstellungen sein lassen, sie nicht in organische Kräfte übergehen zu lassen brauchen, behalten sie den Charakter der Erinnerung, erhalten wir sie in ihrer Vorstellungskraft. Sie können Erinnerungen bleiben.

Aber die Seele entwickelt auch im Leben viel stärkere Kräfte als diejenigen sind, die die Erinnerungen entwickeln, und diese stärkeren Kräfte werden nun ebenfalls zunächst in der Seele bewahrt. Aber sie liegen wie ein Übergedächtnis hinter dem gewöhnlichen Gedächtnisschatz; sie sind in uns. Das ist das, was nun der Geistesforscher erlebt, wenn er durch das Gedächtnis hindurchschaut auf diesen übergedächtnismäßigen Schatz, daß er weiß: Da lebt in deiner Seele etwas, was nicht hineinwirken kann in deinen physischen Leib, was unter der Oberfläche des Gedächtnisses liegt, aber auch nicht zur Wirksamkeit kommt in deinem physischen Leibe, jetzt, wie er ist zwischen Geburt und Tod. Da ist etwas, was nicht Vorstellung bleibt, was doch aber nicht zur organisch wirksamen Kraft wird. Der Geistesforscher erlebt dieses, indem er außerhalb seines Leibes ist. Aber er erlebt zugleich das andere, das er ausdrücken kann, wenn er sich über die Tatsache klarwerden wird, damit, daß er sagt: Ja, so erlebe ich etwas in meiner Seele, was in ihr ist, was gewissermaßen keine Anwendung findet, weil es nicht hinein kann in den Leib, der gebildet ist seit der Geburt oder, sagen wir, der Empfängnis, weil es darin keine Unterkunft findet. Und indem sich nun der Geistesforscher hineinvertieft in dies, was ich hier angedeutet habe, erlebt er es so, daß er es erkennen kann, wie man erkennt den Keim, der in einer Pflanze ist. Die Pflanze entwickelt sich von der Wurzel bis zur Frucht, in welcher der Keim ist. Der Keim ist aber schon veranlagt in der ganzen Pflanze. Das, was Keim ist, hat für diese Pflanze keinen Sinn, es kann seine Kräfte nicht in diese Pflanze hineinsenken; es ist aber darinnen, es ist die Anlage zu einer folgenden Pflanze, sagen wir, des nächsten Jahres. Indem der Geistesforscher hinuntertaucht, taucht er ein in etwas, was in ihm ein Seelenkern, ein Seelenkeim ist, von dem er weiß, er wird gebildet in diesem Leben zwischen der Geburt und dem Tode, aber er entwickelt seine Kräfte nicht in diesem Leben; er taucht da unter in die tieferen Schichten der Seele und liegt bereit für ein folgendes Leben, wie in der Pflanzenfrucht der Keim bereitliegt für die folgende Pflanze, die sich nicht ohne die vorhergehende entwickeln könnte.

So kommt man zu der Einsicht des Einklanges der menschlichen, aufeinanderfolgenden Erdenleben mit aller äußeren Natur hinein, wenn man so unterzutauchen versteht in das Seelische. Das, was wichtig ist, ist nur, daß der Geistesforscher nie aus dem Auge verliert: Das, was du da erleben mußt, das kann nur ein solches sein, bei dem du immer wieder und wiederum dir deiner eigenen Tätigkeit bewußt wirst; denn ist man das nicht, überschaut man nicht, wie das entstanden ist, dann wird es zur Illusion, Halluzination oder zur bloßen Phantasie. Es ist völlig ein Irrtum, wenn eingewendet wird: Ja, wie kann der Geistesforscher wissen, daß das, was er so entdeckt, keine Halluzination, keine Illusion, nicht Phantasie ist? Es könnte ja eine selbst suggerierte Halluzination sein. Wenn der Geistesforscher sich so stellen würde zu dem, was er so erlebt, wie es geschildert worden ist, wie sich das krankhafte Gemüt zu einer Halluzination stellt, dann würde dieser Einwand voll berechtigt sein. Denn sie stellt sich gegenüber im Gemüt wie eine äußere Wahrnehmung, man durchschaut sie nicht. Das aber lernt der Geistesforscher genau kennen durch die richtigen Vorbereitungen – wie Sie sie in meiner Schrift «Wie erlangt man Erkenntnisse der höheren Welten?» lesen können –, daß er unterscheiden kann das, was nur Reminiszenz ist der Außenwelt, und was Phantasie und Halluzination ist, zu dem er sich passiv verhält, daß er dies unterscheiden muß von dem, was sich so hinstellt, daß er es ebenso erkennt, wie man von einem Buchstaben oder einem Worte weiß: Das, was da auf dem Papier steht, das bedeutet nicht sich selbst, sondern etwas anderes. Denn so verwendet der Geistesforscher das Erschaute nicht, wie man Halluzinationen verwendet, sondern so, daß man es vergleichen kann mit einem geistigen Lesen in einer Schrift von Imaginationen, die sich vor ihn hinstellen. Erst wenn man lernt, in freier Weise in seinem Gemüt das, was man da durch eigene Aktivität hinstellt, so zu verwenden, daß man darin lebt, wie man in den Schriftzügen lebt, durch die man hindurchsieht auf das, was sie bedeuten; erst indem man sich in so innerlich erkrafteter Weise zu dem erhebt, was da in das Seelenschauen tritt, kann man dahin gelangen, wirklich zu erschauen, was Vorgänge und Wesenheiten der geistigen Welt sind. Dann aber kommt man, weil man dadurch sich allmählich einlebt in das Element unserer Seele, das nicht mit dem Leib einerlei ist, hinein in das Wesen, von dem man sagen kann, daß die Eigenschaft der Unsterblichkeit ihm zukommt.

Geisteswissenschaft ist nicht eine spekulative Philosophie, worin man nachdenkt, welche Gründe können sich ergeben für die Unsterblichkeit der Seele: Geisteswissenschaft zeigt, wie man zur Seele selber kommt und von dieser wahrhaftigen Seele zeigt sie, was sie wirklich ist. Sie legt gleichsam die Seele bloß; und dann stellt sich heraus, daß das, was als die Seele bloßgelegt wird, nicht ein Ergebnis der äußeren Leiblichkeit ist, daß vielmehr diese Leiblichkeit das Ergebnis dessen ist, was man da entdeckt. Denn wenn man auf der einen Seite entdeckt in sich den Seelenkern, dem man es anfühlt, aus dem man herauserlebt, daß er der Keim zu einem nächsten Erdenleben ist, so erlebt man in diesem über dem Gedächtnisschatz liegenden Bewußtseinsinhalt auch das, was in den Menschen als das menschliche Leiblich-Physische hereingezogen ist, bevor er als physisches Wesen sein Dasein begonnen hat mit der Geburt oder, sagen wir, der Empfängnis. Geradeso wie die Seele selbst es ist, die räumlich, wenn wir wahrnehmen, ihr Gehirn zubereitet, damit dieses ihren Inhalt spiegelt, so erlebt man, daß das Geistig-Seelische, zu dem man vorgedrungen ist vor der Geburt, vor der Empfängnis in einer geistigen Welt vorhanden war und in dieser sich die Kräfte erworben hat, um sich zu verbinden mit dem, was an physischer Substantialität gegeben wird von Vater und Mutter, um sich zu durchdringen mit dieser Substantialität, diese sich anzuorganisieren. Man erlebt, daß der Mensch, so wie er in die Welt hereinzieht, nicht bloß das Ergebnis ist von Vater und Mutter, sondern daß sich verbindet das Geistige mit dem Materiellen, mit dem, was von Vater und Mutter gegeben wird; das Geistige, das aus geistigen Welten herunterkommt, wo es gelebt hat zwischen dem letzten Tod und dieser Empfängnis. Und der Geistesforscher kann, indem man also kennenlernt dasjenige in der Seele, was jenseits des Gedächtnisses liegt, er kann dadurch auch erkennen lernen, wie die Seele sich verhält, wenn nicht mehr das Leibliche sozusagen die Tätigkeit dieses Geistig-Seelischen zurückhält, wenn der Tod über den Menschen gekommen ist. Wenn der Tod über den Menschen gekommen ist, dann lebt die Seele zunächst – das ist die Tatsache, die sich der Geistesforschung darbietet – in dem, was während des Lebens nicht physisch-leiblich geworden ist; sie lebt in ihrem Gedächtnisschatz. In der ersten Zeit nach dem Tode breitet sich aus vor der Seele ein weites Erinnerungsbild von alledem, was der Mensch erlebt hat zwischen Geburt und Tod. Auch alle diejenigen Ereignisse kommen herauf, welche vergessen worden sind im Leben. Dieses Erleben seiner ganzen Erinnerung dauert nur wenige Tage. Der Geistesforscher kann das durchschauen, was da als das erste Erlebnis nach dem Tode auftritt, weil er ja kennenlernt die Natur des Gedächtnisses. Wenn die Seele aus dem Leibe heraus ist, dann wird wirklich für den Geistesforscher so etwas zum Bewußtseinsinhalt, wie es für den Toten wird, wenn er durch die Pforte des Todes geschritten ist. Vor dem Geistesforscher tritt auch dasjenige auf, sobald er außer dem Leibe ist, was sein gesamter Gedankeninhalt ist, aber jetzt so wie eine Welt; wie man sonst Berge und Wolken und Sterne und Sonne und Mond und Flüsse und Städte um sich hat, so hat man außer seinem Leibe zunächst ein Tableau desjenigen, was man erlebt hat, vor sich; nur kann man dieses Tableau durchschauen, man kann seine Wirkungskraft ersehen. Indem man – um einen trivialen Ausdruck zu gebrauchen – sich hingewöhnt hat, wirklich außerleiblich diese Dinge zu durchschauen, gelangt man auch allmählich dazu, wirklich den Blick bewußt hinwerfen zu können auf das, was die Seele nach dem Tode durchlebt, was sie durchlebt hat nach dem letzten Tode, was ihr bevorsteht nach dem Tode, der da kommen wird. Erst ist es dieses Erinnerungsbild, das breitet sich aus, die Gedanken, die sich angesammelt haben. Aber hinter dem tritt eine andere Seelenkraft auf. Jetzt, da der Tod vorübergegangen ist, ist diese Seelenkraft nicht mehr durch den Leib gehemmt, jetzt wirkt sie so, daß dieses Erinnerungsbild nach einigen Tagen verschwindet aus der Umgebung des Menschen.

Man kommt ja, wie schon eingangs gesagt, auf gewagte Dinge, wenn man über das Thema des heutigen Vortrags sprechen will, aber man kann doch nicht umhin, diese Dinge zu berühren, wenn man nicht in allgemeinen Redensarten sich ergehen will. Ich habe versucht darzustellen, was der Geistesforschung sich ergeben hat über die Dauer dieses ersten Erlebnisses nach dem Tode. Da hat sich ergeben, daß diese Rückschau auf die Gedankenbilder der Erlebnisse des letzten Lebens für die verschiedenen Menschen verschieden lang dauert, für den einen Menschen länger, für den anderen kürzer; aber im allgemeinen ungefähr so lange, als die Kraft dauern kann während des Lebens, durch die sich der Mensch wach erhalten kann, wenn er verhindert ist, einzuschlafen. Der eine Mensch kann kaum eine Nacht sich wach erhalten, ohne daß ihn der Schlaf übermannt, ein anderer viele Nächte. Diese innere Kraft, den Schlaf zu bekämpfen, die ist der Maßstab für die Zahl der Tage, nach denen diese Rückerinnerung nach dem Tode dauert. Dann verschwindet diese, und etwas anderes tritt auf.

Was jetzt auftritt, in das kann man sich nur vertiefen, wenn man es auch schon kennt durch die außerleiblichen Erlebnisse; aber es ist sehr schwierig, Worte zu finden für diese Erlebnisse der Seele, die ganz andersgeartet sind als diejenigen, die man im Alltage erlebt. Unsere Sprache ist ja für die sinnliche Welt geprägt. Was außerhalb der Sinneswelt liegt, erlebt die Seele ganz anders als hier in der Sinneswelt. Daher bitte ich Sie zu entschuldigen, wenn Ihnen manche Ausdrücke ungelenk, paradox vorkommen werden; aber Sie können versichert sein: Wenn jemand sich anschickt, mit den ganz gewöhnlichen Worten der Sprache das zu schildern, wofür sich nur schwer Worte finden lassen, so wird er nicht unmittelbar aus den Erlebnissen der Seele heraus schildern können dasjenige, was nach der Rückschau erlebt wird. Das, was nunmehr die Seele erlebt, was der Geistesforscher außer dem Leibe erlebt, das ist das, was ich nun eben mit dem Ausdruck belegen möchte – es ist nämlich kein Fühlen und ist kein Wollen, es ist etwas zwischen dem Fühlen und Wollen –, was ich nennen möchte ein «wollendes Fühlen», ein «fühlendes Wollen». Man hat diese Seelenkraft, die man innerlich entwickelt, gar nicht im gewöhnlichen Leben. Man kennt sie als Geistesforscher. Es ist, wie wenn der Wille mit uns sich dahin bewegte, in der Welt; und wie wenn dieser Wille, ich möchte sagen, indem er sich dahin bewegt, auf seinen Flügeln oder seinen Fluten trägt das, was uns nun als Gefühl so entgegentritt, daß es wie außer uns ist, wie heranspielt auf den Wogen des Willens. Während wir sonst gewohnt sind, dieses Gefühl als etwas zu empfinden, was innerlich verwachsen ist mit uns, wird das jetzt so wie wogend und webend auf den Wellen des Willens; und wir wissen dennoch, da wir uns bei diesem Erleben ausbreiten in die Welt, daß wir in dem, was da draußen ist als wollendes Fühlen, als fühlendes Wollen, was draußen ist wie die Farben- und Tonwahrnehmungen der Sinneswelt, daß das von unserem Wesen durchdrungen ist. Ein Fühlen ist da draußen, das wir wie Licht wahrnehmen; aber wir wissen uns zugleich mit ihm verbunden.

Aber in der ersten Zeit nach der Rückschau erlebt dies der Mensch so, daß seine einzige Welt, die er zunächst wahrnimmt, im Grunde diejenige ist, aus der er sozusagen mit dem Tode herausgegangen ist. Nachdem sich das Erinnerungstableau abgedämmert hat, entfaltet sich, erkraftet sich in der Seele dieses fühlende Wollen, wollende Fühlen;

aber dieses drückt nur Dinge aus, die mit dem letzten Erdenleben noch zusammenhängen; so daß wir diese Dinge, die wir da erleben, etwa in der folgenden Art charakterisieren können: Das Erdenleben gibt dem Menschen niemals in seine Erfahrung alles das, was es ihm geben könnte. Eine Menge Dinge bleiben so, daß wir sagen können: Wir haben nicht alles genossen, was hätte genossen werden können, was Eindrücke hätte machen können zwischen Geburt und Tod. Es ist immer sozusagen zwischen den Zeilen des Lebens etwas von Begierden, von Wünschen, von Liebe zu anderen Menschen und so weiter zurückgeblieben. Unerledigtes – um den trivialen Ausdruck zu brauchen – im letzten Leben, das ist das, auf das wir begehrend geistig zurückblicken, und zwar jetzt auf Jahre hin begehrend geistig zurückblicken. In diesen Jahren ist es so, daß wir sozusagen unsere Welt hauptsächlich in demjenigen haben, was wir gewesen sind. Wir schauen in unser letztes Erdensein hinein, schauen in ihm das, was unerledigt geblieben ist. Und erst dadurch, daß wir in einer Sphäre jahrelang leben, in der davon nichts befriedigt werden kann, wie es auf Erden befriedigt wird, weil wir ja die leiblichen Organe dazu abgelegt haben, arbeiten wir uns in der Seele heraus aus solchen Zusammenhängen mit dem letzten Erdenleben.

Auch hier hat wiederum die Geisteswissenschaft die Länge dieser Erlebnisse zu überblicken, und da kann das Folgende gesagt werden: Die Zeit, die der Mensch durchlebt, in der allerersten Kindheit bis zu dem Zeitpunkt, wo er sich zurückerinnert, die hat keinen Einfluß auf die Dauer der Erlebnisse, die jetzt geschildert worden sind. Ebenso hat die Zeit, die wir nach dem fünfundzwanzigsten, sechsundzwanzigsten, siebenundzwanzigsten Jahre weiter durchleben, keinen Einfluß mehr. Die Jahre etwa vom vierten bis in die Zwanzigerjahre hinein, die deuten auch die Länge an, in der man – so zusammenhängend mit seinem letzten Erdenleben – Erfahrungen zu sammeln hat in der geistigen Welt, sich herauszuziehen hat aus dem Erdenleben. Es stellt sich heraus für die geistige Beobachtung: So lange man gebraucht hat, um nach dem vorigen geistigen Leben, nachdem man durch Empfängnis und Geburt gegangen ist, seinen Leib gleichsam mit den aufwärtsstrebenden Kräften aufzubauen, bis in die Mitte der Zwanzigerjahre hinein, also so lange man gebraucht hat, um das Leben mit den körperlichen, organisch-fruchtbaren Kräften zu durchsetzen, es zu durchsetzen mit den Kräften, die im Leben begehren, genießen, ungefähr so lange dauert auch die Zeit, durch die man sich wiederum herausfinden muß aus dem letzten Erdenleben. So daß man, wenn man also sagen wir, zwölf Jahre alt wird, vielleicht nur fünf Jahre braucht, um herauszukommen aus dem letzten Erdenleben, oder sieben Jahre; wenn man aber, sagen wir, fünfzig Jahre alt geworden ist, so tragen die Jahre nach der Mitte der Zwanzigerjahre nichts mehr Sonderliches bei an der Verlängerung der jetzt genannten Periode.

Von dieser Periode muß gesagt werden, daß in ihr schon in einer gewissen Weise das eintritt, was man nennen kann: Der Mensch nimmt wahr geistige Vorgänge und geistige Wesen in seiner Umgebung. Ich habe ja schon vorgestern angedeutet, daß, wenn der Geistesforscher in seinem Geistig-Seelischen sich erlebt, er in einer wirklichen geistigen Welt darinnen ist. In diese geistige Welt zieht ja der Tote ein; aber er ist zunächst so beschäftigt mit seinen Zusammenhängen mit seiner vorhergehenden Welt, in der Weise, wie wir es vorher besprochen haben, daß er nur auf dem Umwege durch sein früheres Leben einen Zusammenhang gewinnen kann mit dem, was in seiner geistigen Umgebung ist. Um ein Beispiel zu sagen: Nehmen wir an, jemand ist durch die Pforte des Todes gegangen. Die Rückschau ist vorüber. Er lebt in dieser Zeit des Sich-Herausreißens aus den Zusammenhängen mit dem vorhergehenden Erdenleben. Jemand, den er geliebt hat, ist noch im physischen Leibe. Derjenige, der noch in diesem Stadium des Erlebens ist, von dem wir eben sprechen, kann nicht unmittelbar auf die Seele hinschauen, die noch auf der Erde ist; aber es bildet sich gleichsam eine Art von Umschaltung: Im letzten Erdenleben haben wir den Menschen geliebt, der zurückgeblieben ist; auf das Liebesgefühl blicken wir, wenn wir in dem Stadium sind, das wir jetzt besprechen. Die Gefühle sind unsere Außenwelt. Indem wir auf sie hinblicken, finden wir den Weg zu der Seele, die noch auf der Erde ist. Ebenso müssen wir über das Gefühl den Weg finden auch zu einer Seele, die schon durch die Pforte des Todes gegangen ist. So kann man sagen: Der Mensch lebt mit den Menschenseelen als

Seele nach dem Tode, aber zunächst auf dem Umweg durch sein eigenes Leben.

Aber immer mehr und mehr entwickelt sich im Menschen eine Kraft, eine seelische Kraft, die wiederum nur der Geistesforscher kennt, wenn er sich geistig-seelisch außer dem Leibe erlebt. Für diese ist nun schon gar kein Ausdruck mehr da. Für die andere Kraft kann man wenigstens noch sagen: «Wollendes Fühlen» oder «Fühlendes Wollen», weil sie etwas Ähnliches hat mit dem Wollen und dem Fühlen. Wenn auch das Wollen und Fühlen objektiviert sind, sie haben doch etwas Ähnliches, die Dinge, die da draußen in Wollungen und Fühlungen herumwogen, etwas Ähnliches mit den Gefühls- und Willensimpulsen, die wir sonst im Leben haben. Das aber, was nunmehr die Seele erlebt, was als eine Kraft in ihr erwacht, je mehr sie sich entfernt in der geschilderten Weise von dem letzten Erdenleben, das kann ich nur bezeichnen mit einem Ausdruck, der ungeschickt klingen mag in bezug auf die gewöhnliche Sprache, der aber doch bezeichnend ist; ich kann es nur benennen: kreative seelische Kraft, seelische Schöpferkraft. Es ist etwas, was die Seele jetzt unmittelbar erlebt. Daß man in eine Aktivität übergeht, das erlebt die Seele völlig; aber zugleich, daß diese Schöpferkraft wirklich sich entwickelt, wirklich von der Seele ausstrahlt in die Umgebung und – wiederum ist es ungeschickt, aber es muß eben, damit man sich verständlich machen kann, dieser Ausdruck gebraucht werden – es ist diese Kraft etwas, was in die Umgebung wie ein geistiges Licht ausstrahlt, was die geistigen Vorgänge und Wesen ringsherum beleuchtet, so daß wir sie sehen; wie, wenn die Sonne aufgeht, wir durch die Sonne die äußeren Gegenstände sehen, so sehen wir durch die eigene innere Leuchtekraft, die sich hingießt, die geistigen Vorgänge und Wesenheiten. Jetzt tritt die Zeit ein, wo die Seele in dem Maße in der geistigen Umgebung ist, als in ihr diese kreative Kraft erwacht, diese Welt zu beleuchten. Und hier haben die Religionen keinen unbedeutsamen Ausdruck gebraucht, wenn sie sagen, um das Leben nach dem Tode zu bezeichnen: Dieses Sich-Fühlen in der schöpferischen Kraft, dieses Sich-Einleben in eine geistige Umgebung, die dadurch sichtbar wird, daß man seine eigene Schöpferkraft hineinsendet, dieses Sich-Erleben in dem Ausgießen des Lichtes ist ein Gefühl von Seligkeit. Selbst die Schmerzen werden so als Seligkeiten erlebt in dieser Welt. Da erlebt die Seele nun ihr weiteres Leben.

Nun handelt es sich darum, daß die Seele nur in abwechselnden Zuständen dieses Erleben durchmachen kann, das eben beschrieben worden ist. – Ich komme dabei allerdings in Gebiete, die für ein gewöhnliches Leben ganz im Phantastischen schwimmen; aber nach den vorbereitenden Mitteilungen, die nun gegeben sind, darf ich auch diese Dinge auseinandersetzen; denn klar muß man sein, daß der Geistesforscher niemals anderes behaupten wird, als daß nur dann ihm solche Dinge aufgehen können, wenn er außerleiblich erlebt. – Die Seele erlebt also Wechselzustände. Nicht immer ist sie in dem Zustand, daß sie ihre geistige Leuchtekraft seelisch ausstrahlt über die Umgebung, so daß Menschenseelen und andere Wesenheiten nun um sie herum sind und geistige Vorgänge von ihr erlebt werden. Nicht immer ist es so, daß die Seele also in der äußeren geistigen Welt lebt, sondern dieser Zustand muß abwechseln mit dem Zustand, daß die Seele dieses Ausstrahlen der geistigen Leuchtekraft gleichsam sich herabdumpfen fühlt. Die Seele wird innerlich stumpf, sie kann nicht mehr hinstrahlen ihr Licht auf die Umgebung, sie muß in sich selber zusammennehmen ihr ganzes Sein. Und jetzt kommt derjenige Moment, wo in der Zwischenzeit zwischen dem Tod und einer neuen Geburt die Seele ein völlig einsames Leben lebt. Das dauert lange. Wenn man es vergleichen will mit dem gewöhnlichen Leben, so kann man sagen: Wie im gewöhnlichen Leben der Mensch abwechseln muß zwischen Schlaf und Wachen, so muß er nach dem Tode abwechseln zwischen einem Leben, das sich ausgießt in die äußere Welt, und einem Leben der inneren Einsamkeit. Wo hereingenommen ist alles, was man früher im Zustand der Verbreiterung erlebt hat, wo aber die Seele weiß: Du bist jetzt ganz einsam mit dir. So wie man im Schlafe bewußtlos wird, so zieht man sich hier in sich zurück, wird aber nicht bewußtlos. Die Seele erlebt ein erstarktes Bewußtsein gerade in diesen Zeiten der Einsamkeit, aber sie erlebt das so, daß sie weiß: Da draußen ist die geistige Welt, du aber bist mit dir allein, alles, was du erlebst, erlebst du in dir. – Was man in sich erlebt, sind die Nachklänge dessen, was man außer sich erlebt hat. Nur dadurch kann die innere Leuchtekraft wieder erstarken und aus der Seele wieder heraustreten. Und dann wacht man geistig wiederum auf und erlebt wiederum den anderen Zustand.

Es gehört zu den merkwürdigsten Erlebnissen, wirklich einmal zu lernen, einen Sinn zu verbinden mit den Worten, daß für die Zeit zwischen dem Tod und einer neuen Geburt die Seele lebt in geistiger Geselligkeit und Einsamkeit, daß für dieses Abwechseln der Zustände von geselligem Erleben und Einsamkeit in der geistigen Welt, allerdings durch viel längere Zeiträume als Tag und Nacht, daß es für dieses Nach-dem-Tode-Erleben etwas ähnliches bedeutet wie Schlafen und Wachen für das physische Erleben. Ich habe diese Verhältnisse angedeutet in meinem vorletzten Buche: «Die Schwelle der geistigen Welt.» Aber die Seele erlebt so, indem sie weiterlebt zwischen dem Tod und einer neuen Geburt, allmählich ein Herabdumpfen, ein Verglimmen ihrer Leuchtekraft. Man möchte sagen: Die Erlebnisse der inneren Einsamkeit werden immer stärker und stärker. Sie werden allmählich so, daß der Mensch innerlich eine ganze Welt erlebt, man möchte sagen einen ganzen Kosmos. Wahrhaftig, so wird sie, daß berechtigt ist zu sagen: den Menschen überkommt etwas wie das Gefühl der Furcht vor sich selbst, wenn er entdeckt, was da alles unten ist in den Untergründen der Seele, und was jetzt herauskommt ungefähr in der Mitte des Lebens zwischen dem Tod und einer neuen Geburt.

Und dann kommt die Zeit heran, die ich versuchte darzustellen in meinem vierten Mysteriendrama: «Der Seelen Erwachen», ich suchte sie darzustellen, diese Zeit, wo der Mensch nur mehr vermag innerliche Erlebnisse zu haben; wo die Nächte der Einsamkeit immer länger und länger werden; wo der Mensch nicht mehr aufwachen kann geistig zu einem Bewußtsein, in dem er seine Leuchtekraft ringsherum ausstrahlt. Ich habe versucht auszudrücken das, was dann der Mensch erlebt, mit einem symbolischen Ausdruck, mit dem Ausdruck: Die Mitternacht des geistigen Daseins zwischen dem Tod und einer neuen Geburt. Es ist die Zeit, in der der Mensch alles, was in den Tiefen seiner Seele ist, als seine Welt erlebt, wo er nur weiß: Jenseits der Ufer deiner Seele sind die geistigen Welten, in denen alles das ist, was es von geistigen Wesen gibt, in denen alle Menschenseelen sind, die entkörpert oder auch verkörpert sind, und in denen alle anderen Wesen sind; aber man weiß es nur, weil man die Nachklänge davon in sich hat. Und jetzt entsteht etwas in der Seele, was wieder nicht mit einem gewöhnlichen Wort bezeichnet werden kann. Nicht wahr, die gewöhnliche Sprache hat das Wort «Sehnsucht» für das Passivste in der Seele. Wenn wir sehnsüchtig sind im physischen Erleben, so sind wir am passivsten. Wir ersehnen etwas, wir begehren etwas, was wir nicht haben – und die Sehnsucht kann das gewiß nicht hervorbringen, was wir ersehnen. Wir können uns nur passiv verhalten. Aber die Seelenkräfte gewinnen einen ganz anderen Charakter, wenn die Seele außerhalb des Leibes ist. Aus der Tiefe der Einsamkeit heraus, aus dem, was die Seele in der geschilderten Weise in der Weltenmitternacht des Geistes erlebt, bildet sich die Sehnsucht, wiederum in die Welt sich hineinzuleben, aus der man in seiner Einsamkeit herausgerissen ist. Und die Sehnsucht wird jetzt aktiv, und aus ihr wird etwas, was geistig real ist, eine organisierende Kraft. Sie wird wirklich eine neue Wahrnehmungskraft. Diese geistige Sehnsucht gebiert eine neue Seelenkraft, wiederum eine solche Kraft, die nun eine äußere Welt wahrnehmen kann, aber eine Welt, die zugleich eine äußere und eine innere ist: eine äußere, weil sie wirklich außerhalb unseres Wesens da ist; eine innere, weil wir auf sie schauen als diejenige Welt, die wir im vorhergehenden Leben durchlebt haben, die Welt unserer früheren Erdenverkörperung. Das wird jetzt aus unserer Sehnsucht heraus unsere Außenwelt. Wir schauen hin auf all das, was unerledigt geblieben ist im vorigen Leben, und in uns zimmert die Sehnsucht Kräfte, um Ausgleich zu schaffen für das, was die Seele im vorhergehenden Erdenleben Schlechtes, Törichtes, Böses, Häßliches getan hat, um Ausgleich zu schaffen dafür in einem neuen Leben.

Das ist die Zeit, in der jeder Mensch zurückblicken kann auf seine früheren Erdenleben, die Zeit, wo wirklich zwischen dem Tod und einer neuen Geburt dem Menschen vor Augen stehen – vor dem geistigen Auge stehen – all die Taten seiner früheren Leben, und in ihm erwacht die Tendenz, in einem neuen Erdenleben solche Ausgleiche zu schaffen, daß die neuen Erdenerlebnisse ausleben und gutmachen, was in früheren Erdenleben erlebt worden ist. Ich habe schon Menschen kennengelernt, die sagten, sie haben mit dem einen Leben genug; sogar einen Menschen, der nahe daran war, etwas Vernünftiges an diesen wiederholten Erdenleben zu finden –, dann hat er mir aber von der nächsten Eisenbahnstation aus eine Karte geschrieben, daß er doch nichts wissen wolle von einem nächsten Erdenleben. Aber darauf kommt es nicht an, daß wir uns von diesen wiederholten Erdenleben eine Vorstellung bilden können, sondern darauf, daß jede Seele in der Lage, die jetzt beschrieben worden ist, auf ihre früheren Erdenleben zurückblickt und zugleich die Tendenz in sich aufnimmt, ein neues Erdenleben zu erleben, das Ausgleich ist für die früheren Erdenleben. Und man erlebt weiter, daß es Menschen gibt, denen man manches schuldig geworden ist, oder die einem etwas schuldig wurden: das tritt vor die Seele hin als Ergänzung zum eigenen Erdenleben. Und die Tendenz tritt auf, wiederum mit den Menschen zusammenzuleben, denen man etwas schuldig geworden ist, um auszugleichen, was man schuldig geworden ist. Und in anderen Menschen tritt die gleiche Tendenz auf. Dadurch treten Kräfte auf in verschiedenen Menschen, die früher zu gleicher Zeit gelebt haben; da werden geistige Kräfte erregt, welche zur Erde hinunter tendieren. Dadurch kommt es, daß in dem neuen Erdenleben solche Menschen zusammenkommen, die früher beisammen gewesen waren. Es muß sich ausgleichen, was sich diese Seelen schuldig geblieben sind. Wie gesagt, die Tendenzen treten da zusammen. Und dann erlebt man immer weiter und weiter dieses geistige Leben zwischen Tod und neuer Geburt: immer mehr und mehr prägen sich ein, kraften sich ein die Tendenzen, von denen gesprochen worden ist. Sie werden lebendige Tendenzen. Und der Mensch schafft sich aus dem, was er also erfahren hat über frühere Erdenleben, das Urbild, das geistige Urbild des neuen Erdenlebens.

Das schafft er nun selbst, indem die Zeit weiterrückt; da schafft er nun selbst, was sich verbindet mit der materiellen Substanz, die von Vater und Mutter gegeben wird, um in ein neues Erdenleben einzutreten. Und je nachdem die vererbten Eigenschaften von Vater und Mutter in der materiellen Substanz sein können und verwandt sind mit dem geistigen Urbild, wird das geistige Urbild hingezogen zu dem

Materiellen vor der Empfängnis. So daß man sagen kann: Die Wahlverwandtschaft zwischen den ererbten Eigenschaften und dem Urbild, die entscheidet, zu welchem Elternpaar die Seele sich wie magnetisch hingezogen fühlt, in welches Leben man sich hineinfindet. Dadurch kommt der Mensch wiederum zur Erde zurück, vereinigt sich wiederum mit einem irdischen Leibe. Und die Geistesforschung kann nun sehen, was im Kinde, man möchte sagen, auf so mysteriöse Weise – wer ein Kindesleben zu beobachten versteht, wird sehen, es ist so – sich herausbildet, indem von innen heraus die ausdrucksvollen Mienen allmählich treten, indem die geschickten Bewegungen aus den ungeschickten sich entwickeln, indem das, was so ersichtlich aus dem Inneren arbeitet, den Körper modelliert und plastiziert; in all dem schaut der Geistesforscher dasjenige, was die Erlebnisse zwischen dem Tod und einer neuen Geburt durchgemacht hat, von denen jetzt die Rede war, wie es sich da immer mehr und mehr mit dem Leib verbindet – das schaut der Geistesforscher. Nunmehr sieht er ein, warum zunächst keine Erinnerungen an diese Erlebnisse vor der Geburt vorhanden sein können: Die Kräfte, die zu Erinnerungskräften werden könnten, die werden aufgebraucht, um den Leib zu organisieren. Das Kind würde sich erinnern an alles Frühere, denn es hat diese Kräfte; aber die Kräfte werden umgewandelt; ebenso wie die Druckkräfte, die ich entwickle, wenn ich über den Tisch fahre mit dem Finger, sich in Wärme verwandeln, so verwandeln sich diese Erinnerungskräfte in organisierende Kräfte. Was das Kind innerlich durchorganisiert, was das Gehirn plastisch macht, so daß das Kind später denken kann, daß es im physischen Leibe Erinnerungskräfte entwickeln kann: das ist umgewandelte, rückschauende Kraft; das verschwindet in dieser Gestalt, in der es die Rückschau entwickeln kann, und durchorganisiert den Leib. Und das Geistige, das den Leib durchorganisiert, das ist das umgewandelte Seelische, das ist hineingeflossen in den Leib. Und so begreifen wir das Leben, in dem wir gerade stehen, indem wir verstehen, was außerhalb des Lebens jenseits des Todes vorging. Was da wirkt im Menschen im irdischen Leben, hat sich seine Kräfte angeeignet zwischen dem Tod und einer neuen Geburt. Die Kräfte, die da rein geistig zutage treten, das sind die Erinnerungskräfte, die sich umgewandelt haben, die in den Leib hineinfließen und ihn durchorganisieren.

Die Naturforscher werden einmal darauf kommen, wie die Kräfte, die rein in der Vererbung liegen, auch im Menschen eine Erschöpfung erfahren in der Zeit, wo die Vererbungsfähigkeit auftritt. Gewisse niedere Tiere sterben zugleich, indem sie zur Geburt eines anderen Wesens reif werden; das, was der Mensch an Kräften entwickeln muß, um physische Nachkommen zu haben und auf sie etwas zu vererben, das muß mit seiner Geschlechtsreife abgeschlossen sein; das kann ich nur andeuten. Darüber werden die Naturwissenschaft und die Geisteswissenschaft zusammen wichtige Aufschlüsse geben können. Aber in alldem, was da als physische Kräfte im Menschen wirkt, wirkt Geistiges. Die geistigen Kräfte sind es, die sich im physischen Leibe betätigen so, daß sie diesen physischen Leib durchdringen. Der physische Leib ist gleichsam die Spiegelung des Geistigen. Und im Grunde genommen sind es eigentlich Zerstörungsprozesse, die die vorhin erwähnte Spiegelung bewirken. Immer sind es Zerstörungsprozesse, wenn wir Farben sehen, wenn wir Töne hören; auch wenn wir Erinnerungsvorstellungen bilden, machen wir Zerstörungsprozesse in uns. Darauf beruht die Notwendigkeit zu schlafen, damit der Mensch die Zerstörungsprozesse nicht allein wirken läßt.

So leben wir, indem wir unseren Leib durchdringen und durchkraften mit den Kräften, die wir außerhalb des Leibes erwerben, und das Leben begreift sich nur, wenn wir das im Leben tätige Geistig-Seelische ins Auge fassen. Geisteswissenschaft hat es nicht so gut wie andere, daß sie von dem Tode bei Pflanzen und Tieren in der gleichen Weise sprechen kann wie bei dem Menschen. Was ich jetzt gesagt habe, gilt nur für den Menschen. Auf diese Weise erweitert die Geistesforschung den Blick über das hinaus, was zwischen der Geburt und dem Tode liegt. Ja, auch Einzelheiten werden der Geistesforschung erklärbar. Ich kann mir sehr gut denken, daß diejenigen der verehrten Zuhörer, welche ein wenig etwas übrig haben für diese Ergebnisse der Geistesforschung, gerne über Einzelheiten hören wollen; aber ich kann nur einzelne Beispiele anführen.

Zunächst sei ein Beispiel angeführt, das insbesondere den Geistesforscher selber, trotzdem es paradox klingt, wie ein rechtes Mysterium des Lebens anmuten kann. Das ist das Dasein verbrecherischer Naturen. Nicht wahr, die Geistesforschung steht durchaus nicht auf dem Standpunkte, daß Verbrecher nur Mitleid verdienten, nicht bestraft werden sollten. Es obliegt nicht dem Geistesforscher, sich in die äußeren Angelegenheiten der Welt einzumischen; aber verstehen das, was im Menschenleben uns entgegentritt, das will der Geistesforscher, und er will es aus den Tiefen der geistigen Welt heraus. Da fragen wir uns: Wie liegt es denn mit einem Leben, das sich verbrecherisch offenbart? Nun, leicht sind die Dinge gesagt, aber die Antworten auf solche Fragen muß sich der Geistesforscher erst abringen, und abringen muß er sich im Grunde genommen auch, über diese Dinge zu sprechen, weil sie gar so paradox erscheinen für das Vorstellungsleben der Gegenwart. Wenn der Verbrecher angeschaut wird, hellseherisch, so stellt sich heraus, daß verbrecherische Naturen eine Art geistiger Frühgeburten sind. Es gibt für jede Seele eine Möglichkeit, herunterzukommen aus den geistigen Welten, sich mit der physischen Materialität zu verbinden, die gewissermaßen die normale ist; aber die Tendenzen, die zu diesem Normalen hinführen, kreuzen sich mit anderen Tendenzen, so daß die meisten Menschen – aber Verbrecher besonders stark – viel früher ins Erdenleben heruntergehen, als es normalerweise geschehen sollte. Das stellt sich sonderbarerweise heraus. Nun hat das etwas anderes im Gefolge. So richtig sich durchdringen mit der ganzen Leiblichkeit, daß man in der Leiblichkeit der Erde steht als ein Vollmensch, das kann man nur, wenn man wenigstens annähernd zu dem normalen Zeitpunkt sich wieder verkörpert. Aber wenn Gründe vorliegen durch vorhergehende Erdenleben, früher herunterzukommen auf die Erde, so nimmt man etwas mit, was im Unterbewußtsein lebt, wovon man gar kein Bewußtsein hat. Es lebt nämlich in den Tiefen der Seele etwas, was wie ein Leichtnehmen des Erdenlebens ist, weil man nicht zu dem Zeitpunkt heruntergekommen ist, wo man sich am vollkommensten hätte verbinden können mit dem Physischen. So verbindet man sich nur oberflächlich. Aber man weiß nichts davon. Das wird eine innere Seelenstimmung; das Leben nicht voll zu nehmen. Und so kann es sein, daß man in seinem gewöhnlichen Oberbewußtsein sogar einen abnorm entwickelten Selbsterhaltungstrieb hat, so daß man mit Feindschaft der sozialen Welt gegenübersteht, den stärksten Egoismus entfaltet, so daß man Verbrecher wird – und dennoch in seiner inneren Natur, die man nicht kennt, ein gewisses Oberflächlichnehmen, ein Leichtnehmen des Lebens hat, keinen Wert legen will auf dieses Leben. Das ist durch eine geistige Frühgeburt bewirkt. Wenn das der Fall ist, dann tritt dieses Leben auch so ins Dasein, daß der Mensch den überhandnehmenden Selbsterhaltungstrieb anfeuern kann durch das, was er nicht kennt, was ein Leichtnehmen des Lebens ist, und das sieht man aufsprießen in Verbrecherseelen. Erst als ich wußte, daß dies so ist, wurde mir ein anderes klar. Es gibt ein Lexikon der Gaunersprache. Man versteht innerlich die eigentümliche Art der Verbrechersprache, dieses Leichtnehmen des Lebens in den Worten, die ja aus dem Unterbewußten der Seele herauskommen –, das versteht man erst, wenn man kennt, was oben jetzt angedeutet worden ist. Es muß aber immer wieder darauf hingedeutet werden, daß in der Gesamtheit der menschlichen Erdenleben sich das wiederum ausgleicht, was ein Erdenleben verbricht, so daß der Verbrecher gerade durch das, was er als Folge seiner Verbrechertaten zu erleben hat, zu anderen Erdenleben aufsteigt, in denen ein Ausgleich eintritt.

Aber auch anderes wird verständlich, wenn wir mit Geistesforschung die Mysterien des Lebens betrachten. Da sehen wir Menschen, welche meinetwillen durch ein Unglück hinweggerafft werden. Merkwürdigerweise stellt sich heraus, daß bei Menschen, die durch ein Unglück hinweggerafft werden in der Zeit, in der sie sonst die Erde noch nicht zu verlassen hätten, also in einer Zeit, über die die irdisch-physischen Kräfte herausragen; wenn zum Beispiel jemand im fünfunddreißigsten Lebensjahre von einer Lokomotive überfahren wird, ohne daß er den Tod sucht, so stecken noch die Kräfte in seinem Leibe, die noch hätten wirken können. Indem man hinausgeht aus der physischen Welt, gehen diese Kräfte nicht in Nichts über, sondern man sieht, wie das Seelisch-Geistige, die Intelligenzkräfte, die Kräfte des genaueren Denkens, sich gerade durch einen solchen Unglücksfall verstärken können, so daß ein solcher Mensch mit stärkeren Intelligenzkräften wiedergeboren werden kann als ein anderer, der eines natürlichen Todes stirbt. Man muß sich schon damit bekanntmachen, daß Geistesforschung, indem sie das Leben von einem großen Horizont überblickt, über manches anders reden muß, als man im gewöhnlichen Leben redet. Jemand, der in früherer Zeit des Erdenlebens stirbt, sagen wir, durch eine Krankheit, der vieles durchmacht durch diese Krankheit, der bereitet durch dieses Kranksein seine Seele so, daß seine Willenskräfte verstärkt werden können. Frühzeitiges Sterben durch Krankheit verstärkt die Willenskraft.

Ja, es mag schon manches erscheinen wie reine Phantasterei; aber ich bin mir auch bewußt – das darf ich wohl einflechten –, daß ich eine gewisse Verantwortung habe, wenn ich diese Dinge bespreche, und daß ich sie nicht besprechen würde, wenn ich nicht die Mittel der Geistesforschung kennte, mit denen diese Dinge mit ebensolcher Gewißheit gewußt werden können wie die Dinge der Außenwelt gewußt werden können. Ich würde es als die größte Frivolität empfinden, wenn diese Dinge gesagt würden, ohne daß in der Seele ein Wissen liegt, das von einer solchen Stimmung durchdrungen ist, wie sie eben angedeutet worden ist.

So wird das Leben des Menschen gerade verständlich durch das, was außerhalb des physischen Lebens liegt; und so wie sich das Leben zwischen Geburt und Tod entwickelt, ist es ein Ergebnis des Lebens, das jenseits von Geburt und Tod liegt. Für manchen mag das erscheinen wie eine Entwertung des Lebens. Damit es den verehrten Zuhörern nicht so erscheint, möchte ich etwas ganz kurz wiederholen. Jemand kann sagen: Da werden wir aufmerksam gemacht, daß das, was wir in einem Erdenleben erleben, wir uns selbst zubereitet haben. Wahr ist es. Aber erleben wir ein Unglück – wir erleben es, weil wir vorher die Tendenz unserer Seele eingepflanzt haben, in dieses Unglück hineinzusteigen. Wie die Alpenpflanze nicht in der Ebene gedeiht, sondern die Höhe aufsucht, so sucht sich die menschliche Seele die Lage auf, wo ihr das Unglück widerfahren kann; sie wächst hinein in das, was sie als Schicksal erlebt. Wie das Schicksal selbstverständlich ist, in den Alpen zu leben für jene Pflanze, so ist es selbstverständlich für die menschliche Seele, sich ins Unglück hineinzustürzen, wenn sie in sich die Tendenz aufnimmt durch die Einsicht: nur wenn du dieses Unglück überwindest, kannst du vollkommener werden in einer Beziehung, wo du unvollkommener bleiben müßtest, wenn dir das Unglück nicht passierte. Wenn jemand sagt: so werden wir doch zu Schmieden unseres eigenen Unglückes gemacht; und wenn gesagt wird, daß wir unser Unglück nicht nur ertragen und erdulden sollen, sondern es in gewisser Weise uns sogar überirdisch verdient haben: Das kann uns kein Trost werden! – so muß demgegenüber gesagt werden, was ich schon früher durch einen Vergleich klarmachte: Wenn jemand bis zu seinem achtzehnten Lebensjahre gelebt hat aus der Tasche seines Vaters im Überfluß und ohne etwas gelernt zu haben, und sein Vater wird dann bankerott, dann kann es, von außen gesehen, ein großes Unglück sein, wenn jetzt das Leben ihn hart anläßt. Und er hat recht, wenn er jetzt das Leben unglücklich findet. Aber nehmen wir an, er ist fünfzig Jahre alt geworden und sieht sein Leben von einem anderen Gesichtspunkt aus an, dann sagt er sich: Hätte mich das Unglück nicht getroffen, ich wäre nicht geworden, was ich jetzt bin. Für meinen Vater war es ein Unglück, für mich war es ein Entwickelungsferment meines Lebens. – So sind wir auch nicht immer in der Lage, den richtigen Gesichtspunkt zu finden für ein Unglück in dem Zeitpunkt, in dem wir es erleben. Wir stehen vor der Geburt auf einem ganz anderen Gesichtspunkte als nachher: auf demjenigen, daß das erlebt werden muß in einem neuen Leben, was einen Ausgleich schafft für das, was früher geschehen ist. Da bereiten wir uns das Unglück, das wir später mit Recht selber leidensvoll erdulden, und über das wir mit Recht klagen, weil wir es dann nur von dem Gesichtspunkte des physisch-irdischen Erlebens aus betrachten.

Ich möchte noch ein Weniges sagen über die Zeit, die verfließt zwischen dem Tod und einer neuen Geburt. Die kurze Zeit der Rückschau nach dem Tode, die nur nach Tagen dauert, ich habe sie schon angegeben; die Zeit, die nachher kommt, dauert länger, sie dauert nach Jahrzehnten. Der Geistesforscher kommt etwa in der folgenden Weise darauf, wie lange diese Zeit dauert. Er muß sich fragen zunächst, damit er überhaupt die Kräfte, um so etwas einzusehen, in sich entwickeln kann: Was in deiner Seele ist es denn, was dir, wenn du dich außer dem Leibe erlebst, was dir da so erscheint, daß es in der Seele ist wie etwas, was von ihr durch den Tod getragen werden kann? Und da erlebt man merkwürdigerweise, daß man etwas aus dem Leibe heraus nimmt, während man sonst alles zurückläßt. Die Leidenschaften, Erinnerungen und so weiter läßt man zurück als Geistesforscher, wenn man sich aus dem Leibe heraus begibt; aber mit nimmt man seine Überwindungen, mit nimmt man das, was man sich erst aneignen kann in einem Erdenleben, sagen wir, nach den Zwanzigerjahren. Man wird das heute nicht gerne hören, weil heute die Leute auch schon zu dem Höchsten reif gehalten werden vor dem zwanzigsten Lebensjahre. Das kann man ja sehen in den Zeitungen, über und unter dem Strich schreiben ja heute vielfach Menschen, die nicht das zwanzigste Jahr erreicht haben. Aber in Wahrheit ist es doch so: was man so recht durch sich selbst erlebt, so erlebt, daß es wirklich aufgespeicherte Lebensweisheit wird, das geschieht dadurch, daß man schon etwas erlebt hat und mit einem späteren Erlebnis auf das frühere zurückblickt. Dieses innerliche Emporarbeiten durch seine Überwindungen, dieses innerliche Erleben der Seele ist das, was schon ein Vorkeim ist – so stellt es sich heraus – zu dem, was dann die Seele durchlebt zwischen dem Tod und einer neuen Geburt. Und so muß in fortwährendem solchem Überwinden, im Umwandeln von Kräften die Seele leben. Normalerweise bleibt die Seele so lange in der geistigen Welt zwischen dem Tod und einer neuen Geburt, als sie etwas umzuwandeln hat. Von der anderen Seite betrachtet, sei folgendes angeführt: Wir leben uns in eine gewisse Zeit hinein; wir nehmen dies oder jenes auf, erfahren dieses oder jenes, indem wir diesem oder jenem Volksstamme angehören. Indem wir durch den Tod gegangen sind, haben wir aus dem heraus unsere Lebenserfahrungen gebildet. Aber die Erde verändert sich. Nicht nur daß sich die physischen Verhältnisse ändern. Es mögen nur einmal die verehrten Zuhörer zurückdenken, wie sich etwa um die Begründung des Christentums herum die Gegenden hier, wo jetzt Wien liegt, ausgenommen haben. Aber in noch kürzeren Zeiträumen verändert sich das Kulturantlitz der Erde, des geistigen Inhalts unserer Umgebung, woraus wir unsere

Erinnerung, unseren Gedächtnisschatz nehmen. Nun kommt die Seele normalerweise nicht früher zurück in ein neues Erdenleben, bis sie in eine vollständig neue geistige Umgebung treten kann. Das stellt sich heraus, daß nicht ohne Sinn die Seele wiedergeboren wird, sondern so, daß sie Neues erleben kann. Dazu muß sie alles ändern, was sie im vorhergehenden Erdenleben erlebt hat, zum Beispiel die Fähigkeit, sich in einer bestimmten Sprache auszudrücken. Das muß sie umwandeln; sie muß sich andere Sprachfähigkeit aneignen. Das also ist die Zeit – sie dauert nach Jahrhunderten. Sie umfaßt normalerweise etwas wie ein bis eineinhalb Jahrtausende. Aber durch gewisse Verhältnisse können, wie gesagt, geistige Frühgeburten entstehen.

Die Zeit drängt; ich kann mich in der Ausmalung der besonderen Verhältnisse nicht weiter ergehen. Das möchte ich nur noch sagen, daß derjenige der verehrten Zuhörer, der etwa heimgehen sollte mit dem Gefühl: Ja, das ist ja alles wirklich nicht zu glauben; wie soll denn der Mensch darüber etwas wissen können! – der sei aufmerksam gemacht auf das, was ich schon eingangs erwähnte, daß in der Tat spätere Selbstverständlichkeiten – Erkenntnisse, die in alle Seelen eingedrungen sind – zuerst als paradox der Erdenkultur sich mitteilten. Und derjenige, der heute Geisteswissenschaft pflegen will, muß sich schon damit bekanntmachen, wie begreiflich es ist, daß als Phantasterei das hingenommen werden kann, was sich so sicher in die Geister einleben wird, wie sich die Kopernikanische Weltanschauung eingeprägt hat, nachdem sie zuerst als Phantasterei, als etwas Schädliches sogar von vielen angesehen worden ist. Aber noch einmal darf ich auf das Bild aufmerksam machen, das sich dem Geistesforscher und demjenigen, der in dem vorgestern erwähnten Sinn Geisteswissenschaft zu verstehen vermag, hinstellt, um ihm das starke Bewußtsein zu geben von der Wahrheit, die sich allmählich durchringen wird. Sollte sie sich auch durchdrücken müssen durch die engsten Felsspalten, so daß auf sie drücken die stärksten Felsmassen der Vorurteile, sie wird sich doch durchdrücken. Erstarken wird das Bewußtsein daran, wenn man hinblickt auf *Giordano Bruno;* da hat man das Bild vor sich: Er trat vor die Menschheit so, daß er jahrhundertealte Vorurteile zerbrach, indem er sagte: Die Menschen haben geglaubt, wenn sie hinaufschauten in den weiten

Raum da oben, breite sich das blaue Himmelsgewölbe aus; Sonne und Planeten kreisen daran und das blaue Himmelsgewölbe ist eine Wand, eine blaue Wand! – Damals konnte Giordano Bruno sagen: Diese Wand erscheint euch nur deshalb, weil euer Wahrnehmungsvermögen nur bis dahin reicht. Ihr baut euch diese Grenze selber auf; sie ist gar nicht vorhanden. Unendlichkeiten des Raumes breiten sich aus. Und Unendlichkeiten des Raumes sind erfüllt von unendlichen Welten.

Heute muß der Geistesforscher dieser Erweiterung des menschlichen Blickes in die Unendlichkeiten des Raumes gedenken, er muß daran denken, wie Giordano Bruno zuerst darauf aufmerksam machte, daß die Grenzen des Raumes im Himmelsgewölbe nur von der Beschränktheit des menschlichen Wahrnehmungsvermögens selbst gemacht sind; er muß hinweisen darauf, daß es auch für die Zeit des menschlichen Erlebens ein solches Firmament gibt. Indem man mit den physischen Wahrnehmungsorganen und dem Verstand das menschliche Leben überschaut, sieht man auf diese Grenzen, die Grenzen von Geburt und Tod, wie man einmal gesehen hat die Grenze des Raumes im blauen Himmelsgewölbe, die aber in Wirklichkeit nicht vorhanden ist. So ist auch die Grenze für die Zeit des menschlichen Erlebens zwischen Geburt, oder sagen wir Empfängnis und Tod nur hingesetzt von der Beschränktheit des menschlichen Anschauungsvermögens. Und jenseits von Geburt oder Empfängnis und Tod breitet sich aus die zeitliche Unendlichkeit und in diese zeitliche Unendlichkeit sind eingebettet die nach rückwärts und nach vorne verlaufenden Wiederholungen des menschlichen Erdenlebens und jener Leben, die zwischen dem Tod und einer neuen Geburt verfließen. Das kann ich allerdings nicht ausführen, daß die ganzen Wiederholungen einmal einen Anfang genommen haben, daß der Mensch aus dem Geistigen geboren wurde und hier seinen Wohnplatz fand – dazumal ist die Erde selber aus der geistigen Welt heraus entstanden –, und daß der Mensch, nachdem er durch die Erdenwiederholungen gegangen ist, wenn die Erde selbst abfällt von den menschlichen Seelen, daß dann der Mensch in ein anderes, wieder vergeistigtes Leben übertritt. Das kann nur angedeutet werden, darüber findet man Genaueres in meiner «Geheimwissenschaft».

Wenn man sich auch in der angedeuteten Weise mit den Erkenntnissen der Geisteswissenschaft in Widerspruch zu dem Denken der heutigen Zeit befindet, so muß man doch sagen: In den Ahnungen derer, die die Führer der Menschheit waren – ich habe vorgestern in derselben Weise die Betrachtung geschlossen –, findet man dennoch das, was heute in der Geisteswissenschaft wiederum auflebt. Geisteswissenschaft, wie sie hier gemeint ist, haben die Menschen nicht gehabt; denn sie ist ein Kind unserer Zeit, und wird aus der Bildung unserer Zeit entstehen; aber diejenigen, die sich in ihrer Seele verbunden wußten mit dem Geist des Alls, der in allen Menschen wallt und webt, die prägten in die Worte hinein dasjenige, wozu die Geisteswissenschaft in vollem Sinne Ja sagen kann. Geisteswissenschaft zeigt uns, wie wir das Leben zwischen Geburt und Tod verstehen, indem wir in diesem physischen Leib, im ganzen physischen Leben wirken und weben sehen das, was unsterblich ist, das, was auch in einer geistigen Welt leben kann. Geisteswissenschaft zeigt uns, daß wir das Leben im Leibe haben durch das Leben außer dem Leibe, so daß niemand das Leben zwischen Geburt und Tod verstehen kann, der nicht das Leben außerhalb dieses [leiblichen] Firmamentes versteht. Das drückt *Goethe* mit Worten aus – ahnend die späteren Erkenntnisse der Geisteswissenschaft –, mit Worten, die nicht nur Goethes Bekenntnis zu einem unsterblichen Leben klar darlegen, sondern auch ausdrücken, wie er wußte, daß der wirkliche Wert im Erkennen des gegenwärtigen Lebens, im Erleben des irdischen Daseins davon abhängt, daß man dieses irdische Dasein durchglüht, durchleuchtet, durchwallt weiß von dem, was außerirdisch, überirdisch, unsterblich ist. Deshalb sei gerade diese Erkenntnis der Geisteswissenschaft, daß eine wahre innere Wesenheit des Sterblichen durch das Unsterbliche erkannt wird, wie in einer Empfindung zusammengefaßt in die Worte, in denen Goethe seine Überzeugung einmal ausdrückte: Denen gegenüber, die sich gar nicht wollen aus der eigentümlichen Wesenheit des gegenwärtigen Lebens eine Anschauung bilden über ein anderes Leben, möchte ich die Worte Goethes sagen: «Ich möchte keineswegs das Glück entbehren, an eine künftige Fortdauer zu glauben; ja, ich möchte mit Lorenzo de Medici sagen, daß alle diejenigen auch für dieses Leben tot sind, die kein *anderes* hoffen.»

INNERES WESEN DES MENSCHEN

UND LEBEN

ZWISCHEN TOD UND NEUER GEBURT

ERSTER VORTRAG
Wien, 9. April 1914

Dieser Vortragszyklus wird das Ziel haben, das menschliche Innenleben zu schildern im Zusammenhang mit dem Leben zwischen dem Tod und einer neuen Geburt, um zu zeigen, wie innig diese beiden Gebiete des Daseins zusammenhängen. Und er wird daneben das Ziel haben, Richtlinien zu entwickeln aus der Erkenntnis des Angedeuteten heraus, die den Menschen wirklich orientieren können in manchen schwierigen Lebenslagen, die geeignet sind, in mancher Beziehung einen sicheren Halt des Seelenlebens durch ein gewissermaßen gründliches Verständnis dieses Seelenlebens zu geben. Dazu wird notwendig sein, daß Sie sich, meine lieben anthroposophischen Freunde, durch die ersten Vorträge, die ein Fundament, eine Grundlage aufrichten sollen, hindurcharbeiten; sie werden in esoterisch wissenschaftliche Gebiete führen, die vielleicht manchem zunächst abgelegen scheinen könnten, weit weg von dem, was das menschliche Gemüt gerne unmittelbar ergreifen möchte. Aber wenn wir zu dem gelangen werden, worin diese Vorträge eigentlich ihr Ziel erblicken, dann werden Sie sehen, daß dieses Ziel in einer sicheren Form doch nur zu erreichen ist, wenn man sich zuerst durch die scheinbar entlegenen esoterischen Erkenntnisse, die geboten werden sollen, hindurcharbeitet.

Wenn man das menschliche Innenleben zunächst abstrakt betrachtet, so tritt es einem in drei Formen entgegen, auf die wir oftmals aufmerksam gemacht haben: in den Formen des Denkens, des Fühlens und des Wollens; aber um dieses Innenleben vollständig zu betrachten, muß man noch ein Viertes dazurechnen. Eigentlich gehören nicht nur diese drei genannten Gebiete zum Innenleben des Menschen, sondern es gehört auch schon das dazu, was er aus der bloßen Sinnesempfindung macht. Wir lassen ja Farben und Töne, Wärmeeindrücke und dergleichen nicht nur vor unserem Bewußtsein vorüberhuschen, sondern wir fassen diese Eindrücke auf, wir machen sie zu unseren Wahrnehmungen. Und die Tatsache, daß wir uns an diese Eindrücke erinnern können, daß wir sie behalten können, daß wir nicht nur dann wissen: eine Rose ist rot, wenn wir der Rose unmittelbar gegenüberstehen, sondern daß wir sozusagen die Röte der Rose mit uns herumtragen können, die Farben als eine Erinnerungsvorstellung bewahren können, das bezeugt uns, daß das Empfindungsleben, das Wahrnehmungsleben, durch das wir uns mit der Außenwelt in Berührung bringen, auch schon zu unserem Innenleben gehört. So daß wir sagen können: Zu unserem Innenleben müssen wir zählen die Wahrnehmung der Außenwelt, insofern wir sie eben im Wahrnehmen selber verinnerlichen. Ferner müssen wir die Gedankenwelt dazuzählen, durch die wir uns zunächst Erkenntnisse verschaffen von dem Nächstliegenden und in der Wissenschaft von dem Fernerliegenden, durch die wir in einem viel weiteren Sinn noch als durch die Wahrnehmung die Außenwelt zu unserer Innenwelt machen. Wir leben ja nicht nur in unseren Wahrnehmungen, wir denken über sie nach und haben das Bewußtsein, daß wir durch unser Nachdenken etwas über die Geheimnisse des Wahrgenommenen erfahren können.

Wir müssen dann zu unserem Innenleben rechnen unsere Gefühle, und wir sind mit den Gefühlen sogleich in demjenigen Gebiete des menschlichen Innenlebens, das sozusagen in sich alles einschließt, was uns als Menschen selbst mit der Welt in eine der Menschenwürde entsprechende Berührung bringt. Daß wir über die Dinge fühlen können, daß wir uns freuen können an der Umgebung, das ist ja erst die Grundlage unseres wahren Menschendaseins, in gewisser Beziehung auch alles das, was unser Glück und unser Leid ausmacht. Es spielt sich ja das alles ab in auf und ab wogenden Gefühlen: Gefühle, die unser Leben erhöhen, in denen wir uns glücklich und zufrieden finden, drängen sich herauf oder heran an uns, erstarken. Andere Gefühle drängen sich heran durch die Ereignisse des Lebens, durch unser Schicksal, auch durch unser Innenleben, die unser Leid, unseren Schmerz bedeuten. Und indem man das Wort «Gefühl» ausspricht, deutet man auf das Gebiet hin, das in der Tat eben Glück und Leid des Menschenlebens einschließt.

Wenn man auf das vierte hinweist, auf den Willen, so handelt es sich um etwas, was uns wiederum wertvoll für die Welt macht, was uns so in die Welt hineinstellt, daß wir nicht nur erkennend, nicht nur in uns fühlend für uns leben, sondern daß wir auf die Welt zurückwirken können. Was ein Mensch will, wollen kann, und was vom Willen in die Handlungen ausfließt, das bildet seinen Wert für die Welt. Wir können uns also sagen: Indem wir auf das Gebiet des Willens hinweisen, haben wir es mit jenem Elemente zu tun, das uns den Menschen als ein Glied der Welt zeigt, und es ist unser Innenleben, das da als ein Glied in die Welt einfließt. Ob es die egoistischen, die sozial feindlichen Affekte und Leidenschaften der verbrecherischen Naturen sind, die in den Willen einfließen und von da aus Glied der Welt werden zum Verderben der Welt, oder ob es die hohen reinen Ideale sind, die der Idealist herunterholt aus seiner Berührung mit einer geistigen Weltenordnung und einfließen läßt in sein Handeln, einfließen läßt vielleicht nur in Worte, welche, anfeuernd oder auch Menschenwürde zeigend, auf die Menschen wirken –, immer haben wir es auf dem Gebiete des Willens mit dem zu tun, was dem Menschen seinen Wert gibt. So daß der ganze Reichtum, den der Mensch eigentlich als Seelenwesen haben kann, sich ausdrückt, wenn man diese vier Gebiete nennt: Wahrnehmung, Denken, Fühlen, Wollen.

Für denjenigen, der nun etwas tiefer eingeht auf eine Betrachtung dieser vier, man möchte sagen inneren Sphären der menschlichen Seelennatur, zeigt sich ein bedeutungsvoller Unterschied zwischen zwei und zwei Gliedern dieser viergliedrigen menschlichen Wesenheit. Aber im gewöhnlichen Leben kommt dieser Unterschied eigentlich den Menschen nicht so sehr zum Bewußtsein, er kommt höchstens zum Bewußtsein, wenn wir in der folgenden Weise über diese vier Sphären der Menschennatur nachdenken.

Wenn wir von der Wahrnehmung sprechen und über sie nachdenken, so können wir die Empfindung haben: mit der Wahrnehmung stehen wir unmittelbar in einer gewissen Beziehung zur Außenwelt. Wir verinnerlichen durch die Wahrnehmung die Außenwelt, sie liefert etwas, was dann zu unserem Inneren gehört, wenn wir die Empfindung verarbeiten. Aber wir haben das Gefühl, wir müssen unsere Empfindung so eingerichtet haben, daß sie uns in gewisser Beziehung treue Abbilder der Außenwelt gibt. Und jede Erkrankung des Wahrnehmungs-, des Empfindungslebens, jede Erkrankung der Sinne weist uns ja darauf hin, daß durch eine solche Erkrankung unser Innenleben verarmt, dadurch verarmt, daß wir eben ärmer werden an dem, was wir von der Außenwelt in uns hereinbekommen können.

Gehen wir von dem Wahrnehmen zum Denken über, dann können wir gewahr werden, daß wir auch gegenüber dem Denken die Empfindung haben: es kann uns nicht genügen, wenn dieses Denken bloß in sich selber wühlt und sich in sich ergeht. Die Gedanken haben letzten Endes doch nur einen Wert, wenn sie uns etwas Objektives, außer uns Befindliches in uns vergegenwärtigen, wenn sie Aufschluß zu bringen vermögen von etwas, was außer uns ist. Unser Nachdenken könnte uns nicht befriedigen, wenn wir durch dieses Nachdenken nicht etwas erfahren könnten über die Außenwelt.

Wenn wir aber zu unserem Gefühle vorschreiten und ein wenig über dieses Gefühl nachdenken, dann werden wir finden, daß dieses Gefühl, oder besser gesagt das Gefühlsleben, viel inniger zusammenhängt mit unserem unmittelbaren Innensein als Denken und Wahrnehmen. Wir haben die Vorstellung, daß wir uns selber, zunächst rein äußerlich, auf dem physischen Plan entwickeln müssen, wenn wir gewisse Feinheiten der Außenwelt in richtiger Weise empfinden wollen, fühlen wollen. Haben wir einen Gedanken und nennen wir den Gedanken wahr, so sagen wir von einem solchen wahren Gedanken: er muß eigentlich für alle unsere Mitmenschen gelten, und es muß, wenn wir nur die richtigen Worte finden, den Gedanken auszudrücken, die Möglichkeit geben, von diesem Gedanken auch andere zu überzeugen. Wenn wir einer Naturerscheinung oder aber, sagen wir, einer menschlichen Kunstschöpfung gegenüberstehen und unser Gefühl daran entwickeln, so wissen wir, daß im Grunde genommen zunächst unsere Menschennatur, so wie sie ist, uns nichts hilft, um gleichsam völlig auszuschöpfen, was uns da entgegentreten kann. Es könnte sein, daß wir völlig stumpf bei einer musikalischen oder bei einer malerischen Schöpfung bleiben, einfach weil wir unser Gefühl nicht so erzogen haben, daß wir die Feinheiten wahrnehmen können. Und wenn wir diesen Gedankengang verfolgen, dann finden wir, daß dieses Gefühlsleben etwas sehr Innerliches ist, daß wir es auch so, wie wir es innerlich erleben, nicht gleich in Gedanken übertragen können auf andere Menschen. Wir sind in unserem Gefühlsleben unter allen Umständen in gewissem Sinne allein, aber wir wissen gleichzeitig, daß dieses Gefühlsleben die Quelle eines ganz besonderen inneren Reichtums, einer inneren Entwickelungstatsache gerade dadurch ist, daß es etwas so Subjektives ist, daß es nicht unmittelbar so ins Objekt hinausfließen kann, wie es innerlich lebt.

Ein Gleiches müssen wir sagen in bezug auf den Willen. Wie sind wir Menschen doch verschieden in bezug auf das, was wir wollen können, auf das, was durch den Willen in unsere Handlungen hinausfließen kann! Nur dadurch kommt ja eigentlich die Mannigfaltigkeit des menschlichen Handelns zustande, daß der eine dies, der andere jenes wollen kann. Wenn wir beim Gefühl uns freuen können, daß wir etwa einen Genossen im Leben finden, der rein innerlich, subjektiv, zu einem ebensolchen Gesichtspunkt des Fühlens gekommen ist wie wir selbst, der gewisse Feinheiten der Außenwelt durch sein Gefühl so verinnerlichen kann, daß ein von uns unabhängiges und doch mit uns zusammenhängendes Verständnis vorhanden ist, dann fühlen wir unser Leben gehoben in solcher Genossenschaft. Wir müssen unser Fühlen jeder allein in uns entwickeln, aber wir können Menschen finden, mit denen dieses Fühlen zusammenklingen kann. Denn obzwar das fühlende Leben innerlich ist, so ist es doch möglich, daß die Menschen in ihrem Fühlen zusammenklingen. Zwei Willen, die sich auf ein und dasselbe Objekt richten würden, zwei Menschen also, die in demselben Zeitpunkt ein und dasselbe tun wollen, kann es nicht geben. Die Willen können nicht in ein einziges Objekt zusammenfließen. Die Kurbel selbst, die wir angreifen, durch die wir eine Maschine drehen, sie können wir nur allein angreifen. Und selbst wenn der andere uns hilft dabei, so ist der Teil der Arbeit, den wir durch unseren Willen vollbringen, eben die Hälfte der ganzen Arbeit, wir machen unsere Hälfte, der andere die andere Hälfte. Zwei Willensimpulse können nicht in einem Objekt zusammen sein. Obzwar wir uns in gemeinsame Welten hineinstellen durch unseren Willen, sind wir gerade durch diesen Willen so in die Welt hineingestellt, daß wir jeder eine einzelne Individualität für uns sind durch den Willen. So werden wir gerade dadurch hingewiesen darauf, wie der Wille den ganzen individuellen Wert des Menschen ausmacht, wie der Wille sozusagen von diesem Gesichtspunkt aus das Innerste ist. Wir können daraus entnehmen, daß Wahrnehmung und Gedanke mehr äußerlich sind im Innenleben des Menschen, daß Gefühl und Wille das Tiefste, das eigentlich Innere ausmachen. Aber noch ein anderer Unterschied ergibt sich durch eine ganz äußerliche, exoterische Betrachtungsweise für diese vier Kreise des menschlichen Seelenlebens.

Wenn wir mit unserem Wahrnehmen der Welt gegenüberstehen, dann sagen wir uns doch ganz gewiß: Dieses Wahrnehmen vermittelt uns zwar die Welt, aber nur immer von einem einzelnen Gesichtspunkt aus. Wie klein ist der Ausschnitt der Welt, den wir durch unser Wahrnehmen zu unserem Innenleben machen können! Wir sind abhängig von Ort und Zeit in diesem Wahrnehmen; wir müssen sagen, das wenigste von dem, was wir erahnen in der Welt, kommt durch unsere Wahrnehmung in unser Innenleben herein. – Und gegenüber unseren Gedanken haben wir das Gefühl: wenn wir uns auch noch so sehr bemühen, es kann immer noch weitere Schritte geben, wir können immer noch weiter dringen durch unsere Gedanken. – Kurz, wir haben die Empfindung, die Welt liegt da draußen und du bemächtigst dich nur eines kleinen Stückes dieser Welt durch dein Wahrnehmen, durch dein Denken.

Anders ist es schon mit dem Fühlen. Mit dem Fühlen ist es so, daß man sich sagt: Oh, was alles wäre eigentlich an Möglichkeiten des Fühlens, an Glücks- und Leidensmöglichkeiten in mir selber! Was könnte ich aus den Tiefen meiner Seele alles heraufholen! Und wenn ich es heraufholte, wie viel feiner, wie viel höher würde ich fühlen über die Dinge der Welt! Während man gegenüber dem Wahrnehmen und Denken die Empfindung hat: da draußen ist viel in der Welt und nur einen kleinen Teil kann man erleben in dem Wahrnehmen und Denken, muß man dem Fühlen gegenüber die Empfindung haben: da unten sind unendliche Tiefen; würde ich sie heraufbringen, so würde mein Fühlen reicher und immer reicher werden. Ich kann nur den kleinsten Teil heraufbekommen und in mein wirkliches Fühlen verwandeln. Während ich also durch mein Wahrnehmen und Denken nur einen kleinen Teil der Welt zu meiner Innenwelt machen kann,

kann ich durch das Fühlen in die Sphären des wirklichen Erlebens nur einen Teil dessen wirklich zum Dasein bringen, was als Möglichkeiten in mir ruht.

Und in viel höherem Maße ist das beim Willen der Fall. Ich will nur das eine andeuten. Wie sehr müssen wir empfinden, daß wir zurückbleiben mit dem, was wir vollbringen, gegenüber dem, was wir tun könnten, was in uns veranlagt ist.

So empfinden wir, daß wir durch unser Wahrnehmen und Denken nur einen Teil der Außenwelt hereinbringen in unser Innenleben, und wir empfinden, daß wir von dem, was da im tiefen Schacht der Seele liegt, nur einen Teil heraufholen können durch unser Fühlen und unser Wollen. Dadurch gliedern sich sozusagen in zwei Partien die vier Kreise unseres Seelenlebens: das Wahrnehmen und Denken auf der einen Seite, das Fühlen und Wollen auf der anderen Seite.

Ein noch ganz anderes Licht wird auf diese vier Kreise unseres Innenlebens geworfen, wenn wir das, was sich so der Mensch durch Nachdenken exoterisch klarlegen kann, nun esoterisch zu beleuchten versuchen.

Sie wissen, meine lieben Freunde, in der Nacht, wenn der Mensch schläft, ist in einer gewissen Weise der Zusammenhang zwischen seinem Ich, seinem astralischen Leibe auf der einen Seite und seinem physischen Leibe, seinem Ätherleibe auf der anderen Seite, ein anderer als beim Tagwachen. Beim Tagwachen sind, man möchte sagen, in normaler Weise zusammengekoppelt physischer Leib, Ätherleib, astralischer Leib und Ich. Dieser Zusammenhang ist beim Schlafe gelockert, so gelockert, daß aus der Sphäre der Sinne und aus der Sphäre des Denkens, also aus der ganzen Sphäre der Bewußtseinswerkzeuge, der astralische Leib und das Ich heraus sind, und daher die Dunkelheit der Nacht sich zunächst über das normale Bewußtsein ausbreitet: die Bewußtlosigkeit. Wenn nun der Mensch durch seine esoterischen Übungen seine Seele so erstarkt, daß er in der geistig-seelischen Wesenheit, die in der Nacht bewußtlos außerhalb des Leibes ist, erkennend, wahrnehmend, also geistig erkennend und wahrnehmend wird, wenn er das Geistig-Seelische wirklich erlebt als sein Menschliches außerhalb des Leibes, dann tritt für ihn eine neue

Welt auf, eine geistige Umwelt, so wie für den Menschen eine physische Umwelt vorhanden ist, wenn er sich der Sinne und seines Gehirns bedient, das ja dem Denken dient. Diese geistige Umwelt, die man dann betrachten kann, ist durchaus nicht immer dieselbe. Der Mensch kann sich sozusagen in die Lage des Geistesforschers versetzen zu verschiedenen Zeiten, in verschiedener Weise. Und es wirkt eigentlich immer auf das, was der Mensch geistig sieht, die Absicht mit – aber die nicht eigentlich verstandesmäßige Absicht, sondern die in seinem ganzen Seelenleben mehr unbewußt instinktiv liegende Absicht –: was er eigentlich erkennen will. Wenn der Mensch zum Beispiel aus seinem Leibe herausgeht, um eine Beziehung zu finden zu einem verstorbenen Menschen, dann wirkt diese Absicht auf sein ganzes geistiges Bewußtseinsfeld. Er übersieht gleichsam alles, was nicht zu dieser Absicht gehört. Er steuert, wenn ihm die Sache überhaupt gelingt, auf den Toten los und dessen Geschick, um das zu erkennen, was er an dem Toten eben erschauen will. Die übrige geistige Welt bleibt gleichsam nun, der Ausdruck ist ungeschickt – unbeachtet, bleibt unaufgehellt, und der Mensch erlebt eben dann nur den Zusammenhang mit dem Toten. So hängt es von seinen Absichten ab, was der Mensch gerade in der geistigen Welt sieht. Daher ist es begreiflich, daß das, was das hellsichtige Bewußtsein beschreibt von dem, was es in der geistigen Welt gesehen hat, in unendlicher Weise verschieden sein kann bei den verschiedenen hellseherischen Individuen. Jeder kann ganz richtig gesehen haben, was er eben sehen mußte nach der Tendenz, die in ihm lag, als er sich mit seinem Seelisch-Geistigen aus dem Physisch-Leiblichen herausgebracht hatte.

Ich will nun heute, und in diesen Vorträgen überhaupt, dasjenige schildern, was das hellseherische Bewußtsein sieht, wenn es sich in die geistige Welt begibt mit der Absicht, das menschliche Innenleben zu erkennen, diese vier Seelenkreise des Wahrnehmens, des Denkens, des Fühlens, des Wollens, um dahinterzukommen, was eigentlich in dieser Menschenseele auf und ab wogt und Glück und Leid dieser Menschenseele bewirkt.

Nehmen wir also an, ein hellseherisches Bewußtsein hätte es dahin gebracht, mit dem Geistig-Seelischen wirklich aus dem Physisch-Leiblichen so herauszukommen, wie das der Mensch sonst nur im bewußtlosen Zustande im Schlafe tut, und er vollzieht dieses Herausbewegen mit der entschiedenen Tendenz, mit dem Impuls, des Menschen Innenleben erkennenzulernen, sich entgegentreten zu fühlen das menschliche Innenleben, dann wird sich ihm das ergeben, was ich zu schildern versuchen werde.

Das nächste, was da dem hellseherischen Bewußtsein entgegentritt, ist eigentlich eine vollständige Umkehrung alles Weltanschauens. Solange wir im Leibe sind, schauen wir mit den Sinnen um uns herum, denken mit unserem Verstande. Wir schauen eine Welt von Bergen, Flüssen, Wolken, Sternen und so weiter um uns herum, und an einem Punkte dieser Welt erblicken wir uns dann selber, man möchte sagen als etwas Kleinstes gegenüber dieser großen Welt. Indem das hellseherische Bewußtsein außer dem Leibe zu wirken beginnt, kehrt sich dieses Verhältnis geradezu um. Die Welt, die sich sonst ausbreitet vor unseren Sinnen, über die wir nachdenken mit unserem an das Gehirn gebundenen Verstand, diese Welt, sie entschwindet der Anschauung, der Wahrnehmung. Sie gibt auch keine Gedanken her, wenn man so sagen will. Aber man fühlt sich wie in diese Welt ausgegossen, man fühlt wirklich, wenn man aus seinem Leibe herausgekommen ist, so, daß dieses Erfühlen in der richtigen Weise ausgesprochen ist, wenn man sagt: Die Welt, die du früher angeschaut hast, in die bist du nun ausgegossen, in der bist du darinnen. Du erfüllst bis zu einer gewissen Grenze den ganzen Raum und du webst selber in der Zeit.

Es ist das eine Empfindung, an die man sich erst gewöhnen muß. Es ist eine Empfindung, die man auch so ausdrücken kann, daß man sagt: Was früher Außenwelt war, ist jetzt Innenwelt geworden. Nicht als ob man diese frühere Außenwelt jetzt im Inneren trüge, aber das Gefühl, die Empfindung ist da: Innenwelt ist es geworden. Du lebst in dem Raum, in dem früher deine Sinneswahrnehmungen ausgebreitet waren, über dessen Dinge und Vorgänge du dachtest, da lebst du darinnen. – Und das kleine Wesen, das gleichsam im Mittelpunkt des Sinneshorizontes gestanden hat, der Mensch, das wird, wenn man in einer gewissen Weise das hellseherische Bewußtsein entwickelt, eigentlich jetzt die Welt. Auf die schauen wir so hin, wie wir früher hingeschaut haben auf die ganze im Raum ausgebreitete und in der Zeit verlaufende Außenwelt. Wir sind uns gewissermaßen Welt geworden.

Denken Sie nur, meine lieben Freunde, was das für ein Umkehren des menschlichen Welt-Erschauens ist, wenn das, was früher so gar nicht Welt war, wozu man Ich gesagt hat, wenn das da draußen eigentlich jetzt die Welt ist, auf die alles hintendiert. Es ist, wie wenn man von allen Punkten des Raumes nach einem einzigen Mittelpunkte schauen würde – und da sieht man sich selber. Es ist, wie wenn man in der Zeit vor- und rückwärts schwimmen würde – und an einem Punkte in einer Woge dieses Zeitstromes findet man sich selber. Man ist sich selbst die Welt geworden.

Das ist der erste Eindruck, wenn man, ich sage es ausdrücklich noch einmal, mit dieser Tendenz, das menschliche Innenleben kennenzulernen, das hellseherische Bewußtsein entfaltet. Dann ist dieses der erste Eindruck. Merkwürdig: Man geht aus dem Leibe heraus mit der Tendenz, das menschliche Innenleben kennenzulernen, und das erste, was einem entgegentritt, ist die menschliche Gestalt selber. Aber wie verändert ist diese menschliche Gestalt! Man kann das nicht oft genug sagen: Man muß mit der Absicht, das menschliche Innenleben kennenzulernen, herausgehen aus dem Leibe. Dann tritt das alles ein, was ich jetzt sagen werde. Es braucht deshalb beim Hellsehendwerden natürlich nicht immer einzutreten.

Diese Menschengestalt, wie anders stellt sie sich dar! Man weiß, das, worauf man hinschaut, das, was man da schaut, das bist du. Ja, du bist es, du, der du dich früher von innen erfüllt hast in deiner Haut, in deinem Blut, du stehst draußen. – Aber man sieht eigentlich von dem, was da steht, zunächst nur, man möchte sagen, die äußere Gestalt, jedoch verwandelt. Die Augen, das, was Auge war, leuchtet gewissermaßen wie zwei Sonnen, aber innerliche, in Lichtglanz vibrierende Sonnen, funkelnde, auffunkelnde und im Funkeln abdämmernde Sonnen, die strahliges Licht verbreiten. So erscheinen an der verwandelten Menschengestalt die Augen. Die Ohren beginnen in einer gewissen Weise zu tönen; das, was man in der physischen

Welt von den Ohren sieht, sieht man ja nicht, aber man fühlt ein gewisses Tönen. Die ganze Haut erstrahlt in einer Art von Strahlen, die man mehr erfühlt, als daß man sie erschauen könnte. Kurz, die menschliche Gestalt erscheint einem wie ein Leuchtendes, Tönendes, Magnetisch-Elektrisches, Strahlungen Aussendendes. Aber die Ausdrücke sind natürlich ungeschickt, weil sie eben der physischen Welt entnommen sind.

So steht die Welt vor uns. Und das ist nun unsere Welt in dem geschilderten Anfang des hellseherischen Erlebens: der lichterglänzende Mensch, die ganze Haut in einem fühlbaren Erglänzen, schaubar die Augen, hörbar die Ohren! Und jetzt weiß man, wenn man diesen Eindruck hat: Du hast von außerhalb des Leibes deinen Leib, deinen physischen Leib geschaut. Man weiß: vom Gesichtspunkt des Geistes aus gesehen ist der physische Leib so.

Wenn man dann versucht eine innere Tätigkeit auszuüben da draußen, aber außer dem Leibe, die sich vergleichen läßt mit dem Nachdenken – aber es ist eben etwas anderes als das gewöhnliche Denken, es ist ein Entfalten einer inneren schöpferischen Seelenkraft –, wenn man die entwickelt, so sieht man in diesem Leuchtewesen da drinnen mehr: man sieht da drinnen bewegende Kräfte, die, man möchte sagen, wie eine Art von Kraftzirkulation diese Leuchtegestalt durchsetzen. Und jetzt weiß man: Das, was du da drinnen wie eine Art Einschluß in deinem Leuchteleib erschaust, das ist dein Gedankenleben von außen gesehen. Man kann es nun erkennen als einen Teil des Ätherleibes, den man eben sieht. Man sieht den Ätherleib als das webende Gedankenleben. Es ist wie ein Zirkulieren von dunklen Wellen, eine geistige Blutzirkulation könnte man sagen, dunkle Wellen in dem Leuchteleib, die dem Ganzen ein eigentümliches Ansehen geben und die einem eben die Erkenntnis aufdrängen: Da wellt und wallt in deinem physischen Leib der Ätherleib drinnen, den du jetzt von außen anschaust, der dir jetzt sichtbar wird.

Sehen Sie, so erlangt man außerhalb seines Leibes stehend die Erkenntnis, daß es wirklich den physischen Leib und den Ätherleib gibt, und wie sie aussehen, von außen gesehen.

Nun kann aber das innerliche Erkraften noch weitergehen. Würde man nämlich nur das erschauen, was ich jetzt angeführt habe, dann würde man sich eigentümlich vorkommen in der geistigen Welt. Man würde sich dann so vorkommen wie ein Wesen, das auf dem physischen Plane zwar die Eindrücke der Außenwelt empfangen kann, aber innerlich ganz gefühlsleer wäre, das gar nichts fühlen könnte. Aber auch das, was diesem Gefühle des physischen Planes entspricht, das kann innerlich sich nun auferwecken da draußen außer dem Leibe. Es ist dies nicht das Fühlen selbst, denn dieses Fühlen hat nur eine Berechtigung, ist nur vorhanden innerhalb des physischen Leibes; aber es ist das, was innerhalb der geistigen Welt dem Fühlen entspricht. Vorher hat man nämlich bloß empfunden: Du bist in dem Raume darinnen und wogst hin in der Zeit. Du bist in dem Raum, in dem du früher die Vorgänge, die Wesenheiten gesehen hast, und in der Zeit, in der du wahrgenommen hast, da bist du darinnen. Wenn aber das dem Fühlen entsprechende innere Seelentum nun da draußen außer dem Leibe auferweckt wird, dann beginnt dieses Seelische ein Wissen zu entfalten, wodurch allerlei aufleuchtet da draußen, wodurch man nicht nur sich fühlt wie über den Raum verbreitet, sondern wodurch man etwas wahrnimmt, was in diesem Raume darinnen ist, was in diesem Zeitenstrom als Wesen wogt. Und man findet jetzt nicht das, was man früher durch den Leib und seine Organe schauend in der Außenwelt gesehen hat, sondern man findet sich erlebend in dem Inneren dieser Außenwelt, in dem Geistigen, das diese Außenwelt durchwallt und durchwogt. Es ist, wie wenn der Raum, in dem man sich früher nur gefühlt hätte, nun von unzähligen Sternen angefüllt würde, die sich alle bewegen und zu denen man selber gehört. Und jetzt weiß man: Du erlebst dich in deinem astralischen Leib. Man erlebt sich so in seinem astralischen Leib außerhalb des physischen Leibes, daß auflebt inhaltlich das, worin man sich früher nur fühlte.

Wenn man jetzt zurückschaut auf das, was man früher von sich selbst gesehen hat, was vorhin sozusagen als die Außenwelt geschildert worden ist, auf diesen Leuchtleib mit der dunklen Gedankenzirkulation des Ätherleibes darinnen, dann erscheint einem in dem Augenblick, wo man sich außer dem Leibe eben auf das Astrale, auf das

Sternenleben des astralischen Leibes konzentriert, das was man verlassen hat, der verlassene Leib, anders. Und man kann nun genau den Unterschied merken, der durch folgendes ausgedrückt werden kann: Du kannst dich konzentrieren auf dich zurück, dann siehst du deinen Leuchteleib und deinen Gedankenätherleib. Kannst du dich aber so auf dich selbst konzentrieren, daß eine innere Sternenwelt, von der du weißt, du füllst sie aus, sich in dir auslebt, und du schaust nun zurück auf deinen physischen Leib, den du verlassen hast, dann kann das Leuchten aufhören, dann hört die Gedankenzirkulation auf. Es ist das in gewisser Weise willkürlich zu machen, aber es tritt an die Stelle dessen ein Bild unserer eigenen Wesenheit, das uns erscheint – ja es kann nicht anders gesagt werden – als unser personifiziertes Karma. Dasjenige in uns, was wir als Menschen in uns tragen, weswegen wir uns dieses oder jenes Schicksal bereiten, das ist wie zusammengerollt. Unser Karma, unser Schicksal, personifiziert, steht vor uns. Und wir wissen, wenn wir dieses nun anschauen: Das bist du, aber so, wie du eigentlich in deiner moralischen inneren Wesenheit bist. Das bist du, so wie du darinnen stehst in der Welt als eine Individualität; das bist du ganz selbst.

Noch ein anderes Bewußtsein tritt auf. Dieses Bewußtsein, das da noch hinzukommt, hat etwas sehr Bedrückendes. Man erblickt nämlich dieses ganz personifizierte Schicksal so, daß man es im innersten Zusammenhang mit seiner Leiblichkeit, mit seinem Erdenmenschen erfühlt. Und zwar so, daß man die unmittelbare Erkenntnis hat: Wie in deinem Erdenleibe deine Muskeln aufgebaut sind, wie dein ganzes Muskelsystem ist, ist es eine Schöpfung dieses deines Schicksals, deines Karmas. Jetzt kommt dann die Zeit, wo man sich sagt: Wie verschieden ist manchmal die Maja von der Wahrheit. Da glauben wir, solange wir auf dem physischen Plane stehen, dieser Muskelmensch bestehe eben aus den fleischigen Muskeln; in Wahrheit sind diese Fleischesmuskeln das kristallisierte Karma. Und sie sind so gestaltet im Menschen, so kristallisiert, daß der Mensch bis auf die feinste chemische Zusammensetzung hinein in seinem Muskelsystem sein kristallisiertes Karma trägt. So sehr trägt er es, daß sich nun der geistige Erschauer ganz klar wird darüber: Wenn ein Mensch zum Beispiel seine Muskeln so bewegt hat, daß er sich auf eine Stätte begeben hat, auf der ihm ein Unglück geschehen ist, so ist das aus dem Grunde geschehen, weil in den Muskeln die geistige Kraft darinnen lag, die ihn aus sich selbst heraus an die Stätte getrieben hat, an der ihm das Unglück passierte. Die Weltenordnung hat unser Schicksal kristallisiert in unserem Muskelsystem. Und in unserem Muskelsystem lebt der Geist, für den äußeren physischen Plan kristallisiert, der ohne unser offenbares Wissen uns überall dahin führt, wohin wir eben in Gemäßheit unseres Karmas gehen müssen, kommen müssen.

Wenn diese innere Erkraftung noch weiter geht, wenn der Mensch außer seinem Leibe sozusagen sein Inneres weiter erlebt, dann tritt in ihm dasjenige auf, was sonst im physischen Leben, auf dem physischen Plane dem Willensimpuls entspricht. Sobald dieses Willensleben innerlich auftaucht – aber außer dem Leibe –, da fühlt sich der Mensch nicht nur wie in einem Sternensystem darinnen, sondern er fühlt sich wie in der Sonne dieses Sternensystems darinnen, er weiß sich eins mit der Sonne seines Planetensystems. Man möchte sagen, wenn man seinen astralischen Leib innerlich erlebt, weiß man sich eins mit den Planeten seines Planetensystems; wenn man sich mit seinem Ich außer dem Leibe erlebt, weiß man sich eins mit der Sonne seines Sternensystems, auf die alles hingerichtet ist, auf die alles hintendiert.

Wenn man jetzt zurückschaut auf das, was nun nicht innen, sondern außen ist – denn das, was außen ist, solange man im physischen Leibe ist, das ist, wenn man außer dem Leibe ist, innen, und das, was innen ist, wenn man im physischen Leibe ist, das ist, wenn man außer dem Leibe ist, außen –, wenn man also jetzt auf sich selber zurückschaut, dann tritt einem ein anderes entgegen, dann tritt einem die Notwendigkeit entgegen im Hinblicken auf sich selbst, daß das, was da draußen in der physischen Welt als die eigene Leiblichkeit sich befindet, entstehen mußte und vergehen muß: Entstehen und Vergehen des physischen Leibes tritt einem entgegen. Man wird gleichsam gewahr, wie geistige Mächte und Wesenheiten vorhanden sind, die da die Entstehung dieses physischen Leibes lenken und leiten, und wie andere wieder da sind, die ihn abbauen, diesen physischen Leib. Und man wird sich bewußt, worin sich dieses eigentliche Entstehen und Vergehen in der physischen Welt wiederum kristallisiert. Denn man weiß: dieses Entstehen und Vergehen ist im Grunde genommen an das Knochensystem des Menschen gebunden. Mit dem Einbauen des Knochensystems in den menschlichen physischen Leib ist sozusagen über die Form, in der der Mensch Geburt und Tod in der physischen Welt erlebt, das Urteil gesprochen. Wie das Knochensystem einkristallisiert ist in den Menschen, so ist durch diese Formung bestimmt, wie der Mensch als Wesen entsteht und vergeht. Man weiß: Du könntest im physischen Dasein nicht das Wesen sein, das du bist, wenn nicht die ganze Welt zusammengewirkt hätte, um innerhalb deines physischen Daseins deine physische Natur so zu verhärten, daß es als Knochensystem dir entgegentritt. Und man lernt verehren im Knochensystem, so sonderbar das auch klingt, die waltenden Universalweltenmächte, die ihren geistigen Ausdruck in all jenen Wesen finden, die im Sonnenleben konzentriert sind. Man lernt gleichsam erkennen, wie hineingezeichnet worden ist in die Weltenordnung der Grundplan des Menschen, dieses sein Knochensystem, und wie das andere, was seine physischen Organe sind, gleichsam daran aufgehängt worden ist.

So endet das hellseherische Anschauen dessen, was jetzt Außenwelt wird, mit der Anschauung des Symbols des Todes, man möchte sagen, mit der Anschauung des Knochenmenschen von außen. Denn man gelangt durch diese hellseherischen Vorgänge zuletzt zu der Erkenntnis, wie die geistigen Welten sich gleichsam ein physisches äußeres Symbol erbildet haben, diese geistigen Welten, denen man mit seinem Inneren in Wahrheit angehört, und in die man sich gestellt hat, indem man außerhalb seines Leibes gegangen ist. Man lernt sich mit seinem Wesen außer seinem Leibe kennen. Und jetzt lernt man auch erkennen, gerade bei diesem vierten Stadium: Wenn wir in der Welt unsere Handlungen vollziehen, wenn wir unseren Willen entfalten, dann ist das die Kraft in uns, die unbewußt auf dem physischen Plan wirkt, die wir eigentlich erst jetzt kennen: Wenn wir nur einfach vorwärtsgehen und uns zu dieser Vorwärtsbewegung der Mechanik unseres Knochensystems bedienen, so wirken in diesem Vorgang des Gehens universelle, kosmische Kräfte mit, Kräfte, in denen wir erst dann wirklich darinnen sind, wenn wir uns also auf der vierten Stufe außerhalb unseres Leibes erleben.

Denken Sie einmal, meine lieben Freunde: der Mensch macht einen Spaziergang und er bewegt mit Hilfe der Knochenmechanik seine Glieder vorwärts; er denkt, daß er das zu seinem Vergnügen mache. Daß das geschehen kann, daß es Kräfte gibt, durch die wir uns vorwärtsbewegen können mit unserer Knochenmechanik, dazu mußte die ganze Welt da sein, und die ganze Welt von göttlich-geistigen Kräften durchwellt sein, von göttlich-geistigen Kräften, von denen wir erst ein Wissen bekommen, wenn wir uns auf dieser vierten Stufe befinden. In jedem unserer Schritte lebt der göttlich-geistige Kosmos mit, und während wir glauben, daß *wir* es sind, die unsere Füße vorwärtssetzen, könnten wir das nicht, wenn wir nicht lebten in dem geistigen Kosmos, in der göttlichen Welt.

Wir richten, solange wir im physischen Leibe sind, unsere Blicke rings um uns herum. Da sehen wir die Wesen des mineralischen, des pflanzlichen, des tierischen Reiches, sehen Berge, Flüsse, Meere, Seen, Wolken, sehen Sterne, Sonne, Mond; was wir da äußerlich sehen, hat ein Inneres, und in dieses Innere treten wir selber ein, wenn wir in der geschilderten Weise außerhalb unseres Leibes leben. Wenn wir da drinnen leben, wissen wir: Was in ihnen geistig ist, was sich verbirgt hinter der strahlenden Sonne, hinter den glänzenden Sternen, hinter den Bergen, Flüssen, Meeren, Seen, Wolken, das lebt in unserer Knochenmechanik, wenn wir sie bewegen, und das muß alles da sein. Dann fassen wir auch mehr Verständnis für das, was vorangegangen ist. So wie unser Wille mit unserer Knochenmechanik im innigen Zusammenhange steht, stehen unsere Gefühle im innigen Zusammenhang mit unserem Muskelsystem; dieses Muskelsystem ist ein symbolischer Ausdruck für unser Gefühlssystem. So wie unsere Muskeln gebaut sind, so wie unsere Muskeln uns gestatten, sich zu verkürzen und zu verlängern, um dadurch wiederum die Knochenmechanik hervorzurufen, so ist dazu das Planetensystem notwendig, das wir erkunden, wenn wir uns in unserem astralischen Leib befinden. In unserem Muskelsystem lebt das ganze Planetensystem, wie der ganze

Kosmos in unserer Knochenmechanik. Was in entsprechender Weise über die Gedanken und Sinnesempfindungen zu sagen ist, wird noch in den folgenden Vorträgen kommen.

Solche Dinge liefert die geistige Erkenntnis. Wir sehen daraus, daß diese geistige Erkenntnis wahrhaftig nicht bloß etwas ist, was uns Gedanken und Ideen gibt, sondern was uns in unserer ganzen Seele durchdringen kann, so daß wir uns dadurch wirklich selbst erkennen lernen, daß wir ein anderer Mensch werden in unserem ganzen Erfühlen und Denken. Denn wenn man das, was jetzt auseinandergesetzt worden ist als die Erfahrung des hellseherischen Bewußtseins, auf sein Gemüt wirken läßt und zusammendrängt in eine Grundlebensempfindung der Seele, wie läßt sich dann diese Grundlebensempfindung der Seele ausdrücken? Wie muß man sagen, wenn man mit einem kurzen Worte das bezeichnen will, was als ein inneres Lebensgefühl in uns angefacht ist durch ein solches Wissen der hellseherischen Forschung?

Man schaut hin auf das, was scheinbar das alltäglichste ist, was der Ausdruck unserer alltäglichsten Launen ist, und man bekommt etwas wie einen Eindruck von dem, was Sie in den ersten Sätzen der «Prüfung der Seele» durch den Mund des Capesius und des Benedictus geschildert finden: wie im Menschen gleichsam zusammenrinnen die Ziele, die sich die göttlich-geistigen Wesen gesetzt haben, wie hineinfließt in das, was Menschennatur ist, dasjenige, was göttlich-geistige Wesen durch die Welten hindurch gedacht haben. Und nun will man das zusammenfassen in einer Lebensempfindung: man schaut anders auf die ganze Menschennatur hin als vorher, man weiß jetzt diese menschliche Natur ganz anders von dem göttlichen Kosmos durchdrungen als vorher. Und das Bewußtsein davon entflammt sich, erstarkt sich, erkraftet sich und sagt mit innerem Gemüts- und Gefühlsverständnis: Will man den Menschen verstehen, so kann man es nicht anders als dadurch, daß man wissen lernt, aus dem Göttlich-Geistigen heraus ist dieser ganze Mensch!

Wenn wir ihn anschauen, wie sein Fühlen hineinfließt in seine Muskeltätigkeit, wie Göttlich-Geistiges, Kosmisches hineinfließt in seine Knochen, wie die ganze Welt lebt in der Bewegung seiner

Knochen, wie das ganze Planetensystem lebt in dem Zusammenziehen und Ausdehnen und Erschlaffen der Muskeln, wenn man das durchdenkt und durchfühlt, dann sagt man mit vollem Verständnis: Ja, aus dem Göttlichen ist dieser Mensch geboren.

Ex deo nascimur.

ZWEITER VORTRAG
Wien, 10. April 1914

Es war gestern meine Aufgabe, im Zusammenhang mit einer Betrachtung über Denken, Fühlen, Wollen und Wahrnehmen einige esoterische Erfahrungen mitzuteilen, welche sich der Menschenseele ergeben, wenn sie geistesforscherisch außer dem Leibe mit der Absicht lebt, etwas über das seelische Innere und seine Wesenheit zu erfahren. Heute wird es meine Aufgabe sein, von einer anderen Seite her solche Erlebnisse anzuführen, weil wir nur dann, wenn wir von den verschiedensten geistigen Gesichtspunkten aus das Leben betrachten, wirklich Aufschluß über dieses Leben gewinnen können.

Stellen Sie sich einmal richtig vor, wie gestern versucht worden ist zu zeigen, was die Menschenseele sieht, wenn sie zunächst auf die eigene Leiblichkeit und das, was physisch damit zusammenhängt, von außerhalb des Leibes zurückblickt, und was sie dann nachher erlebt; also was des Menschen astralischer Leib und Ich erleben, wenn sie sich immer mehr und mehr erkraften in dem Raum, den sie gleichsam außerhalb des Leibes betreten haben. Es gibt nun noch einen anderen Weg, gewissermaßen dasselbe zu betrachten. Das ist ja gerade das Bedeutsame wirklicher geistiger Betrachtungsweise, daß man im Grunde genommen auf die Rätsel des Daseins durch geistige Betrachtung erst dadurch kommt, daß man eine Sache von den verschiedensten Seiten aus betrachtet. Es gibt nämlich noch eine andere Art, aus dem Leib herauszukommen. Ich möchte sagen, die gestern geschilderte Art zeigte uns: es verläßt dabei die Seele den Leib so, daß sie sich aus dem Leibe einfach in den Raum hinaus begibt und da außer dem Leibe zu leben beginnt. Dieses Aus-dem-Leibe-Treten kann noch auf folgende Weise geschehen. Man kann, um den Weg aus sich heraus zu finden, gerade zunächst tiefer in sich hineinzukommen versuchen. Man kann versuchen, an die Erfahrungen anzuknüpfen mit dem, was in der Seele, man möchte sagen, der geistigen Erfahrung am ähnlichsten ist. Man kann versuchen, mit unserem Gedächtnis an die Erlebnisse anzuknüpfen. Es wurde ja öfter gesagt:

Dadurch, daß wir als Menschenseelen imstande sind, nicht nur etwas wahrzunehmen, zu denken, zu fühlen und zu wollen, sondern die Gedanken und Wahrnehmungen aufzubewahren als Gedächtnisschatz, dadurch verwandeln wir unser Innenleben eigentlich schon in etwas Geistiges. Und ich habe in meinem öffentlichen Vortrage darauf hingewiesen, daß der französische Philosoph *Bergson* sogar schon darauf gekommen ist, daß man das, was als Gedächtnisschatz in der Seele des Menschen vorhanden ist, nicht als irgendwie mit dem Leiblichen unmittelbar zusammenhängend betrachten kann; daß man es vielmehr als eine seelische Innerlichkeit betrachten muß, als etwas, was die Seele entwickelt, was rein geistig-seelisch vorhanden ist.

Und in der Tat, wenn in dem hellseherischen Bewußtsein die Imagination beginnt, wenn aus dem Dunkel des geistigen Daseins die ersten Eindrücke heraufkommen, so sind diese Eindrücke in ihrer Qualität, in ihrer ganzen Wesenheit sehr ähnlich jenem Seeleninhalt, der als Gedächtnisschatz in uns ist. Wie Erinnerungsbilder, aber jetzt doch wiederum wie etwas unendlich viel Geistigeres, treten die Offenbarungen aus der geistigen Welt bei uns auf, wenn wir mit dem hellseherischen Bewußtsein wahrzunehmen beginnen. Wir merken dann gleichsam, daß unser Gedächtnisschatz das erste wirklich Geistige ist, das erste, wodurch wir uns gewissermaßen schon aus unserem Leibe herausheben, daß wir dann aber weiter gehen müssen, daß wir solche im Geistigen schwebende Bilder, wie das Gedächtnis sie uns bietet – allerdings von viel größerer Lebendigkeit –, aus Geistestiefen heraufheben müssen, die nicht unserem Erleben angehören wie die Erinnerungsvorstellungen, daß gleichsam hinter dem Gedächtnis etwas heraufzieht. Das muß festgehalten werden: es zieht etwas herauf aus fremden geistigen Gebieten, während der Gedächtnisschatz heraufzieht aus dem, was wir im Physischen miterlebt haben.

Wenn wir nun versuchen, den geistigen Blick zurückzulenken auf die Erlebnisse unseres Ich während der Jahre, die wir seit dem Zeitpunkte unserer Kindheit erlebt haben, zu dem unsere Erinnerung zurückreicht, wenn wir versuchen, von allem Äußeren abzusehen und ganz in uns hineinzuleben, so daß wir uns immer mehr in unsere Erinnerungen hineinfinden, aus unserem Erinnerungsschatz auch das heraufholen, was uns gewöhnlich nicht gegenwärtig ist, dann nähern wir uns immer mehr und mehr dem Zeitpunkt, bis zu dem wir uns zurückerinnern können. Und wenn wir solches oft vornehmen, wenn wir uns sogar eine gewisse Praxis darin aneignen – und wir können das –, sonst längst vergessene Erinnerungen heraufzuholen, so daß wir eine stärkere Kraft des Sich-Erinnerns entwickeln, wenn wir immer mehr und mehr Vergessenes heraufholen und dadurch unsere Kraft, die die Erinnerungen heraufschafft, stärker machen, dann werden wir sehen, daß, ich möchte sagen, wie auf einer Wiese zwischen den einzelnen grünen Grashalmen und Graspflanzen Blumen auftauchen, dann zwischen den Erinnerungen Bilder, Imaginationen auftauchen von etwas, was wir vorher nicht gekannt haben. Es ist etwas, was wirklich so auftaucht wie die Blumen auf der Wiese zwischen den Graspflanzen, was aber aus ganz anderen geistigen Tiefen heraufkommt als die Erinnerungen, die eben nur aus unserer eigenen Seele heraustauchen. Und wir lernen dann unterscheiden das, was irgendwie mit unseren Erinnerungen zusammenhängen könnte, von dem, was also heraustaucht aus geistigen Untergründen und geistigen Tiefen. Und so leben wir uns nach und nach in die Möglichkeit ein, eine Kraft zu entfalten, das Geistige herauszuholen aus seinen Untergründen.

Dadurch aber gelangen wir auf eine andere Weise aus unserem Leibe heraus als auf die gestern beschriebene Art. Bei der gestern beschriebenen Art verlassen wir den Leib gewissermaßen unmittelbar. Bei der heute gemeinten Art gehen wir zuerst unser Leben zurück, durchlaufen unser Leben. Wir versenken uns in unser Innenleben, gewöhnen uns, durch die Erstarkung der Erinnerungskraft in unserem Innenleben zwischen unseren Erinnerungen Geistiges hervorzuholen aus der geistigen Welt, und so gelangen wir endlich dazu, hinauszudringen durch unsere Geburt, durch die Zeitenfolgen über unsere Empfängnis hinaus, in die geistige Welt, in der wir gelebt haben, bevor wir uns zu unserer jetzigen Inkarnation mit einer physischen Vererbungssubstanz verbunden haben. Wir gelangen, unser Leben durcheilend, hinaus in die geistige Welt, zurück in die Zeit, bevor wir eben hereingetreten sind in diese Inkarnation. Das ist die andere Art, den Leib zu verlassen, hineinzukommen in das Geistige. Und diese

Art weist einen großen Unterschied auf gegenüber der gestern beschriebenen. Merken Sie wohl auf diese Unterschiede, denn gerade in diesem Vortragszyklus habe ich so manche Feinheiten und Intimitäten des geistigen Lebens vor Ihnen mitzuteilen. Aber es ist schwierig, auf diese Feinheiten und Intimitäten in geeigneten Worten hinzuweisen. Und nur, wenn man versucht, gerade solche Unterscheidungen zu fassen, kommt man richtig in die Dinge hinein und gewinnt ein sicheres Denken über dieselben.

Wenn man so, wie ich es jetzt beschrieben habe, den Leib verläßt, so kommt man nämlich ganz anders aus seinem Leibe heraus. Wenn man auf die gestern beschriebene Weise herauskommt aus seinem Leibe, so fühlt man sich wie außerhalb seines Leibes in dem Außenraum. Ich konnte beschreiben, wie man sich verbreitet über den Außenraum, wie man zurückschaut auf seinen physischen Leib. Man tritt aus sich heraus und füllt gleichsam den Raum aus, man tritt in den Raum hinaus. Wenn man aber durchmacht, was jetzt hier gemeint ist, dann tritt man aus dem Raum selber hinaus, dann hört der Raum auf, für einen eine Bedeutung zu haben; man verläßt den Raum und man ist dann nur noch in der Zeit. So daß bei einem solchen Verlassen des Leibes das Wort aufhört, einen Sinn zu haben: Ich bin außerhalb meines Leibes – denn das Außerhalb bedeutet ein räumliches Verhältnis. Man fühlt sich dann eben nicht gleichzeitig mit seinem Leibe, man erlebt sich in der Zeit. In der Zeit, in der man war vor der Inkarnation, in einem Vorher. Und den Leib erschaut man als nachher existierend. Man ist wirklich nur in der fortströmenden, laufenden Zeit darinnen. Und anstelle des Außen und Innen ist ein Vorher und Nachher getreten.

Dadurch ist man imstande, durch ein solches Herausgehen aus seiner Leiblichkeit, wirklich einzudringen in die Gebiete, die wir durchleben zwischen dem Tod und einer neuen Geburt. Denn man geht in der Zeit zurück, man lebt sich ein in ein Leben, das man vor diesem Erdenleben gelebt hat. Und dieses Erdenleben erscheint so, daß wir sagen: Was ist denn dort in der Zukunft, was erscheint uns denn da als Nachher? Sie sehen da eine genauere Angabe über manches, was ich in meinem öffentlichen Vortrage nicht so genau habe ausführen können: wie man nämlich im Konkreten hineinkommt in die Gebiete, die man durchlebt zwischen dem Tod und einer neuen Geburt.

Nun ist man auf diesem Wege hinausgezogen aus seinem Leibe, indem man in das vorher im Geiste vollbrachte Leben zurückgekehrt ist, man ist damit aber auch aus dem Raum herausgezogen. Dadurch hat dieses Verlassen des Leibes – aus dem Jetzt zu dem Früheren – einen viel höheren Grad von Innerlichkeit als das andere Verlassen, und für den Geistesforscher ist in der Tat dieses jetzt geschilderte Verlassen des Leibes von unendlich größerer Bedeutung als das gestern geschilderte, das nicht aus dem Raume herauskommt. Denn eigentlich begreift man dasjenige, was so recht tiefe Innerlichkeiten der Seele angeht, im Grunde erst auf dem heute beschriebenen Wege. Und da möchte ich Ihnen zunächst eines anführen, aus dem Sie ersehen werden, wie man versuchen muß, hinter die Intimitäten und Feinheiten des menschlichen Lebens zu kommen.

Im physischen Leibe hier leben wir unser physisches Leben. Wir bedienen uns unserer Sinne, nehmen die Welt wahr, wir stellen die Welt vor, fühlen in ihr, versuchen uns durch unsere Handlungen in dieser Welt einen Wert zu geben, wir handeln bewußt durch unseren Leib. So geht das alltägliche Leben vor sich, so geht das Leben vor sich, insofern wir dem physischen Plan angehören. Nun muß es aber für jeden Menschen, der seine Menschenwürde wahrhaft in sich erfühlen will, ein höheres Leben geben; und es hat immer ein höheres Seelenleben gegeben. Die Religionen, die den Menschen mit höherem Leben erfüllten, waren immer da. Geisteswissenschaft wird den Menschen in der Zukunft mit einem solchen höheren Leben erfüllen. Was will dieses höhere Leben? Was will dieses Leben, das in Gedanken, in Gefühlen, in Empfindungen hinausgeht über das, was der physische Plan bieten kann, das bei dem einen nur in dunklen Ahnungen auf religiösem Gebiet, bei dem anderen in klar umrissenen Linien der Geisteswissenschaft hinausgeht über das, was die Sinne schauen können, was man mit seinem an das Gehirn gebundenen Verstande denken kann, was man mit seinem Leibe in der Welt verrichten kann?

Nach einem geistigen Leben hin tendiert die menschliche Seele. Ein geistiges Leben in sich zu erfühlen, von einem solchen geistigen Leben etwas zu wissen, das über das physische Leben hinausgeht, das gibt dem Menschen eigentlich erst seine Würde. Man könnte sagen: Solange der Mensch im physischen Leibe weilt, sucht er seine Würde zu erhöhen, sucht er seine eigentliche Bestimmung zu erahnen durch ein Leben, das er sich vorstellt als über die physische Welt hinausgehend, durch ein Erahnen, Empfinden, Erkennen einer geistigen Welt. Blicke auf zum Geiste, fühle, daß geistige Kräfte durch die physischen Welten weben: das sind im Grunde genommen die Töne, die das religiöse und das damit verwandte Leben dem Menschen geben sollen. Und die Sorge des Erziehers, der es mit einem heranwachsenden Menschenkinde ernst meint, wird sein, dieses Menschenkind nicht so aufwachsen zu lassen, daß es nur in den äußeren materiellen Vorstellungen lebt, sondern ihm Vorstellungen von einer übersinnlichen Welt beizubringen.

Nennen wir jetzt, ohne damit hinweisen zu wollen auf das Engumschränkte oder dogmatisch Eingeengte der Religionssysteme, nennen wir das, was so den Menschen hinauszieht aus dieser physischen Welt, Religion, und fragen wir gegenüber dem, was wir gerade geschildert haben als ein Hinausgehen der menschlichen Seele über Geburt und Empfängnis in eine dem Erdenleben vorhergehende geistige Welt hinein, wo die Seele auch aus dem Raume heraus ist, fragen wir demgegenüber: Gibt es nun zwischen dem Tod und einer neuen Geburt in der Welt, die wir so betreten, wie wir es auseinandergesetzt haben, etwas, was man eine Religion jenes Geisterlandes nennen könnte? Gibt es da drüben etwas, was sich mit dem religiösen Leben auf der Erde vergleichen ließe? Wir haben schon in manchen Einzelheiten geschildert und werden noch weiter die Vorgänge zu schildern haben, die der Mensch zwischen dem Tod und einer neuen Geburt durchlebt. Aber jetzt fragen wir uns: Gibt es so etwas wie eine Religion in diesem geistigen Leben? Etwas, von dem man sagen kann: es steht den Erlebnissen, die wir für das Geisterland schildern, so gegenüber, wie die Hinweise auf die übersinnliche Welt dem Alltagsleben des physischen Planes gegenüberstehen?

Derjenige, der auf die geschilderte Weise aus seinem Leibe herauskommt, der kommt zu der Erkenntnis, daß es so etwas wie eine Art religiösen Lebens da drüben in diesem Geisterlande auch gibt. Und merkwürdigerweise, während man alles das, was man im Geisterlande um sich herum hat, geistige Wesenheiten und geistige Vorgänge, so erlebt wie man hier physische Wesen und physische Vorgänge erlebt, hat man dort fortdauernd während dieses Lebens, oder wenigstens während eines großen Teiles dieses Lebens zwischen dem Tod und einer neuen Geburt, wie ein mächtiges geistiges Gebilde, das Bild des Menschenideals vor sich. Alles, was über den Menschen hinausgeht, hat man hier auf der Erde als Religion. Das Menschenideal, man hat es drüben in der geistigen Welt als Religion. Man lernt verstehen, daß die verschiedenen Wesenheiten der verschiedenen geistigen Hierarchien ihre Absichten, ihre Kräfte zusammenwirken ließen, um im Weltenstrome auf die Art, wie es in meiner «Geheimwissenschaft im Umriß» beschrieben ist, allmählich den Menschen hervorgehen zu lassen. Den Göttern schwebte als das Ziel ihrer Schöpfung das Menschenideal vor, und zwar jenes Menschenideal, welches wirklich sich nicht so auslebt, wie jetzt der physische Mensch ist, sondern so, wie höchstes menschliches Seelen-Geistesleben in den vollkommen ausgebildeten Anlagen dieses physischen Menschen sich ausleben könnte.

So schwebt als Ziel, als höchstes Ideal, als die Götterreligion den Göttern ein Bild der Menschheit vor. Und wie am fernen Ufer des Götterseins schwebt für die Götter der Tempel, der als höchste künstlerische Götterleistung das Abbild des göttlichen Seins im Menschenbilde hinstellt. Und das ist das Eigentümliche, daß der Mensch, während er sich in dem Geisterlande zwischen dem Tod und einer neuen Geburt heranbildet, sich nach und nach dort immer reifer und reifer macht zum Schauen dieses Menschheitstempels, dieses hohen Menschheitsideals. Und während wir hier auf Erden das religiöse Leben so empfinden, daß es unsere freie Tat sein muß, daß wir es aus uns herausholen müssen, daß es dem materialistischen Sinn auch möglich ist, das Religiöse zu verleugnen, ist das Umgekehrte im Geisterland zwischen dem Tod und einer neuen Geburt der Fall. Je mehr wir in die zweite Hälfte der Zeit zwischen dem Tod und einer neuen Geburt hineinleben, desto deutlicher steht vor uns, so daß wir es nicht übersehen können, so daß es immer vor unserem geistigen Blicke ist, das hehrste Menschenideal, das Götterziel der Welten. Hier auf Erden kann der Mensch irreligiös sein, weil seine Seele gegenüber dem Physischen den Geist übersehen kann. Drüben ist es unmöglich, daß der Mensch nicht das Götterziel schaut; denn das stellt sich ihm mit Sicherheit vor Augen. So steht, namentlich in der zweiten Hälfte des Lebens zwischen dem Tod und einer neuen Geburt, wie am Ufer des Seins, das heißt am Ufer der dahinströmenden Zeit – nehmen Sie jetzt alle Ausdrücke so, daß wir es zu tun haben außerhalb des Raumes mit der Zeit –, so steht es da, das Menschheitsideal. Eine Erkenntnisreligion kann es drüben nicht geben; denn erkennen muß man das, was religiöser Inhalt ist. Das, was ich jetzt geschildert habe, ist drüben religiöser Inhalt. In diesem Sinne irreligiös kann kein Mensch sein, daß er das religiöse Ideal des Geisterlandes nicht vor sich hätte. Denn das steht durch sich selbst da, es ist Götterziel und wird hingestellt als die mächtigste, gloriöseste Imagination, wenn wir die zweite Hälfte unseres Lebens zwischen dem Tod und einer neuen Geburt antreten. Aber wenn wir so auch nicht eine Erkenntnisreligion drüben entwickeln können, so entwickeln wir doch unter der Anleitung höherer geistiger Wesenheiten, die da drüben für den Menschen tätig sind, eine Art Religion.

Während uns aber Erkennen, Schauen nicht gelehrt werden kann, weil es ja selbstverständlich ist, muß unser Wollen, unser wollendes Fühlen, unser fühlendes Wollen angeeifert werden in der zweiten Hälfte des Lebens zwischen dem Tod und einer neuen Geburt, um zu dem, was wir da sehen, wirklich hinzustreben. In unser wollendes Fühlen, in unser fühlendes Wollen fließen Götterwille, Götterfühlen ein, damit wir den Weg in dieser Richtung wählen in der zweiten Hälfte unseres Lebens zwischen dem Tod und einer neuen Geburt. Es sind ja alle Ausdrücke ungeschickt für dieses ganz andersartige Leben, dennoch darf der Ausdruck gebraucht werden: hier werden wir in bezug auf unseren Verstand unterrichtet; nur wenn ein Lehrer durch die Vorstellung geht, wirkt er hier auf Erden weiter auf unser Gefühl. Drüben ist es so, daß, wenn man den weiter noch zu schildernden Zeitpunkt der Mitte zwischen dem Tod und einer neuen Geburt, wenn man das, was ich in meinem letzten Mysteriendrama «Der Seelen Erwachen» die Mitternachtsstunde genannt habe, überschritten hat, daß dann zunächst eine gewisse Dumpfheit da ist in bezug auch auf das Wollen und Fühlen gegenüber dem, was wie ein herrlicher Tempel in den Fernen der Zeiten steht. Da durchglühen und durchwärmen göttliche Kräfte unsere inneren Seelenvermögen: ein Unterricht ist es, der unmittelbar zu unserem Inneren spricht und der sich so äußert, daß wir immer mehr und mehr die Fähigkeit gewinnen, wirklich den Weg gehen zu wollen zu dem, was wir so als ein Ideal schauen. Während wir im physischen Leben einem Lehrer gegenüberstehen können oder einem Erzieher, und er uns gegenüberstehen kann, und wir uns doch im Grunde genommen so fühlen, daß er von außen herein in unser Herz spricht, fühlen wir, daß unsere geistigen Erzieher der höheren Hierarchien, indem sie uns so erziehen, wie ich es jetzt geschildert habe, unmittelbar in unser Inneres herein ihre eigenen Kräfte strömen lassen. Irdische Erzieher sprechen zu uns, geistige Erzieher im Leben zwischen dem Tod und einer neuen Geburt geben uns ihr Leben in unsere Seelen herein, indem sie uns geistig religiös erziehen. Und so fühlen wir sie immer mehr und mehr in uns, diese Erzieher aus den höheren Hierarchien, so fühlen wir uns immer inniger mit ihnen verbunden. Dadurch aber erkraftet und erstarkt sich unser Innenleben. Du bist immer mehr und mehr von den Göttern angenommen, in dir leben immer mehr und mehr die Götter, und sie helfen dir, daß du immer stärker und stärker innerlich wirst! Das ist es, was als ein Grundgefühl durchgeht durch dieses Leben zwischen dem Tod und einer neuen Geburt, namentlich in seiner zweiten Hälfte.

So sehen wir, wie alles in diesem Leben daraufhin angelegt ist, daß unsere Erlebnisse unmittelbar in den Tiefen unserer Seele selbst ablaufen. Nun kommen wir aber, indem wir also von den Göttern unterrichtet werden, an einen bestimmten Punkt des Erlebens zwischen dem Tod und einer neuen Geburt. An einen wichtigen Punkt kommen wir. Es ist, ich möchte sagen, in der Zeiten fernster Ferne, wo wir das Menschheitsideal erblicken; die Kräfte aber, die in uns durch diese unsere göttlich-geistigen Erzieher gelegt werden können, die sind abhängig von dem, was wir im Laufe unserer Inkarnationen, im Laufe unseres vorhergehenden Menschenlebens aus uns gemacht haben. Und so stehen wir, indem wir heranleben von der Weltenmitternacht, gerade in der Mitte zwischen dem Tod und einer neuen Geburt, und immer weiterleben in die Zeiten hinein und in fernsten Zeiten das Menschheitsideal sehen, dann endlich an einem Punkt, an der letzten Perspektive des Menschheitsideals. Aber so stehen wir an diesem Punkt, daß wir uns nun sagen müssen – wir sagen es uns natürlich nicht, wir erleben es ganz innerlich, aber man muß sich mit den Worten des gewöhnlichen Lebens aussprechen –: Göttlich-geistige Kräfte haben an dir gewirkt, sind immer innerlicher in deiner Seele geworden, leben jetzt in dir; aber jetzt bist du an dem Punkte, wo du dich nicht mehr weiter mit diesen Kräften durchdringen kannst, denn du müßtest viel vollkommener sein, wenn du weitergehen wolltest als bis hierher.

Und jetzt kommt ein wichtiger Entscheidungspunkt. In diesem Augenblick tritt an uns eine harte Versuchung heran! Die Götter haben es gut mit uns gemeint, sie haben uns alles das gegeben, was sie uns zunächst geben können, sie haben uns so stark gemacht, als es nach Maßgabe der Kraft möglich war, die wir im bisherigen Leben uns erworben haben. So ist diese uns von den Göttern gegebene Stärke in uns, und die Versuchung tritt an uns heran, die uns sagt: Ja, du kannst jetzt diesen Göttern folgen, du kannst jetzt alles das, was du bist, gleichsam einfließen lassen in das, was die Götter dir gegeben haben an Kräften, du kannst in die geistigen Welten hineingehen. Denn viel, viel haben dir die Götter gegeben.

Man kann sich ganz vergeistigen: diese Aussicht steht vor einem. Aber man kann das nur, indem man seinen Weg von der Bahn nach dem großen Menschheitsideale hin ablenkt, indem man herausgeht aus der Bahn. Das heißt mit anderen Worten: man schlägt den Weg ein in die geistigen Welten, indem man all seine Unvollkommenheiten in die geistigen Welten mit hineinnimmt. Sie würden sich dort schon in Vollkommenheiten verwandeln. Sie täten es wirklich. Man könnte mit den Unvollkommenheiten hinein, man würde mit ihnen, weil man von göttlichen Kräften durchdrungen wäre, ein Wesen sein. Aber dieses Wesen müßte verzichten auf Anlagen, die es doch in sich hat, die es noch nicht auf seinem bisherigen Wege ausgebildet hat und die nach der Richtung des großen Menschheitsideales liegen; auf die müßte es verzichten. Jedesmal, bevor wir zu einer Erdeninkarnation gehen, tritt an uns die Versuchung heran, in der geistigen Welt zu bleiben, in den Geist einzutreten und sich vorwärts zu entwickeln mit demjenigen, was man schon ist, was jetzt ganz durchgöttlicht ist, und zu verzichten auf das, was man als Mensch noch immer mehr werden könnte auf der Bahn nach dem fernen religiösen Ideal der göttlich-geistigen Welt hin. Es tritt die Versuchung heran, irreligiös für das Geisterland zu werden.

Diese Versuchung tritt um so mehr heran, als in keinem Moment der Menschheitsentwickelung Luzifer eine größere Gewalt hat über den Menschen als in diesem Augenblick, wo er ihm einbläst: Ergreife jetzt die Gelegenheit, du kannst im Geiste bleiben, du kannst alles das, was du entwickelt hast, in das geistige Licht überführen! Und vergessen zu machen der Seele, soweit es irgend möglich ist, sucht Luzifer das, was noch als Anlagen vorhanden ist, was da steht in dem fernen Tempel am fernen Ufer des Zeitenseins.

So wie die Menschheit jetzt ist, würde der Mensch nicht in der Lage sein, in diesem Punkt der Versuchung Luzifers zu widerstehen, wenn nicht die Geister, deren Gegner Luzifer ist, jetzt die Angelegenheiten des Menschen übernehmen würden. Und es tritt der Kampf der den Menschen zu seinem Ideale vorwärtsleitenden Götter ein, der die Götterreligion bekennenden Götter mit Luzifer um eine Menschenseele. Und das Ergebnis dieses Kampfes ist, daß das Urbild, das sich der Mensch von seinem irdischen Dasein gebildet hat, herausgeworfen wird aus der Zeit in den Raum, angezogen wird magnetisch vom Raumesdasein. Dies ist auch der Moment, wo jene magnetische Anziehung durch das Elternpaar auftritt, wo der Mensch hineinversetzt wird in die Raumessphären, Verwandtschaft gewinnt mit der Raumessphäre. Dadurch aber wird alles dasjenige um den Menschen herum verhüllt, was ihm die Versuchung einflößen könnte, nur in der geistigen Welt zu bleiben. Und diese Verhüllung drückt sich aus eben in seiner Umhüllung mit der Leiblichkeit. Er wird in die Leiblichkeit eingefügt, damit er nicht schaut, was Luzifer vor ihn hinstellen will. Und wenn er in die leibliche Hülle eingehüllt ist und durch seine leiblichen Sinne und seinen leiblichen Verstand nunmehr die Welt ansieht, so sieht er nicht das, was er sonst in der geistigen Welt, durch den Versucher verführt, anstreben möchte, er sieht es nicht, er schaut diese Welt geistiger Wesenheiten und Vorgänge von außen, wie sie sich für die Sinne und den an das Gehirn gebundenen Verstand offenbaren. Und indem er im Sinnesleibe ist, übernehmen die ihn vorwärtsbringenden Geister seine Entwickelung.

Und fragen wir uns jetzt: Wieviel geht mit uns vor zwischen der Geburt und dem Tode in den unterbewußten Seelentiefen, wieviel geht mit uns vor, ohne daß wir davon wissen? – Wenn wir uns so leiten müßten, daß wir alles bewußt vollbringen, so könnten wir das Erdendasein durchaus nicht vollenden. Ich habe schon darauf hingewiesen in meinem Buche über «Die geistige Führung des Menschen und der Menschheit»: der Mensch muß, indem er in die physische Inkarnation tritt, selber erst plastisch an seinem Gehirn- und Nervensystem arbeiten. Er arbeitet, aber er arbeitet unbewußt daran. Das alles ist der Ausdruck einer viel größeren Weisheit als diejenige ist, die der Mensch begreifen kann mit seinem sinnlichen Verstand. In uns waltet zwischen der Geburt und dem Tode eine Weisheit, die hinter der Welt vorhanden ist, die wir mit unseren Sinnen anschauen und über welche wir mit unserem an das Gehirn gebundenen Verstand denken. Dahinter ist sie vorhanden, diese Weisheit; sie ist verhüllt vor uns zwischen der Geburt und dem Tode. Aber sie waltet, webt, wirkt in uns in den unterbewußten Seelentiefen, und sie muß sozusagen in diesen unterbewußten Seelentiefen des Menschen Angelegenheiten in die Hand nehmen, weil der Mensch auf einige Zeit hinweggerückt werden muß von einem Anblick, der für ihn versucherisch wäre. Die ganze Zeit, während welcher wir in unserem physischen Leibe leben, würden wir unter sonst normalen Verhältnissen, ohne daß wir eben durch eine sorgfältige Schulung in die geistige Welt eingeführt werden, wenn der Hüter der Schwelle uns das Hineinschauen in die geistigen Welten nicht vorenthielte, unser ganzes Leben Schritt für Schritt versucht sein, unsere noch unvollkommenen, unsere noch nicht herausgekommenen Menschenanlagen fallen zu lassen und dem Hinaufschwung in die geistigen Welten zu folgen, aber mit unseren Unvollkommenheiten. Wir brauchen die Zeit unseres Erdenlebens, um in dieser Zeit der Versuchung Luzifers entrückt zu sein.

Bis zu dem angegebenen Zeitpunkt, wo wir in den Raum herausgeführt werden, hat Luzifer noch nicht die Gewalt, denn da gibt es noch immer eine Möglichkeit, vorwärtszuschreiten, aber er kommt eben in dem Moment heran, wo wir an dem Entscheidungspunkte angelangt sind. Durch unser vorhergehendes Leben können wir nicht vorwärtsschreiten, so wollen wir mit den Unvollkommenheiten abirren und in der geistigen Welt verbleiben. Davor schützen uns die fortschreitenden Götter, deren Gegner Luzifer ist, indem sie uns dieser geistigen Welt entrücken, indem sie sie vor uns verhüllen, und das, was aus dieser geistigen Welt heraus geschehen muß an uns, hinter unserem Bewußtsein vollziehen.

So stehen wir da als Menschen in der Welt, mit unserem Bewußtsein in unserem physischen Leibe, und sagen uns: Habt Dank, ihr Götter! So viel habt ihr uns gelassen von der Möglichkeit, etwas zu wissen von der Welt, als gerade gut ist für uns. – Denn blickten wir hinter die Schwelle desjenigen, was unser Bewußtseinshorizont ist, so stünden wir in jedem Augenblick vor der Gefahr, unser Menschheitsziel nicht erreichen zu wollen. Aus jenem helleren, höheren Bewußtseinszustand, in dem wir zwischen dem Tod und einer neuen Geburt sind, wo wir geistige Welten und geistige Wesenheiten um uns herum haben, wo wir im Geiste sind, mußten wir in die Welt des Raumes versetzt werden, damit uns in der Welt des Raumes verhüllt werde die Welt, die wir nicht ertragen könnten, bis wir die Zeit durchgemacht haben zwischen der Geburt und dem Tode, die Zeit, in der wir, dadurch, daß wir der geistigen Welt entrückt waren, dadurch daß diese geistige Welt in dieser Zeit nicht auf uns gewirkt hat, daß nur materielle Dinge uns umgeben haben, wiederum einen neuen Antrieb empfangen haben nach den fernen Zielen des Menschheitsideales hin. Denn in der ganzen Zeit, während welcher wir auf Erden leben, während welcher wir mit unserem Bewußtsein nicht in die geistige Welt hineinsehen, wirken nun wiederum, indem sie jetzt nicht durch unser Bewußtsein gestört sind, indem sie nicht gestört sind dadurch, daß wir versucht sind, Luzifer zu folgen, in uns die uns vorwärtstreibenden göttlichen Geister. Und sie flößen uns wiederum so viel Kraft ein, daß, wenn wir durch die Pforte des Todes gehen, wir wiederum ein Stück vorwärtsdringen können nach dem Menschheitsideale hin.

Das ist auch noch ein Geheimnis, das hinter dem Menschendasein steht, das ich mit diesen Worten angedeutet habe. Und ich denke, es ist eine gute Osterempfindung, hinzuschauen auf jene Verhältnisse des Lebens, die mehr durch innerliches Herausgehen aus dem Leibe erreicht werden, hinzuschauen auf die Verhältnisse zwischen dem Tod und einer neuen Geburt, und dem Leben, das wir nachher im physischen Leibe gewinnen. Da blicken wir hin auf dieses Leben zwischen dem Tod und einer neuen Geburt und werden gewahr der Führung der guten göttlich-geistigen Wesen, die uns vorwärts helfen. Wie zu unserer Vergangenheit im Geiste sehen wir zu diesen göttlich-geistigen Wesen auf, und wir verstehen jetzt von diesem unserem Sein im Leibe zwischen der Geburt und dem Tode, daß es uns verliehen worden ist von den Göttern, damit die Götter eine Weile, ohne daß wir etwas dazu zu tun brauchen, für uns sorgen können zu unserer Weiterentwickelung. Während wir die Welt wahrnehmen, während wir in der Welt denken, in ihr fühlen, in ihr wollen, während wir unseren Erinnerungsschatz aufspeichern, um im physischen Dasein ein zusammenhängendes Sein zu haben, arbeiten hinter alle dem, hinter diesem unserem bewußten Leben die göttlich-geistigen Wesenheiten. Sie lenken fort den Strom der Zeit. Sie haben uns entlassen in den Raum, damit wir in diesem Raume gerade so viel Bewußtsein haben, als es diese Götter für gut finden uns zu lassen, wenn sie hinter diesem Bewußtsein unsere Geschicke nach dem großen Menschheitsideale, nach dem Ideale der Götterreligion weiter lenken wollen.

Blicken wir so auf unser Inneres – jetzt auf dasjenige Innere, das wir mit unserem Bewußtsein gar nicht einmal in normalen Verhältnissen des Lebens schauen und erforschen können –, versuchen wir uns zu durchdringen mit der Empfindung: Da in dir lebt etwas, was du allerdings mit den normalen Kräften des Menschenlebens nicht durchschaust, was aber dein tiefstes inneres Seelisches ist; suchen wir es gewahr zu werden in uns, dieses tiefere in uns verborgene Seelische, und versuchen wir dann gewahr zu werden, wie in diesem Seelischen, das wir selber nicht lenken, die Götter walten, der Gott in uns waltet: da bekommen wir das rechte Gefühl von dem in uns waltenden Gott. Und daß ein solches Gefühl entstehe, ein solches rechtes Ostergefühl, dafür möchte ich eigentlich die heutigen Worte gesprochen haben, nicht so sehr wegen ihres theoretischen Inhaltes.

Wenn – hinblickend auf das, was sich der Seele darstellt, wenn sie im Raume gleichsam aus sich herausgeht, den Raum erfüllend – diese Seele wissen, lernen kann: Aus dem Göttlichen bin ich geboren – so kann sie durch das heute Gesagte dieses Wissen noch vertiefen, indem sie gewahr werden kann: Mit all dem, was ich weiß, mit all dem, was im Wahrnehmen, Denken, Fühlen und Wollen meiner Seele zugänglich ist, bin ich herausgeboren aus einem tieferen Seelischen, aus jenem Seelischen in mir, das noch bei dem Göttlichen ist, das im Zeitenstrom dahinfließt, aber mit dem Göttlichen dahinfließt. Ein Wissen können wir gewahren, das sich ausdrücken kann in einem noch viel tieferen Sinne als derjenige, der gestern gemeint sein konnte am Ende unserer Betrachtung. In einem noch viel tieferen Sinn können wir heute das Wort als Ergebnis unserer Betrachtung hinstellen: Aus dem Gott sind wir geboren. Denn wir gewahren, daß diese Seele mit dem, was sie von sich selber wissen kann, in jedem Zeitpunkt aus dem Göttlichen heraus geboren wird, so daß wir in jedem Zeitpunkt unser tiefstes Inneres erfüllen dürfen mit diesem: Aus dem Gott sind wir geboren.

Ex deo nascimur.

DRITTER VORTRAG
Wien, 11. April 1914

Zunächst werden wir heute aufmerksam zu machen haben auf einzelne positive okkulte Forschungsresultate, welche auf der einen Seite sehr geeignet sind, uns in das Wesen des Menschen hineinzuführen, die aber auf der anderen Seite uns zeigen, als welch kompliziertes Wesen eigentlich dieser Mensch in der Welt darinnensteht. Aber können wir denn anders denken, als daß dieser Mensch als ein recht kompliziertes Wesen in der Welt darinnensteht, wenn wir erwägen, daß das eigentliche Idealbild des Menschen, das, was der Mensch sein kann, wenn er alle in ihm liegenden Anlagen wirklich zur Entfaltung bringt, im Grunde der Inhalt der Götterreligion ist, und daß im Grunde genommen all die geistigen Wesenheiten der verschiedenen Hierarchien, die man im Zusammenhang mit der menschlichen Natur kennenlernen kann, ihre Ziele zusammenwirken lassen, um aus dem gesamten Kosmos heraus den Menschen wie den Sinn dieses Kosmos aufzubauen!

Das erste, was zu sagen sein wird, ist, daß der Mensch mit den Wahrnehmungen, die er von der äußeren Welt empfängt, so wie sie ihm in seinem Bewußtsein erscheinen, eigentlich nur einen kleinen Teil dessen wirklich aufnimmt, was da auf ihn einstürmt. Indem der Mensch in der physischen Welt darinnensteht, seine Sinnesorgane geöffnet hat, mit seinem Verstand, der an sein Gehirn, an sein Nervensystem gebunden ist, die Welt betrachtet und sich zu erklären versucht, was da auf diese Weise an den Menschen herankommt, gelangt eigentlich nur ein kleiner Teil dessen, was da heranstürmt, wirklich zur menschlichen Vorstellung, tritt nur ein kleiner Teil wirklich in das Bewußtsein des Menschen ein. Im Licht und in den Farben, im Ton und so weiter ist viel mehr enthalten, als dem Menschen zum Bewußtsein kommt. Die äußerliche materialistische Physik spricht in ihrer kindlichen Weltauffassung davon, daß hinter den Farben, hinter dem Licht und so weiter materielle Vorgänge seien, Atomschwingungen und dergleichen. Das ist eben wirklich nur, man kann schon sagen, eine kindliche Weltauffassung. Denn in Wahrheit stellt sich das Folgende ein.

Wir müssen mit dem hellseherischen Blick das menschliche Wahrnehmen erforschen, denn von diesem Beobachten des wirklichen Wahrnehmungsvorganges kann erst ein Verständnis über das Verhältnis des Menschen zu der Umwelt, die ihm vorliegt, ausgehen, wenn wir auch nur auf dem physischen Plane bleiben. Etwas höchst Eigentümliches zeigt sich, wenn man den Wahrnehmungsvorgang hellseherisch beobachtet. Sagen wir, irgend etwas wirke auf unser Auge, wir nehmen Licht oder Farbe wahr, wir haben also in unserem Bewußtsein die Empfindung des Lichtes oder der Farbe: das Merkwürdige, was man nun entdeckt durch die Geistesforschung, ist, daß im Menschenwesen nicht nur dieses Licht und diese Farbe auftreten, sondern daß da wie im Gefolge von Licht und Farbe gleichzeitig mit unserer Empfindung von Licht- und Farbenbildern, man möchte sagen, eine Art von Licht- oder Farbenleichnam in uns auftritt. Unser Auge veranlaßt uns, daß wir die Licht- und Farbenempfindung haben. Man könnte also sagen: das Licht strömt zu und bereitet uns die Lichtempfindung, aber tiefer in unser Wesen hineinschauend, entdecken wir, daß, während in unserem Bewußtsein das Licht sitzt, unser Menschenwesen durchzogen wird von etwas, was in diesem Menschenwesen sterben muß, damit wir die Lichtempfindung haben können. Keine Wahrnehmung, keine Empfindung von außen können wir haben, ohne daß sich gleichsam durchdrückt durch diese Empfindung eine Art Leichenbildung, die wie im Gefolge dieser Empfindung auftritt. Geistesforschung muß eben sagen: Da schaue ich mir den Menschen an, ich weiß, jetzt empfindet er rot. Ich sehe aber, daß dieses Rot, das in seinem Bewußtsein lebt, von sich gleichsam etwas ausgießt, sein ganzes Wesen, insofern es in seine Haut und in die Grenzen seines Ätherleibes eingeflossen ist, durchdringt mit etwas, was wie der Leichnam der Farbe ist, was etwas ertötet in dem Menschen. Denken Sie nur einmal, daß wir eigentlich immer, indem wir der physischen Welt gegenüberstehen und unsere Sinnesorgane offen haben, die Leichname aller unserer Wahrnehmungen wie Phantome, aber wirksame Phantome, in uns aufnehmen. Immer stirbt etwas in uns, indem wir die Außenwelt wahrnehmen. Es ist das ein höchst eigentümliches Phänomen. Und der Geistesforscher muß sich fragen: Ja, was geschieht denn da? Was ist denn die Ursache von diesem höchst eigenartigen Phänomen?

Da muß man betrachten, wie es sich eigentlich mit dem verhält, was da wie Licht an uns heranstürmt. Dieses Licht hat eben vieles hinter sich. Es ist gleichsam das, was das Licht offenbart, nur der Vorposten desjenigen, was an uns heranstürmt. Hinter dem Licht steht allerdings nicht jene Wellenbewegung, von der die äußere Physik phantasiert, sondern hinter dem Licht, hinter allen Wahrnehmungen, hinter allen Eindrücken steht zunächst das, was wir nur erfassen, wenn wir geisteswissenschaftlich die Welt anschauen durch Imaginationen, durch schöpferische Bilder. In dem Augenblick, wo wir alles sehen würden, alles wahrnehmen würden, was in dem Licht oder in dem Tone oder in der Wärme lebt, würden wir hinter dem, was uns zum Bewußtsein kommt, die schöpferische Imagination wahrnehmen und in dieser sich wieder offenbarend die Inspiration, und in dieser die Intuition. Es ist dasjenige, was uns zum Bewußtsein kommt als Licht- und Tonempfindung, gleichsam die oberste Schicht, gleichsam nur der Schaum dessen, was an uns heranschwingt, aber es lebt darin, was, wenn es uns zum Bewußtsein käme, zur Imagination, Inspiration, Intuition in uns werden könnte.

Also eigentlich haben wir nur ein Viertel von dem, was an uns heranstürmt, wirklich in der Wahrnehmung gegeben, die anderen drei Viertel dringen in uns ein, ohne daß es uns zum Bewußtsein kommt. Während wir also dastehen und eine Farbenempfindung haben, dringen, gleichsam durch die Fläche der Farbenempfindung, die schöpferische Imagination, die Inspiration, die Intuition in uns ein, versenken sich in uns. Wenn wir sie näher untersuchen, diese drei letzteren Eindringlinge, so finden wir, daß wenn diese Imagination, Inspiration, Intuition, so, wie sie sich durch die Sinnesempfindungen in unseren Organismus hereindrängen wollen, wirklich in diesen hereinkämen, sie so wirken würden, daß sie auch noch während der Zeit unseres physischen Erdendaseins zwischen Geburt und Tod eine solche Vergeistigung in uns hervorrufen würden, wie ich sie gestern angedeutet habe als ein mögliches Ergebnis der Verführung Luzifers. Es würden diese Imagination, Inspiration, Intuition so auf uns wirken, daß wir den Drang bekämen, alles, alles liegen zu lassen, was noch an Anlagen für unser Streben nach fernen Zukünften, zum Menschenideal, in uns vorhanden ist, und wir würden uns vergeistigen wollen mit all dem, wie wir sind. Wir würden geistige Wesenheiten werden wollen auf dem Vollkommenheitsgrade, den wir bis dahin erlangt haben durch unser Vorleben. Wir würden uns gewissermaßen sagen: Mensch zu werden, das ist uns eine zu große Anstrengung, da müßten wir noch einen schwierigen Weg in die Zukunft gehen. Wir lassen das, was noch an Möglichkeiten zum Menschen hin in uns liegt. Wir werden lieber ein Engel mit all den Unvollkommenheiten, die wir an uns tragen, denn da kommen wir in die geistige Welt unmittelbar hinauf, da vergeistigen wir unser Wesen. Wir werden dann allerdings unvollkommener, als wir nach unseren Anlagen werden könnten im Kosmos, aber wir werden eben geistige, engelartige Wesen.

Da ersehen Sie wiederum an einem Beispiel, wie wichtig das ist, was man nennt: die Schwelle der geistigen Welt, und wie wichtig die Wesenheit ist, die man den Hüter der Schwelle nennt. Denn da steht er schon an dem Punkt, von dem ich eben jetzt gesprochen habe. Er läßt in unser Bewußtsein nur die Empfindung selber herein und läßt nicht dasjenige hereinkommen, was als Imagination, als Inspiration, als Intuition, wenn es in unser Bewußtsein eintreten würde, einen unmittelbaren Drang nach Vergeistigung, so wie wir sind, mit Verzicht auf alles folgende Menschheitsleben in uns erzeugen würde. Das muß uns verhüllt werden, davor wird die Türe unseres Bewußtseins zugeschlossen, aber in unsere Wesenheit dringt es ein. Und indem es in unsere Wesenheit eindringt, ohne daß wir es mit dem Lichte unseres Bewußtseins durchleuchten können, indem wir es hinuntersteigen lassen müssen in die finsteren Untergründe unseres Unterbewußtseins, kommen die geistigen Wesenheiten, deren Gegner Luzifer ist, von der anderen Seite in unser Wesen herein, und es entsteht jetzt in uns der Kampf zwischen Luzifer, der seine Imagination, Inspiration, Intuition hereinsendet, und denjenigen geistigen Wesenheiten, deren Gegner

Luzifer ist. Diesen Kampf würden wir immer schauen bei jeder Empfindung, bei jeder Wahrnehmung, wenn nicht für das äußere Wahrnehmen die Schwelle der geistigen Welt gesetzt wäre, der gegenüber sich nur der hellseherische Blick nicht verschließt.

Daraus ersehen Sie, was sich eigentlich alles abspielt in dem Inneren der Menschennatur. Das Ergebnis dieses Kampfes, der sich da abspielt, ist das, was ich als eine Art von Leichnam, von partiellem Leichnam in uns charakterisiert habe. Dieser Leichnam ist der Ausdruck für das, was in uns ganz materiell werden muß, wie ein mineralischer Einschluß, damit wir nicht in die Lage kommen, es zu vergeistigen. Würde sich dieser Leichnam durch den Kampf von Luzifer und seinen Gegnern nicht ausbilden, so würden wir statt dieses Leichnams das Ergebnis der Imagination, Inspiration und Intuition in uns haben, und wir würden unmittelbar in die geistige Welt aufsteigen. Dieser Leichnam bildet das Schwergewicht, durch das uns die guten geistigen Wesenheiten, deren Gegner Luzifer ist, in der physischen Welt zunächst erhalten, so erhalten, daß wir darin gleichsam verhüllt haben, was als Drang in uns entstehen müßte nach Vergeistigung, damit wir anstreben nach dieser Verhüllung das wirkliche Ideal der menschlichen Natur, all die Entfaltung der Anlagen, die in uns sein können. Dadurch, daß also dieser Einschluß, gleichsam dieses Leichnamphantom sich in uns bildet, daß wir, indem wir wahrnehmen, uns immer sozusagen durchdringen mit etwas, was zu gleicher Zeit Leichnam ist, dadurch ertöten wir in uns während des Wahrnehmens dieses immer aufsteigende Drängen nach Vergeistigung. Und während sich dieser Einschluß bildet, entsteht das, was ich öfter angedeutet habe und was wichtig ist, daß man es einsieht in seiner ganzen Bedeutung.

Sehen Sie, wenn Sie in einen Spiegel hineinschauen, so haben Sie eine Glasscheibe vor sich, aber durch diese Scheibe würden Sie hindurchschauen, wenn sie nicht mit einem Spiegelbelage belegt wäre. Dadurch, daß die Glasscheibe einen Spiegelbelag hat, spiegelt sich, was vor dem Spiegel ist. Wenn Sie vor Ihrem physischen Körper so stehen würden, daß Sie erleben würden, wie außer den Wahrnehmungen auch die Imaginationen, Inspirationen, Intuitionen hineingehen, dann würden Sie durch den physischen Leib hindurchschauen, und Sie würden ein solches Gefühl erleben, daß Sie sich etwa sagen würden: Ich will mit diesem physischen Leibe nichts zu tun haben, ich beachte ihn gar nicht, sondern ich erhebe mich, so wie ich bin, in die geistige Welt. Wirklich, es stünde der physische Leib vor Ihnen wie der Glasspiegel, der keinen Belag hat. Aber nun ist der physische Leib durchdrungen mit diesem Leichnam. Das ist wie der Belag des Spiegels. Und jetzt spiegelt sich alles das, was darauf fällt, aber eben nur so, wie wir es in den Sinneswahrnehmungen haben. Dadurch entstehen die Sinneswahrnehmungen. Unser ständiger Leichnam, den wir in uns tragen, der ist der Spiegelbelag unseres ganzen Leibes, und wir sehen uns dadurch selber in der physischen Welt. Dadurch sind wir als dieses einzelne physische Wesen in der physischen Welt da. So kompliziert schaut sich das menschliche Wesen an.

Nehmen wir den anderen Fall, daß wir nicht bloß wahrnehmen, sondern daß wir denken. Wenn wir denken, dann sind es ja nicht Sinneswahrnehmungen. Die Sinneswahrnehmungen können die Veranlassung dazu sein, aber das eigentliche Denken verläuft nicht in Sinneswahrnehmungen, sondern verläuft innerlicher. Wenn wir denken, machen wir mit dem wirklichen Denken keine Eindrücke auf unseren physischen Leib, wohl aber auf unseren Ätherleib. Aber indem wir denken, kommt wiederum nicht alles das, was in den Gedanken liegt, in uns herein. Würde alles das, was in den Gedanken liegt, in uns hereinkommen, dann würden wir jedesmal, wenn wir denken, zunächst lauter lebende Elementarwesen in uns pulsieren fühlen, wir würden uns ganz innerlich belebt fühlen. In München habe ich einmal gesagt: Wenn jemand die Gedanken erlebte, wie sie sind, so würde er sich in den Gedanken in einem solchen Gewirre fühlen wie in einem Ameisenhaufen, alles würde Leben sein. Dieses Leben nehmen wir nicht wahr in dem menschlichen Denken, weil wiederum nur gleichsam der Schaum davon uns zum Bewußtsein kommt und eben die Schattenbilder der Gedanken bildet, die da als unser Denken in uns auftauchen. Dagegen senkt sich in unseren Ätherleib ein dasjenige, was als lebendige Kräfte die Gedanken durchzieht. Wir nehmen die lebendigen Elementarwesen, die uns da durchschwirren, nicht wahr, sondern wir nehmen in den Gedanken gleichsam nur einen Extrakt wahr, etwas wie eine Abschattierung. Das andere aber, das Leben, zieht in uns ein, und indem es in uns einzieht, durchdringt es uns wiederum so, daß neuerdings in unserem Ätherleib ein Kampf entsteht, jetzt ein Kampf zwischen den fortschrittlichen Geistern und Ahriman, den ahrimanischen Wesenheiten. Und der Ausdruck dieses Kampfes ist, daß sich in uns die Gedanken nicht so abspielen, wie sie sich abspielen würden, wenn sie lebendige Wesen wären. Würden sie sich so abspielen, wie sie wirklich sind, so würden wir uns in dem Leben der Gedankenwesen fühlen: die würden sich hin und her bewegen – aber das nehmen wir nicht wahr. Dafür wird unser ätherischer Leib, der sonst ganz durchsichtig wäre, gleichsam undurchsichtig gemacht; ich möchte sagen, er wird so, wie etwa Rauchtopas ist, der durchzogen wird von dunklen Schichten, während der Quarz ganz durchsichtig und rein ist. So wird unser ätherischer Leib von geistiger Dunkelheit durchzogen. Das, was da unseren ätherischen Leib durchzieht, das ist unser Gedächtnisschatz.

Der Gedächtnisschatz entsteht dadurch, daß wiederum in unserem ätherischen Leib, durch die erwähnten Vorgänge, sich die Gedanken gleichsam spiegeln, aber jetzt in der Zeit sich spiegeln, bis zu dem Punkte hin, bis zu dem wir uns eben erinnern im physischen Leben. Das sind die gespiegelten Gedanken, die wir im Gedächtnis haben, die aus der Zeit heraus gespiegelten Gedanken. Aber da tief unten in unserem Ätherleib, hinter dem Gedächtnis, da arbeiten die guten göttlich-geistigen Wesenheiten, deren Gegner Ahriman ist, und da schaffen sie, zimmern sie diejenigen Kräfte, die wiederum das beleben können, was im physischen Leib durch die vorher geschilderten Vorgänge abgestorben ist. Während also in unserem physischen Leib ein Leichnam geschaffen wird, der geschaffen werden muß, weil wir sonst den Drang hätten, uns zu vergeistigen mit all den Mängeln, die wir an uns tragen, geht etwas wie eine anfachende Lebenskraft vom Ätherleib aus. So daß wirklich nun in der Zukunft wiederum lebendig umgeschaffen werden kann, was da abgetötet worden ist.

Aber jetzt sehen wir erst ein, welche Bedeutung das Vorher und das Nachher hat. Würden wir nämlich in unserer unmittelbaren Gegenwart die Imaginationen, Inspirationen und Intuitionen, die in uns eindringen, ausleben, so würden wir Luzifer folgen und uns vergeistigen. Dadurch aber, daß sie in die Zukunft geworfen werden, daß sie jetzt nicht zur Geltung kommen, sondern aufbewahrt werden als Keime für die Zukunft, dadurch gewinnen sie wieder ihre richtige Wesenheit. Was wir gegenwärtig mißbrauchen würden, werden wir in der Zukunft dazu verwenden, wenn wir durch die Pforte des Todes gegangen sind, um uns aus der geistigen Welt heraus ein neues Leben zu zimmern. Was uns, wenn wir es in der physischen Welt verwenden würden, anleiten würde, uns zu vergeistigen mit unseren Mängeln, leitet uns nach dem Tode als Kräfte an, uns wiederum in das physische Erdenleben zu begeben. So entgegengesetzt wirken die Dinge in den verschiedenen Welten.

So ist es mit unserem Denken. Und nun betrachten wir unser Fühlen. Ja, was wir so als inneres Gefühl, als innere Empfindung in uns tragen, das ist wiederum nicht so, wie es eigentlich nach seinem ganzen inneren Wesen sein könnte. Was wir da als Gefühl in uns tragen, was uns zum Bewußtsein kommt als unser Gefühl, das ist eigentlich wiederum nur ein Schattenbild von dem, was wirklich in uns lebt, denn auch in unserem Gefühl lebt geistige Wesenheit. Wenn Sie sich erinnern an das, was ich im ersten Vortrag gesagt habe, so werden Sie empfinden, daß darin die geistigen Wesenheiten leben, die eigentlich dem ganzen Planetensystem zugrunde liegen, nur kommen sie uns nicht zum Bewußtsein. Das Gefühl, so wie wir es eben kennen, kommt uns zum Bewußtsein, das andere bleibt außerhalb unseres Bewußtseins. Was heißt das eigentlich: das andere bleibt außerhalb unseres Bewußtseins? Es ist wirklich sehr schwierig, aus der gewöhnlichen Sprache die Worte zu finden, die diese Dinge genau charakterisieren. Wie man sagen muß: Wahrnehmen und Denken erzeugen in uns etwas, was eigentlich wie ein Ertöten ist – beim Denken allerdings durch die Gegenwirkung zugleich eine Art Anfeuerung zu einem künftig Lebendigen –, so müssen wir sagen: Jedes Gefühl, das in uns sitzt, jedes Gefühl, das in uns auftritt, wird eigentlich nicht ganz geboren in uns, kommt nicht ganz zum Dasein. Würde alles, was in uns sitzt indem wir fühlen, herauskommen, so würde uns das, was da im

Gefühle lebt, ganz anders ergreifen, ganz anders durchkraften. Das was hinter dem Gefühle sitzt, was das Gefühl zu einem Lebewesen macht, zu einem Lebewesen, dessen Leben gespeist wird aus dem ganzen Planetensystem, das kommt nicht unmittelbar heraus. Das Gefühl kommt wiederum nur wie ein Schatten dessen, was es eigentlich ist, aus uns heraus. Das bewirkt, daß wenn man einmal so recht in seine Gefühlswelt mit einer tieferen Menschheitsempfindung Eingang findet, man eigentlich jedem Gefühle gegenüber etwas Unbefriedigendes empfindet. Jedem Gefühle gegenüber empfindet man, es könnte gesteigert werden, es könnte stärker hervortreten. Namentlich muß man dem Gefühle gegenüber etwas wie ein geheimes Erlebnis haben: es könnte uns viel mehr verraten von dem, was in ihm liegt, es verbirgt etwas von dem, was in unserem Inneren lebt, was in den Tiefen der Seele ist, und was nur halb geboren heraufkommt.

Wenn wir auf unseren Willen eingehen, auf alles das, was in uns Wunsch und Wille sein kann, so ist es hier, nur in einem höheren Maße, ebenso wie es beim Gefühle ist. Nur daß hinter dem Willen die geistige Wesenheit, die Grundwesenheit steht, die eigentlich in der Sonne lebt. Nicht bloß das, was in den Planeten lebt, sondern das, was in der ganzen Sonne lebt, lebt da im Willen auch mit darin. Aber es verbirgt sich. Der Wille wird noch weniger ganz geboren als das Gefühl. Der Wille würde uns ganz, ganz anders durchdringen, wenn alles, was in ihm liegt, wirklich in unserem Bewußtsein zum Vorschein käme. Es kommt wirklich nur die alleräußerste Oberfläche des Willens, es kommen nur die alleroberflächlichsten Schaumgebilde des Willens zum Ausdruck. Das andere bleibt uns verborgen. Und warum bleibt uns im Gefühl und im Willen im Grunde genommen eine ganze Welt verborgen? Weil das, was uns verborgen bleibt, wenn es angeschaut würde vom physischen Plane aus, von uns nicht ertragen werden könnte. Vom physischen Plane aus nähme es sich so aus, daß wir es abwehren wollten, daß wir uns abwenden wollten davon.

Das, was da im Gefühl und im Willen lebt und ungeboren ist, das ist werdendes Karma. Sagen wir, wir fühlen eine feindliche Empfindung gegen irgend jemand, um ein konkretes Beispiel zu wählen. Ja, was da in dieser feindlichen Empfindung zu unserem Bewußtsein kommt, das ist eben nur das äußerliche Wellenspiel. Da drinnen liegen Kräfte, die über das ganze Planetensystem ausgebreitet sind. Aber das, was uns verborgen bleibt, das ist gerade das, was uns sagt: Durch deine feindliche Empfindung pflanzest du in dich etwas Unvollkommenes, das mußt du ausgleichen. – In dem Augenblicke, wo herauftauchen würde, was da unten mitlebt, würde vor uns die Imagination desjenigen auftauchen, was im Karma die feindliche Empfindung ausgleichen muß. Und wir würden uns mit Luzifer und Ahriman verbinden, um abzuwehren diesen Ausgleich, weil wir von dem Standpunkt des physischen Planes aus urteilen würden. Aber es wird uns auf diesem physischen Plane das verborgen; der Hüter der Schwelle verbirgt es uns aus dem einfachen Grunde, weil wir diese Dinge, die nicht geboren werden an unserem Gefühl, an unserem Willen, nur beurteilen können, wenn wir in der geistigen Welt zwischen dem Tod und einer neuen Geburt leben. Da wollen wir das, was wir sonst nie wollen würden, da wollen wir, daß das, was einer feindseligen Stimmung entspricht, wirklich ausgeglichen werde, weil wir da das rechte Interesse haben an dem Inhalt der Götterreligion, an dem vollkommenen Menschheitsideal, das aus uns den vollkommenen Menschen machen will. Von dem wissen wir, daß durch einen entgegengesetzten Ausgleich das wettgemacht werden muß, was durch eine feindselige Empfindung verursacht worden ist. Es muß für die Zukunft nach dem Tode aufbewahrt bleiben, und dann erst darf herauskommen, was ungeboren ist an unserem Gefühle und unserem Willen.

Nun, sehen Sie, ich habe Ihnen, ich möchte sagen, ein Vierfaches von dem menschlichen Seelenkern dargelegt. Das, was von unserem Gefühl ungeboren verbleibt, lebt im Astralleib; das, was vom Willen ungeboren bleibt, lebt im Ich. Wir haben also, indem wir die äußere Welt wahrnehmen, etwas wie einen physischen Phantomleichnam in uns, der eigentlich der Spiegelbelag ist für unseren physischen Leib. Wir haben in uns einen Einschluß, gleichsam eine Durchdunkelung des Ätherleibes. Wir haben in uns etwas im Astralleib, was nicht zur Geburt kommt in der Zeit zwischen der Geburt und dem Tode, und wir haben von unserem Willen etwas, was nicht in dieser Zeit zur

Geburt kommt. – Dieses Vierfache, was der Mensch in sich trägt, das muß aufbewahrt werden für die Zeit zwischen dem Tod und einer neuen Geburt. Aber es lebt in uns als unser Seelenkern mit derselben Gewißheit, wie in der Pflanze der Keim für das nächste Jahr liegt. Sie sehen also, wir können nicht nur im allgemeinen von einem Seelenkern sprechen, sondern wir können diesen Seelenkern sogar in seiner Viergliedrigkeit erfassen. Wenn wir, sagen wir, eine Empfindung in uns tragen, die uns Unbehagen namentlich von innen heraus verschafft, wenn wir mit unserem Leben nicht so recht einverstanden sind, so geschieht es dadurch, daß ein Druck von dem ungeborenen Teil der Empfindungen auf den bewußten Teil der Empfindungen ausgeübt wird. Wie kann dieser Druck abgehalten werden? Ja, sehen Sie, dieser Druck ist etwas, unter dessen Gefahr im Grunde genommen der Mensch fortwährend steht. Denn das, was ich Ihnen jetzt geschildert habe, das ist, insofern es sich auf Gefühl und Wille bezieht, also auf das, was eigentlich unser inneres Seelenleben im Sinne des ersten Vortrages so recht darstellt, dasjenige, was uns in innere Disharmonie bringt. Wir würden, wenn richtiger Einklang herrschte zwischen dem geborenen Teil von Gefühl und Wille und dem, was hinter der Schwelle des Bewußtseins bleibt, wenn richtiges Verhältnis, richtige Harmonie bestünde, als in der Sinneswelt befriedigte und tüchtige Menschen durch diese Sinneswelt gehen. Hier liegt eigentlich der Grund zu allen inneren Unzufriedenheiten. Wenn jemand innere Unzufriedenheiten hat, so kommt es von dem Druck des unterbewußten Teiles des Fühlens und Wollens.

Nun muß ich zu dem Auseinandergesetzten hinzufügen, daß sich in bezug auf alle diese Verhältnisse, die ich jetzt geschildert habe, allerdings die Wesenheit des Menschen im Laufe ihrer Entwickelung geändert hat. Genau so, wie ich die Dinge jetzt geschildert habe, verhalten sie sich eigentlich in unserer Zeit. Sie verhielten sich nicht immer so. In älteren Zeiten der Menschheitsentwickelung, sagen wir während der urpersischen, ägyptischen, der altindischen Epoche, war das anders. Da flossen ja natürlich in genau derselben Weise die Wahrnehmungen herein, und in ihnen waren enthalten die Imaginationen, Inspirationen, Intuitionen, aber es blieben für ältere Zeiten diese

Imaginationen, Inspirationen, Intuitionen nicht so ganz wirkungslos auf den Menschen wie heute. Sie töteten nicht so völlig das innere Physische des Menschen, sie lieferten keinen so dichten mineralischen Einschlag, und das kam davon her, daß in diesen älteren Zeiten von der anderen Seite her, aus Gefühl und Wille etwas aufschoß, wenn die Wahrnehmungen von außen kamen unter gewissen Verhältnissen. Wenn wir zum Beispiel zurückgehen in die älteren Zeiten der ägyptischen, der babylonischen Kultur und dort die Menschen betrachten, so nahmen eben diese Menschen ganz anders wahr. Sie standen allerdings wie wir der äußeren Sinneswelt gegenüber, aber ihr Leib war noch so organisiert, daß die in den Sinneswahrnehmungen verborgenen Imaginationen nicht völlig ertötend wirkten, sondern daß sie mit einer gewissen Lebendigkeit an die Menschen herandrangen. Dadurch aber, daß sie lebendig hereindrangen, riefen sie innerlich im Menschen das Gegenbild heraus dessen, was nun für uns ganz verborgen bleibt im Ich und im astralischen Leib. Die geistigen Wesenheiten des Sonnenhaften und des Planetensystems drängten sich von innen heraus entgegen und spiegelten gewissermaßen das, was sich belebte durch die Imagination. So daß es für den Angehörigen der älteren ägyptischen, der babylonischen Kultur gewisse Zeiten des Wahrnehmens gab, wo er, wenn er den Blick hinausrichtete in die physische Welt, nicht nur so die physischen Wahrnehmungen aufnahm, wie wir sie haben, sondern wo sie sich belebten. Er wußte, dahinter steckt etwas, was in Imaginationen sich auslebt. Daher war er auch noch nicht so töricht, nach dem Muster unserer gegenwärtigen Physiker hinter den Wahrnehmungen materielle Atomschwingungen zu vermuten, sondern er wußte, daß da Leben dahinter ist, und aus seinem Inneren tauchten auf entgegenstrahlend die Bilder des belebten Sternenhimmels, sogar die Sonne. Besonders stark war das während der persischen Kultur, wo wirklich beim äußeren Wahrnehmen etwas wie die innere geistige Sonnenkraft aufleuchtete – Ahura Mazdao!

Wenn wir in noch ältere Zeiten zurückgehen, so finden wir dieses Zusammenwirken, dieses Entgegenkommen des Inneren und des Äußeren noch viel stärker ausgeprägt. Heute kann das nicht mehr sein, aber ein Ersatz kann da sein, und hier kommen wir an einen

Punkt, wo wir, ich möchte sagen, aus der Sache selbst heraus unsere Aufgabe innerhalb der anthroposophischen Weltanschauung wirklich verstehen werden. Ein Ersatz muß geschaffen werden. Wir stehen der Außenwelt mit unseren Wahrnehmungen gegenüber. Wir denken über sie, indem uns ein Teil dieser Außenwelt verschlossen bleibt, der ertötend und durchdunkelnd auf uns wirkt. Aber wir können das, was da ertötet und durchdunkelt wird, durch die Geisteswissenschaft beleben. Und gerade durch die Belebung dessen, was sonst ertötet und durchdunkelt wird, entsteht solche Wissenschaft, wie sie dargestellt worden ist in der Entwickelung durch Saturn-, Sonnen- und Mondenentwickelung in meiner «Geheimwissenschaft». Dieses Wissen von der Saturn-, Sonnen- und Mondenentwickelung hat jeder Mensch, nur ist es in den Untergründen seines Bewußtseins. Er möchte nicht Erdenmensch sein, wenn er es so ohne weiteres schauen würde, ohne die genügende Vorbereitung. Er möchte, daß die Erde ihn gar nichts anginge und er mit der Mondenentwickelung abschließen könnte. Alles das, was wir an Erkenntnissen erwerben können durch die Geisteswissenschaft, erhellt uns das, was uns von der Entwickelung der Vergangenheit verborgen bleibt, indem es in uns eindringt. Denn was da an Imaginationen, Inspirationen und Intuitionen draußen lebt in den Sinnesempfindungen und nicht hereinkommt, das ist eigentlich, wenn man es durch den Schleier der Sinnesempfindungen anschaut, dasjenige, was wir an Vergangenheit durchgemacht haben.

Etwas anderes ist es mit dem, was in unserem Fühlen und Wollen lebt. Der Mensch kann sagen – und viele Menschen der Gegenwart haben ja einen Drang, das zu tun –: Oh, was geht mich das alles an, was da diese vertrackten Köpfe aussinnen oder ausgesonnen haben über eine übersinnliche Welt. Ich nehme solche Vorstellungen nicht in mich auf. – Wer das sagt, hat sich niemals einen Begriff davon erworben, warum eigentlich in die Weltentwickelung Religionen gekommen sind. Das ist ja das Gemeinsame aller religiösen Vorstellungen, daß sie sich auf Dinge beziehen, die der Mensch nicht sinnlich wahrnehmen kann, daß der Mensch in religiösen Vorstellungen mit etwas sich erfüllen muß, was er nicht sinnlich wahrnehmen kann. Vorstellungen, die von dem kommen, was man sinnlich wahrnehmen kann, die können uns niemals für unser Fühlen und Wollen einen Impuls geben, der nach dem Tode Stoßkraft ist. Damit das wirken kann, was ungeboren in uns ist in unserem Gefühl, in unserem Willen, weil es ja wirken soll nach unserem Tode, brauchen wir dazu die Vorstellungen nicht, die wir uns durch unsere Sinnesempfindungen aneignen können oder durch den Verstand, der an das Gehirn gebunden ist; die helfen uns nichts. Einzig und allein diejenigen Vorstellungen, die dem entsprechen, was nicht äußerlich wirklich ist, die, wenn wir sie aufnehmen, uns fromm machen, durch die wir aufsehen in eine geistige Welt, die geben uns den Impuls, die Schwungkraft, die wir nach dem Tode brauchen. Religiös vorstellen heißt: das vorstellen, was jetzt noch nicht in uns wirken kann, was aber Wirkungskraft ist nach dem Tode. Mit den religiösen Vorstellungen nehmen wir nicht nur Erkenntnisvorstellungen auf, sondern etwas, was wirksam werden kann nach unserem Tode, und was gerade deshalb jetzt so sein muß im physischen Leib, daß derjenige, der auf solche Wirkungskräfte nicht reflektieren will, darüber lachen kann und es abweisen kann in seinem Materialismus. Er hat aber nur eine gelähmte Kraft, um vorwärtszubringen, was ungeboren ist in seinem Fühlen und Wollen, wenn er sich nicht durchdringt mit den Vorstellungen über das Übersinnliche.

Daher muß es so oft betont werden: Was vergangen ist, wird erleuchtet von dem hellsichtigen Bewußtsein. Es wird gegenwärtig wieder erkannt, auch insofern es hinter dem Schleier der Sinneswelt als Imagination, Inspiration und Intuition vorhanden ist und hineinwirkt in die Sinneswelt. Früher wurde es den Menschen gegeben als religiöser Glaube, damit die Menschen nicht alle Schwungkraft für die Zeit nach dem Tode verlieren, damit sie etwas im Seelenkern haben, was ihn lebendig erhalten kann, auch wenn er den physischen Leib abgelegt hat. Jetzt ist die Zeit gekommen, wo die Menschen aus dem Verständnis heraus, aus dem Verständnis der Geisteswissenschaft heraus, sich Vorstellungen aneignen sollen über die übersinnlichen Welten. Deshalb kann es nicht oft genug betont werden: Erforschen kann man nur als Geistesforscher diese Dinge in der übersinnlichen Welt. Sind sie aber erforscht und werden sie mitgeteilt, so gibt es etwas in unserer tiefsten Seele, was eine geheime Sprache dieser Seele ist, und was verstehen, begreifen kann dasjenige, was von dem Geistesforscher erforscht wird. Nur wenn die Vorurteile des Verstandes und der Sinne kommen, dann wird als Unsinn angesehen, als Torheit und als Phantasterei, was von der Geistesforschung als übersinnliche Vorstellungen gegeben wird, und was, wenn es aufgenommen wird, uns Schwungkraft gibt für den Seelenkern, damit er in alle Zukünfte seine Wege finden kann im Kosmos. Erforschen werden immer nur diejenigen den Inhalt der geistigen Welt, die eine esoterische Entwickelung durchmachen. Diesen Inhalt wissen, ihn innerlich im Bewußtsein durcharbeiten, ihn in Ideen und Begriffen haben, ihn als eine Gewißheit des Seins der Seele in der geistigen Welt besitzen, das ist etwas, was immer mehr und mehr als eine notwendige geistige Nahrung die Menschen brauchen werden.

Das ist es, was uns zeigt, wie man aus der Sache heraus die Mission unserer anthroposophischen Bewegung verstehen kann. In alten Zeiten war es eben noch so, daß die Erkenntnis von oben sich belebte und der Inhalt zu dieser Erkenntnis von unten entgegenkam. Daher hatten die Alten von den geistigen Welten noch ein unmittelbares Bewußtsein, das sich aber immer mehr und mehr abdunkelte und abdumpfte. Hätte es sich nicht abgedunkelt und abgedumpft, so wäre der Mensch nicht zum vollen Bewußtsein seines Ich gekommen. Zum vollen Bewußtsein seines Ich kann der Mensch nur dadurch kommen, daß er im höchsten Maße innerhalb seines physischen Leibes jenes Leichnamphantom ausbildet, von dem ich gesprochen habe. Es muß sozusagen unser physischer Leib als durchsichtige Wesenheit ganz belegt werden mit Spiegelbelag, und erst, wenn er ganz belegt ist, dann können wir uns ganz so fühlen, daß wir sagen: Ich bin ein Ich. Dieses vollständige Belegen hat sich aber erst langsam und allmählich gebildet. Es hat sich im Laufe der Menschheitsentwickelung gebildet, und es war diese Bildung vollendet in der Zeit, in die das Mysterium von Golgatha fiel. Da war der Spiegelbelag fertig. Vorher, da begegneten sich noch immer Unteres und Oberes, da kamen in der Menschenwesenheit Unteres und Oberes zusammen. Aber, man möchte sagen, ganz herausgedrängt wurde Unteres und Oberes dadurch, daß der Spiegelbelag vollkommen war, und der Mensch nur die Spiegelung aus dem physischen Leibe wahrnahm. Das war erst, als das Ereignis von Golgatha in die Menschheitsentwickelung hereinkam.

Was war denn da eigentlich geschehen? Ja, sehen wir nur ganz genau auf das hin, was da geschehen war! Stellen Sie sich so recht diese alten Menschen vor in den Zeiten vor dem Mysterium von Golgatha, stellen Sie sich dieses Bewußtsein vor! Da kommt von außen herein die Belebung von Imaginationen; von innen steigen auf Bilder der außermenschlichen geistigen Welt. Was sind diese Bilder, die da aufsteigen im Menschen? Wie wir wissen, war das in alten Zeiten bei herabgedämpftem menschlichem Bewußtseinszustand möglich. Diejenigen, die diese Dinge erkannten, die in alten Zeiten als Eingeweihte hinzublicken vermochten auf die menschliche Seele, wie in ihr noch lebte dieses Zusammenkommen der belebten Imagination von außen, und von innen das Schauen, die sagten nicht: Der Mensch schaut das allein –, sondern diese alten Eingeweihten sagten: Es schaut an seine Welt im Menschen zum Beispiel Jahve oder Jehova, wie dies bei den alten Juden der Fall war. Der Gott denkt im Menschen. Wie wir heute sagen in unserem Entwickelungszyklus, wenn wir Gedanken haben: Ich denke –, so sagten diejenigen, die die Dinge wußten in alten Zeiten; wenn die Schauungen auftauchten aus der geistigen Welt: Die Götter denken in uns. – Oder als man die Einheit des Göttlichen im Monotheismus erkannte: Jahve denkt im Menschen. Der Mensch ist der Schauplatz der göttlichen Gedanken. – Erfüllt wußten sich die Menschen, so daß sie sagten: In mir denken die Götter.

Aber in der menschlichen Entwickelung lag die Notwendigkeit, daß dies immer unmöglicher wurde. Man möchte sagen, immer mehr und mehr trat Finsternis den Schauungen, den Gedanken der Götter entgegen in der menschlichen Natur. Das innere Leichnamphantom wurde immer stärker, immer bedeutender. Die Zeit rückte heran, wo aus der menschlichen Natur heraus den Göttern keine Gedanken mehr entgegentauchten. Da fühlte diejenige göttliche Wesenheit, von der man sagen kann, sie dachte durch die menschliche Wesenheit, daß ihr Bewußtsein – denn dieses Bewußtsein besteht ja in ihren Gedanken – immer dumpfer, immer dämmeriger wurde. Und die Sehnsucht entstand in diesem göttlichen Wesen, eine neue Form des Bewußtseins zu erwecken. Menschen kommen zu einer anderen Form des Bewußtseins. Götter, indem sie ein neues Bewußtsein schaffen, schaffen mit diesem etwas Wesentliches; für sie entsteht damit etwas Wesentliches. Und dieses Wesentliche, was da entstand, war für die jetzt gemeinte göttliche Wesenheit, die ihr Bewußtsein herabdämmern fühlte: der Christus. Der Christus ist das Kind der Gottheit, das wieder herstellt das Bewußtsein der Gottheit in der menschlichen Wesenheit. So mußte sich eingliedern in die menschliche Wesenheit die Christus-Wesenheit.

Und wir müssen das Bewußtsein in uns aufnehmen: Indem wir die Sinneswelt wahrnehmen, strömen wir fortwährend in uns ein – Sterben. Und Finsternis und Verdunkelung strömen wir in uns ein, indem wir diese Welt denken. Und Ungeborenes lassen wir in uns einströmen, indem wir fühlen und wollen. Das alles sitzt unten in den Untergründen unseres Bewußtseins, da lassen wir hineinfließen unser Sterben und unser noch Ungeborenes, das wir erst brauchen können, nachdem wir gestorben sein werden. Das aber würde lahm sein, wenn wir es nicht einsenken könnten in die Wesenheit, sich die Gottheit wie die Wesenheit eines neuen Bewußtseins geboren hat, wenn wir es nicht einfließen lassen könnten in die Christus-Wesenheit.

Dieses Bewußtsein können wir haben, indem wir den Sinn der ganzen Evolution wirklich erkennen durch die Geisteswissenschaft: Ja, wir senden da hinunter in die unterbewußten Gründe das, was in uns erstirbt. Aber aufgenommen wird es, dieses Sterben, das wir in unsere eigene Wesenheit immer mehr und mehr hineinsenken, aufgenommen wird es von dem uns entgegenlebenden Christus. In dem, was in uns erstirbt, in uns erdunkelt, ungeboren bleibt, lebt uns der Christus auf. Wir lassen hinuntersterben in uns dasjenige, was sterben muß, damit wir dem wirklichen Menschheitsideal mit all unseren Anlagen uns nähern. Aber das, was wir als Sterben in uns hineingießen, gießen wir in die Christus-Wesenheit, so wie sie seit der Begründung des Christentums die menschliche Evolution durchzieht, hinein. Und das, was in uns ungeboren bleibt, unser Fühlen und

Wollen, wir wissen, daß es aufgenommen wird von der Christus-Substanz, in die es eingesenkt wird nach dem Tode.

Da, in uns, lebt der Christus, seitdem er das Mysterium von Golgatha durchlebt hat. In den Christus hinein senken wir das Sterben, das vorhanden ist mit jeder Wahrnehmung. Und wir senken in die Christus-Wesenheit hinein die Abdunkelung im Denken. In das Licht, in das geistige Sonnenlicht des Christus senden wir unsere abgedunkelten Gedanken hinein. Und wenn wir durch die Pforte des Todes schreiten, dann tauchen ein unsere ungeborenen Gefühle und unser ungeborenes Wollen in die Christus-Substanz. Verstehen wir die Entwickelung recht, so sagen wir zu dieser Entwickelung: Wir sterben in den Christus hinein.

In Christo morimur.

VIERTER VORTRAG
Wien, 12. April 1914

Bei dem zweiten hier gehaltenen öffentlichen Vortrage habe ich in großen Zügen zu schildern versucht, soweit das eben bei einem öffentlichen Vortrage möglich ist, das Leben, wie es für den Menschen zwischen dem Tod und einer neuen Geburt verfließt. Das, was uns da entgegengetreten ist, soll uns in den beiden nächsten Vorträgen in einer vertiefteren Art noch beschäftigen, vertieft namentlich dadurch, daß es uns so erscheinen soll, daß es das Leben auch hier in der physischen Welt immer mehr und mehr erklärt. Um aber zu einer solchen Vertiefung der Darstellung zu kommen, bedarf es der Vorbereitung, die in den drei vorhergehenden Vorträgen gegeben wurde und in dem heutigen wiederum gegeben werden soll. Gerade diese Vorträge sollen uns die Mittel liefern, das öffentlich Vorgetragene weiter zu vertiefen.

Es ist von mir da oder dort unseren Freunden öfter gesagt worden, daß der Mensch, wenn er die geistigen Welten kennenlernen und verstehen lernen will – und in den geistigen Welten leben wir ja zwischen dem Tod und einer neuen Geburt –, in vieler Beziehung sich Begriffe und Vorstellungen aneignen muß, die man gar nicht aus den Erlebnissen und Erfahrungen des physischen Planes heraus haben kann, die aber, wenn sie sich die Menschheit immer mehr und mehr aneignen wird, von unendlicher Wichtigkeit, von einer immer größer werdenden Wichtigkeit sein werden gerade auch für das Leben auf dem physischen Plan. Zunächst wollen wir uns heute einmal einen Unterschied des Erlebens in der geistigen Welt und des Erlebens auf dem physischen Plane klarmachen, welcher im Grunde genommen, wenn er uns zum ersten Male vor die Seele tritt, im höchsten Maße frappieren und sonderbar erscheinen muß, so daß es sehr leicht sein kann, daß wir den Glauben haben, wir könnten solche Dinge nur schwer verstehen. Je mehr wir uns aber in die Geisteswissenschaft einleben, desto mehr werden wir sehen, daß uns solche Dinge immer verständlicher und verständlicher werden.

Wenn wir durch den physischen Plan gehen, wenn wir die Erlebnisse des physischen Planes auf uns wirken lassen, so muß uns ja, wenn wir darüber nachdenken, eines ganz besonders auffallen. Das ist, daß wir auf diesem physischen Plane dasjenige vor uns haben, was wir die Realität nennen, was wir das Dasein, das Sein, die Wirklichkeit nennen. Man möchte sagen: Je ungeistiger ein Mensch ist, desto mehr baut er auf das, was er auf dem physischen Plan als die sich aufdrängende Realität vor sich hat. Anders steht es mit dem, was wir uns aneignen wollen auf dem physischen Plane als unser Wissen, unsere Erkenntnis von der Wirklichkeit. Wir müssen zunächst als Kinder überhaupt erst dazu erzogen werden, Fähigkeiten zu entwickeln, um uns ein Wissen, eine Erkenntnis von dem physischen Plane anzueignen, und wir müssen dann immer weiter und weiter arbeiten. Das Erwerben von Erkenntnissen setzt geistige Arbeit voraus. Die Natur, das heißt die äußere Wirklichkeit, gibt nicht von selber her, was in ihr als Weisheit steckt, was in ihr als ihre Gesetzmäßigkeit steckt. Wir müssen uns die Kenntnis dieser Weisheit, dieser Gesetzmäßigkeit aneignen. Und darin besteht ja alles menschliche Wissensstreben, aktiv sich anzueignen aus den passiv empfangenen Erlebnissen und Erfahrungen dasjenige, was als Weisheit, als Gesetzmäßigkeit in den Dingen steckt. Ganz anders sind nun die Dinge, wenn man sich entweder durch die zur Geistesforschung führenden Übungen oder durch den Durchgang durch die Pforte des Todes in die geistige Welt hineinbegibt. Es ist allerdings das Verhältnis des Menschen zur geistigen Umwelt nicht unter allen Umständen so, wie ich es jetzt schildern werde; aber in wichtigen Momenten, bei wichtigen Erlebnissen ist es so. Es ist ja auch bei unserem Leben auf dem physischen Plan so, daß wir nicht immer uns abarbeiten nach Erkenntnissen, sondern wir setzen auch in diesem Arbeiten aus. So ist auch das, was ich jetzt schildern werde, nicht eine fortwährende Nötigung in der geistigen Welt, sondern es ist zuzeiten in der geistigen Welt für uns erforderlich.

Das nämlich ist das Überraschende, daß es dem Menschen in der geistigen Welt nicht an Weisheit fehlt. Man kann ein Tor sein in der Sinneswelt, und die Weisheit strömt einem in der geistigen Welt nur so zu in ihrer Realität, wenn man einfach in diese geistige Welt hineinversetzt wird. Weisheit, dasjenige, was wir uns in der physischen Welt mit Mühe aneignen, was wir uns erarbeiten müssen von Tag zu Tag, wenn wir es haben wollen, das haben wir in der geistigen Welt so, wie wir in der physischen Welt um uns herum die Natur haben. Es ist immer da und es ist in reichlichstem Maße da. Gewissermaßen können wir sagen: Je weniger Weisheit wir uns auf dem physischen Plan angeeignet haben, desto reichlicher strömt uns diese Weisheit auf dem geistigen Plane zu. Aber nun haben wir gegenüber dieser Weisheit auf dem geistigen Plane eine bestimmte Aufgabe.

Ich habe Ihnen in den letzten Tagen davon gesprochen, daß man auf dem geistigen Plane das Menschheitsideal, den Inhalt der Götterreligion vor sich hat, daß man sich dahin durcharbeiten muß. Das kann man nicht, wenn man nicht in die Lage kommt auf dem geistigen Plan, sein Wollen dort – also jetzt das Wollen, das fühlende Wollen, das wollende Fühlen –, Wollen und Fühlen so anzuwenden, daß man die Weisheit, die einem immer fort und fort zuströmt, die da ist wie die Erscheinungen der Natur in der physischen Welt, fortwährend vermindert, daß man fortwährend von ihr etwas wegnimmt. Man muß diese Fähigkeit haben, von der Weisheit, die dort einem entgegentritt, immer mehr und mehr wegzunehmen. Hier auf dem physischen Plan müssen wir immer weiser und weiser werden, dort müssen wir uns bemühen, unser Wollen, unser Fühlen so anzuwenden, daß wir von der Weisheit immer mehr und mehr wegnehmen, sie verdunkeln. Denn je weniger wir dort von der Weisheit wegnehmen können, desto weniger finden wir die Kräfte, um uns so mit diesen Kräften zu durchsetzen, daß wir uns als reale Wesen dem Menschheitsideale annähern. Dieses Annähern muß darin bestehen, daß wir immer mehr und mehr von der Weisheit wegnehmen. Was wir da wegnehmen, das können wir umwandeln in uns selber, so daß die umgewandelte Weisheit die Lebenskräfte sind, die uns zu dem Menschheitsideale hintreiben. Diese Lebenskräfte müssen wir uns in dieser Zeit zwischen dem Tod und einer neuen Geburt erwerben. Nur dadurch kommen wir in einer regelrechten Weise der neuen Verkörperung entgegen, daß wir die Weisheit, die uns reichlich zufließt, in Lebenskräfte umwandeln. Und wir müssen, wenn wir wieder auf der Erde ankommen, so viel Weisheit in Lebenskräfte umgewandelt haben, müssen so viel von Weisheit vermindert haben, daß wir genug Lebenskräfte haben, um die Vererbungssubstanz, die wir von Vater und Mutter bekommen, mit genügend organisierenden geistigen Lebenskräften zu durchdringen. Wir müssen also von der Weisheit immer mehr und mehr wegnehmen.

Wenn man einen rechten Materialisten, der dem Geiste gar keine Realität zuerkennt auf dem physischen Plane, nach dem Tode wieder auffindet, einen solchen Materialisten, der während seines Lebens gesagt hat: Das ist ja alles Torheit, was ihr da über den Geist sprecht, eure Weisheit ist die reinste Phantasterei, die weise ich ganz von mir, ich lasse gar nichts anderes gelten als die Beschreibung dessen, was äußere Natur ist –, bei einem solchen Menschen, wenn er nach dem Tode getroffen wird, sieht man so reichlich Weisheit zuströmen, daß er sich gar nicht retten kann. Von überallher strömt ihm der Geist zu. In demselben Maße, als er hier nicht geglaubt hat an den Geist, in demselben Maße ist er dort überall von Geist umflutet. Jetzt tritt an ihn die Aufgabe heran, diese Weisheit in Lebenskräfte umzuwandeln, so daß er eine physische Realität schaffen kann in der nächsten Inkarnation. Er soll das, was er Realität genannt hat, heraus erzeugen aus dieser Weisheit, er soll diese Weisheit vermindern. Sie will sich aber von ihm nicht vermindern lassen, sie bleibt wie sie ist. Er bekommt es nicht fertig, Realität daraus zu machen. Die ungeheure Strafe des Geistes steht vor ihm, daß er, während er hier auf dem physischen Plan nur auf Realität gebaut hat in seinem letzten Leben, während er den Geist ganz geleugnet hat, er sich sozusagen vor dem Geist nicht retten kann, und er nichts von diesem Geiste realisieren kann. Er steht immer vor der Gefahr, daß er gar nicht in die physische Welt wiederum hereinkommen kann durch Kräfte, die er selbst erzeugt. Er lebt fortwährend in der Furcht: Der Geist wird mich hereindrängen in die physische Welt, und ich werde dann ein physisches Dasein haben, das alles das verleugnet, was ich im vorhergehenden Leben als das Richtige anerkannt habe. Ich werde mich hereinstoßen lassen müssen von dem Geist in die physische Realität, ich werde es nicht selbst zu einer Realität bringen.

Das ist allerdings etwas Frappierendes, aber die Sache ist so. Um sozusagen in dem Geiste zu ersticken nach dem Tode und keine Realität, wie man sie allein verehrt hat vor dem Tode, in ihm zu finden, dazu ist der Weg der, vor dem Tode ein rechter Materialist zu sein und den Geist abzuleugnen. Dann erstickt man oder ertrinkt man im Geiste.

Das sind allerdings Vorstellungen, die wir uns im Laufe unseres Betriebes der geistigen Wissenschaft immer mehr und mehr aneignen müssen. Denn wenn wir uns solche Vorstellungen aneignen, führen sie uns auch im physischen Leben in einer harmonischen Weise weiter und zeigen uns gewissermaßen, wie die beiden Seiten des Lebens einander ergänzen und ausgleichen müssen. Wir begründen in uns den Instinkt, in unserer Lebensführung diesen Ausgleich wirklich herbeizuführen.

Noch einen anderen Fall möchte ich vom Zusammenhang des physischen Lebens mit dem geistigen Leben anführen. Nehmen wir jetzt einmal einen ganz konkreten, einzelnen Fall. Nehmen wir an, wir haben auf dem physischen Plane jemand angelogen. Nicht wahr, ich rede also von einzelnen Fällen. Wenn wir jemanden angelogen haben, so fällt das in einen bestimmten Zeitpunkt. Das, was ich jetzt als Entsprechendes in der geistigen Welt schildern werde, fällt wiederum in einen bestimmten Zeitpunkt zwischen dem Tod und einer neuen Geburt. Nehmen wir also an, wir hätten jemanden zu einer gewissen Zeit auf dem physischen Plan angelogen, dann kommt bei unserem Aufenthalt in der geistigen Welt, sei es, daß wir durch Initiation hineinkommen oder durch den Tod, ein Zeitpunkt, wo wir mit unserer Seele in der geistigen Welt ganz, ganz erfüllt sind von der Wahrheit, die wir hätten sagen sollen. Aber diese Wahrheit, die quält uns, diese Wahrheit steht vor uns, in demselben Maße uns quälend, als wir von ihr abgeirrt waren bei der Lüge. Man braucht also nur zu lügen auf dem physischen Plan, um einen Zeitpunkt herbeizuführen in der geistigen Welt, in dem wir durch die entsprechende Wahrheit, die der Lüge entgegengesetzt ist, gequält werden dadurch, daß diese Wahrheit in uns lebt und uns brennt und wir sie nicht ertragen können. Unser Leiden besteht namentlich darin, daß wir einsehen: das ist die Wahrheit. Wir sind aber so, daß uns diese Wahrheit keinen Genuß, keine Freude, keine Lust bereitet, sondern uns quält. Von den guten Sachen gequält zu werden, von dem, wovon man weiß, daß es einen erheben sollte, gequält zu werden, das gehört zu den Eigentümlichkeiten der Erlebnisse in der geistigen Welt.

Man braucht zum Beispiel im Leben nur einmal bei einer Sache, gegenüber welcher Fleiß uns Pflicht gewesen wäre, faul gewesen zu sein, dann kommt eine Zeit in der geistigen Welt, wo der Fleiß, der uns dazumal gefehlt hat, in uns lebt. Er ist da, der Fleiß, er kommt ganz sicher, er lebt in uns, wenn wir einmal so recht faul gewesen sind auf dem physischen Plan. Es kommt dann eine Zeit, wo wir durch die inneren Notwendigkeiten diesen Fleiß unbedingt in uns anwenden müssen. Wir geben uns ganz diesem Fleiß hin, und wir wissen, er ist etwas ungeheuer Wertvolles, aber er quält uns, wir leiden unter ihm.

Oder nehmen wir einen Fall, welcher vielleicht weniger in der menschlichen Willkür liegt, welcher in anderen Vorgängen des Lebens liegt, die mehr, ich möchte sagen, in den Untergründen des Daseins vor sich gehen und mit dem Verlauf unseres Karmas zusammenhängen; nehmen wir den Fall, wir seien durch eine Krankheit durchgegangen im physischen Leben. Wenn wir im physischen Leben durch eine Krankheit durchgegangen sind, die uns Schmerzen oder dergleichen bereitet hat, so erleben wir zu irgendeinem Zeitpunkt in der geistigen Welt die entgegengesetzte Stimmung, die entgegengesetzte Verfassung: die der Gesundheit, des Gesundseins. In demselben Maße, in dem uns die Krankheit geschwächt hat, stärkt uns diese Stimmung des Gesundseins bei unserem Aufenthalt in der geistigen Welt. Das ist ein Fall, der vielleicht nicht nur wie die anderen Dinge, die vorgebracht worden sind, unseren Verstand schockiert, sondern der viel tiefer in das Empfindungsgemäße unserer Seele eindringt, diese Seele irritiert. Wir wissen ja, daß geisteswissenschaftliche Dinge immer mit der Empfindung aufgefaßt werden müssen. Aber wir müssen bei diesem Fall das Folgende bedenken: Wir müssen uns klarmachen, daß ja hier gleichsam etwas wie ein Schatten ist über dem Zusammenhang zwischen der physischen Krankheit und der uns stärkenden Gesundheit in der geistigen Welt. Wahr ist der Zusammenhang, aber es gibt etwas in der Menschenbrust, was dem Gefühle nach mit diesem Zusammenhang nicht recht einverstanden sein kann. Das muß durchaus zugegeben werden. Dafür aber hat dieser Zusammenhang noch eine andere Wirkung, wenn er wirklich von uns erfaßt wird. Und diese Wirkung kann in der folgenden Weise charakterisiert werden.

Nehmen wir einmal an, ein Mensch durchdringt sich mit Geisteswissenschaft, ein Mensch gibt sich ernstlich Mühe, Geisteswissenschaft wirklich in sich aufzunehmen, nicht so, wie man eine andere Wissenschaft aufnimmt. Die kann man theoretisch studieren, in bloßen Gedanken, Begriffen kann man sich aneignen, was sie gibt. Geisteswissenschaft soll man niemals nur so aufnehmen. Sie soll wie ein geistiges Lebensblut in uns werden. Geisteswissenschaft soll in uns weben und leben, sie soll eigentlich in allen Begriffen, die sie uns gibt, in uns auch Empfindungen, Gefühle wachrufen. Es gibt eigentlich für einen, der Geisteswissenschaft wirklich mit rechtem Ohr anhört, nichts in dieser Geisteswissenschaft, was uns nicht entweder auf der einen Seite erhebt oder auf der anderen Seite in die Abgründe des Daseins schauen läßt, um uns gerade auch in diesen Abgründen zurechtfinden zu lassen. Man kann sagen: Wer Geisteswissenschaft richtig versteht, verfolgt das, was sie sagt, überallhin auch mit diesen und jenen Gefühlen. Wer Geisteswissenschaft in sich aufnimmt, der wird einfach dadurch, daß die geisteswissenschaftlichen Begriffe in ihm leben, daß er sich diejenigen Vorstellungsgewohnheiten aneignet, die jetzt gerade angedeutet worden sind als notwendig gegenüber der Geisteswissenschaft, wirklich seine Seele schon in der physischen Welt umwandeln. Ich habe ja öfter darauf aufmerksam gemacht, wie zu den besten, eindringlichsten Übungen das Studium, das ernstliche Studium der Geisteswissenschaft selbst gehört.

Nun stellt sich allmählich bei dem Menschen, der also in die Geisteswissenschaft eindringt, etwas Eigentümliches heraus. Ein solcher Mensch, der vielleicht Übungen macht, vielleicht nicht einmal Übungen macht, um selbst Geistesforscher zu werden, sondern der sich nur ernstlich bemüht, Geisteswissenschaft zu verstehen, ein solcher wird vielleicht lange, lange nicht daran denken können, selber etwas hellseherisch zu schauen. Er wird es einmal können, aber das kann vielleicht noch ein fernes Ideal bei ihm sein. Aber wer Geisteswissenschaft in dem angedeuteten Sinne wirklich auf seine Seele wirken läßt, der wird sehen, daß sich in seiner Seele die Instinkte des Lebens, die mehr unbewußten Triebfedern des Lebens ändern. Seine Seele wird wirklich anders. Man begibt sich nicht in den Betrieb der Geisteswissenschaft hinein, ohne daß diese Geisteswissenschaft die Seele instinktiv beeinflußt, sie anders macht, ihr andere Sympathien und Antipathien gibt, sie gleichsam mit einem Licht durchgießt, so daß sie sicherer fühlt als sie vorher gefühlt hat. Das kann man auf jedem Gebiete des Lebens bemerken; auf jedem Gebiete des Lebens äußert sich die Geisteswissenschaft in der geschilderten Weise. Man kann ein ungeschickter Mensch sein im Leben und wird Geisteswissenschafter, und man wird sehen, daß, ohne daß man irgend etwas anderes getan hat, als sich mit dieser Geisteswissenschaft zu durchdringen, man bis in die Handgriffe hinein geschickter wird. Sagen Sie nicht: Ich kenne sehr ungeschickte Geisteswissenschafter, die sind noch lange nicht geschickt geworden! – Versuchen Sie nachzudenken darüber, inwiefern diese doch noch nicht so, wie es eben nach ihrem Karma nötig ist, sich wirklich innerlich durchdrungen haben mit der Geisteswissenschaft. Man kann ein Maler sein, bis zu einem gewissen Grade die Malkunst handhaben. Wird man Geisteswissenschafter, so wird man sehen, daß das, was jetzt eben angedeutet worden ist, in die instinktive Handhabung der Malkunst einfließt. Man mischt leichter die Farben, Ideen, die man haben will, kommen einem eher. Oder nehmen wir an, man sei Gelehrter, man solle irgendwie etwas Wissenschaftliches arbeiten. Gar mancher, der in diesem Falle ist, wird wissen, was es oft für Mühe kostet, die Literatur zusammenzusuchen, um irgendeine Frage zu lösen. Wird man Geisteswissenschafter, so geht man nicht mehr wie früher in die Bibliotheken und läßt sich erst fünfzig Bücher geben, die nichts nutzen, sondern man greift unmittelbar an das Richtige. Es greift wirklich Geisteswissenschaft in das Leben ein, macht die Instinkte anders, versetzt in unsere Seele Triebfedern, die uns geschickter ins Leben hineinstellen.

Natürlich muß das, was ich jetzt sagen werde, immer so betrachtet werden, daß es im Zusammenhang gedacht wird mit dem menschlichen Karma. Dem Karma ist der Mensch unter allen Umständen unterworfen; das muß stets berücksichtigt werden. Aber jetzt, mit Berücksichtigung des Karmas, ist doch das Folgende der Fall: Nehmen wir an, eine bestimmte Art von Erkrankung befällt denjenigen, der in die Geisteswissenschaft in der geschilderten Weise eingedrungen ist, und es liegt in seinem Karma, daß er geheilt werden kann. Es kann natürlich im Karma liegen, daß die Krankheit nicht geheilt werden kann. Aber Karma spricht niemals, wenn wir eine Krankheit vor uns haben, so, daß unter allen Umständen im fatalistischen Sinn die Krankheit irgendeinen Verlauf nehmen müßte, sie kann geheilt werden oder kann nicht geheilt werden. Derjenige, der sich nun durchdrungen hat mit Geisteswissenschaft, der bekommt in seine Seele eingepflanzt einen Instinkt, welcher ihm verhilft, aus sich selbst heraus der Krankheit und ihren Schwächen das entsprechende Stärkende oder Richtige entgegenzusetzen. Was man sonst erlebt als Folgen der Krankheit in der geistigen Welt, das wirkt noch in die Seelen zurück, insofern man noch im physischen Leibe ist, wirkt als Instinkt. Man beugt entweder der Krankheit vor oder aber findet in sich die Wege zu den Heilkräften. Wenn das hellseherische Bewußtsein richtige Heilfaktoren findet für diese oder jene Krankheit, so geschieht dies auf folgendem Wege: Ein solcher Hellsehender hat die Möglichkeit, das Bild der Krankheit vor sich zu haben. Also nehmen wir an, er habe das Bild vor sich: das ist die Krankheit; so und so tritt sie schwächend an den Menschen heran. Dadurch, daß der Betreffende hellseherisches Bewußtsein hat, tritt ihm als Gegenbild das andere entgegen: die entsprechende Gesundungsstimmung und die Kräftigung, die aus der Stimmung herausquillt. Was über den Menschen, der krank war in der physischen Welt, dann als Ausgleich kommt in der geistigen Welt, das tritt dem Hellseher entgegen. Aus diesem kann er seine Ratschläge geben. Man braucht gar nicht einmal voll entwickelter Hellseher zu sein, sondern es kann das aus der Beobachtung des Krankheitsbildes instinktiv auftreten. Dasjenige aber, was in dem hellseherischen Bewußtsein das bewirkt, was als Ausgleich eben in der geistigen Welt wirklich kommt, das ist etwas, was zu dem Krankheitsbilde gehört, wie der Hinaufgang des Pendels auf der einen

Seite zu dem Hinaufgang auf der anderen Seite. Gerade aus diesem Beispiel sehen Sie, wie das Verhältnis des physischen Planes zur geistigen Welt ist, und wie fruchtbar für die Lebensführung auf dem physischen Plan das Wissen, das Erkennen der geistigen Welt sein kann.

Gehen wir noch einmal zu dem zurück, was heute als ein konkreter Fall angeführt worden ist: daß, wie die Natur auf dem physischen Plan, so das Geistige, das weisheitsvoll Geistige uns umgibt in der geistigen Welt, das immer da ist. Nun, gerade wenn Sie dies in einer besonderen Weise noch verstehen, dann wird sich Ihnen auf die Vorgänge der geistigen Welt ein Licht werfen, das außerordentlich wichtig ist. In der physischen Welt können wir so an den Dingen vorbeigehen, daß wir, indem wir die Dinge betrachten, sagen: Wie ist es mit dem Wesen dieses Dinges? Wie verhält es sich denn? Was ist das Gesetz dieses Wesens, dieses Vorgangs? Oder aber, wir gehen stumpf vorbei und fragen überhaupt nicht. Wir werden niemals auf dem physischen Plan etwas Vernünftiges lernen, wenn wir nicht sozusagen von den Dingen veranlaßt werden, Erkenntnisfragen zu stellen, wenn uns nicht die Dinge Rätsel aufgeben, so daß diese Rätsel in uns entstehen. Beim bloßen Anschauen der Dinge und Vorgänge werden wir auf dem physischen Plane niemals zu einer sich selbst führenden Seele kommen können. Auf dem geistigen Plan ist das wieder anders. Auf dem physischen Plan stellen wir die Fragen an die Dinge und Vorgänge, und wir müssen uns bemühen, die Dinge zu untersuchen, herauszubekommen, wie wir die Antwort auf die Frage, die wir uns stellen, aus den Dingen heraus bilden können. Wir müssen die Dinge untersuchen. Auf dem geistigen Plane ist es so, daß die Dinge und Wesenheiten um uns herum geistig sind; und die Dinge, die fragen uns, nicht wir fragen die Dinge. Die Dinge fragen uns, sie stehen da, die Vorgänge und Wesenheiten, und wir stehen ihnen gegenüber und werden fortwährend von ihnen gefragt. Wir müssen jetzt die Möglichkeit haben aus dem unendlichen Meer von Weisheit das herauszugreifen, was auf die Fragen antworten kann, die uns da gestellt werden. Wir müssen nicht aus den Dingen und Vorgängen heraus die Antworten suchen, sondern aus uns heraus, denn fragen tun uns die Dinge, überall um uns herum sind die fragenden Dinge.

Dabei kommt noch das Folgende in Betracht: Nehmen wir an, wir stünden irgendeinem Vorgang oder Wesen der geistigen Welt gegenüber, wir treten eigentlich ihm gar nicht anders gegenüber, als daß es an uns eine Frage stellt. Nehmen wir an, es stellt die Frage. Wir stehen da mit unserer Weisheit. Aber wir finden nicht die Möglichkeit, ein solches Wollen, fühlendes Wollen, wollendes Fühlen zu entwickeln, daß wir aus dieser Weisheit heraus die Antwort geben können, trotzdem wir wissen: die Antworten sind in uns. Unser Inneres ist von unendlicher Tiefe, alle Antworten sind in uns, aber wir finden nicht die Möglichkeit, wirklich die Antwort zu geben. Und die Folge davon ist, daß wir im Zeitenstrome vorbeisausen und die Möglichkeit, den rechten Zeitpunkt nämlich, versäumen, die Antwort zu geben, weil wir uns nicht die Fähigkeit erworben haben, vielleicht durch unsere vorhergehende Entwickelung, die Reife zu haben, auf diese Frage schon in dem Zeitpunkt zu antworten. Wir haben uns in bezug auf das, was wir antworten sollten, zu langsam entwickelt: wir könnten erst später antworten. Aber die Gelegenheit kommt nicht wieder, wir haben sie versäumt. Wir haben nicht alle Gelegenheiten ausgenützt. So gehen wir vorbei an Dingen und Vorgängen, ohne ihnen Antwort zu geben. Solche Erlebnisse machen wir fortwährend in der geistigen Welt. Es kommt also vor, daß wir in dem Leben zwischen Tod und einer neuen Geburt vor einem Wesen stehen, das uns fragt. Wir haben es nicht dahin gebracht durch unsere Erdenleben und die dazwischenliegenden geistigen Leben, jetzt, wo es uns fragt, Antwort zu geben. Wir müssen vorbei, müssen in die nächste Inkarnation hinein. Die Folge davon ist, daß wir erst wiederum durch die guten Götter, ohne unser Bewußtsein, in der nächsten Erdenverkörperung die Impulse bekommen müssen, damit wir beim nächsten Male nicht wieder an derselben Frage vorbeigehen. So sind die Zusammenhänge.

Ich habe öfter erwähnt, daß, je weiter wir zurückgehen in der Menschheitsentwickelung, wir um so mehr gewahr werden, wie die Menschen die gegenwärtige Geistesverfassung nicht gehabt haben, sondern auf dem physischen Plan eine Art Hellsehen hatten. Aus einem dumpfen, traumhaften Hellsehen hat sich unser gegenwärtiges Anschauen der Dinge heraus entwickelt. Und je mehr wir Menschen finden, die noch auf primitiven Elementarstufen der Seelenentwickelung stehen, desto verwandter finden wir noch ihr Denken und Fühlen mit dem ursprünglichen Hellsehen. Obzwar wirkliches Hellsehen, ich meine primitives, atavistisches Hellsehen, immer seltener wird, so findet man doch, wenn man hinausgeht in elementare ländliche Zustände, immerhin Menschen, die sich etwas bewahrt haben aus früheren Zeiten, so daß man Anklänge an die Zeiten des früheren Hellsehens findet. Dieses Hellsehen zeigt uns, wenn auch eben in der dumpfen traumhaften Form, weil es ja ein Schauen in die geistigen Welten hinein ist, Eigentümlichkeiten, die uns wieder entgegentreten beim entwickelten Hellsehen, nur daß es eben da nicht dumpf, traumhaft, sondern klar und deutlich uns entgegentritt. Geisteswissenschaft zeigt uns, daß der Mensch, wie er jetzt in dem gegenwärtigen Zeitenzyklus ist, wenn er durch das Leben zwischen dem Tod und einer neuen Geburt geht, immerfort und immer mehr und mehr vor den fragenden Wesenheiten zur rechten Zeit Antwort geben muß. Denn davon, ob er Antwort geben kann, hängt seine richtige Fortentwickelung ab, seine Annäherung an das Ideal der Götter von dem vollkommenen Menschen. Wie gesagt, ins Traumhafte umgesetzt hatten das früher die Menschen, und es ist ein Überrest davon geblieben in zahlreichen märchenartigen, sagenartigen Motiven. Sie werden immer weniger im Volk. Aber diese märchenartigen, sagenartigen Motive, die erzählen uns dann etwa: Der oder jener begegnet einem geistigen Wesen, das stellt immer wieder und wieder Fragen an ihn, und er steht ihm gegenüber, muß antworten. Aber er hat das Bewußtsein: bis zu einem gewissen Glockenschlage oder sonst etwas muß er antworten. Dieses, was man das Fragemotiv der Märchen und Sagen nennen könnte, ist sehr verbreitet. Das ist in dem früheren traumhaften Hellsehen dasselbe gewesen, was nun wiederum in der geistigen Welt auftritt in der Form, wie ich es geschildert habe. Überhaupt kann dasjenige, was die geistige Welt charakterisiert, in allen Fällen ein wunderbarer Leitfaden sein, um Mythen, Sagen, Märchen und so weiter in der richtigen Weise zu verstehen und sie an ihren Ort hinzustellen, wohin sie gehören. Das ist gerade ein Punkt, wo man sieht, wie überall, auch in der Geisteskultur der Gegenwart, gewissermaßen die Entwickelung vor dem Tore der Geisteswissenschaft steht. Ganz interessant ist es, daß ein in vieler Beziehung in der Absicht schönes Buch wie das meines verstorbenen Freundes *Ludwig Laistner,* «Das Rätsel der Sphinx», deshalb ungenügend ist, weil, wenn es genügend hätte werden sollen, es die Motive dieses Fragens, die Ludwig Laistner besonders ausführlich behandelt, aus einem geisteswissenschaftlichen Wissen hätte behandeln müssen, weil also der Autor etwas hätte wissen müssen von dem Hineinspielen der geisteswissenschaftlichen Wahrheit in die Sache.

Wir sehen also, wenn wir uns gerade die charakteristischen aufgezählten Fälle vor Augen stellen, daß es auf etwas ganz Bestimmtes ankommt in dem Verhalten in der geistigen Welt. Erkenntnisse zu sammeln in der geistigen Welt, wie hier auf dem physischen Plane, darauf kommt es nicht an. Es kommt darauf an, sogar diese Erkenntnisse zu vermindern, nämlich die Erkenntniskraft umzuwandeln in Lebenskraft. Forscher kann man nicht sein in der geistigen Welt in dem Sinn, wie man es in der physischen Welt sein kann; das wäre dort sehr deplaciert. Denn wissen kann man dort alles, es ist alles um einen herum. Das, worauf es ankommt, ist, daß man den Willen und die Empfindung gegenüber dem Wissen, gegenüber der Erkenntnis entwickeln kann, so daß man im Einzelfalle aus dem ganzen Schatze seines Wollens das gerade herausbringt, wodurch man die Weisheit anwenden kann, sonst erstickt oder ertrinkt man in der Weisheit. Also während es hier in der physischen Welt auf das Denken ankommt, kommt es dort in der geistigen Welt an auf das entsprechende Ausbilden des Willens, des empfindenden Willens, des Willens, der aus der Weisheit heraus die Realität bereitet, formt, des Willens, der zur kreativen Kraft wird, zu einer Art schöpferischen Kraft. Den Geist haben wir dort, wie wir hier die Natur haben; aber den Geist zur Natur zu führen, das ist unsere Aufgabe. Ein schöner Satz ist erhalten aus der theosophischen Literatur der ersten Hälfte des 19. Jahrhunderts von *Ötinger,* der in Murrhardt in Württemberg gelebt hat, und der in seiner eigenen spirituellen Entwickelung so weit war, daß er ganz bewußt in gewissen Zeiten geistigen Wesenheiten, also Seelen, die nicht auf dem physischen Plane sind, hat Helfer sein können. Er hat den merkwürdigen Satz geprägt, der sehr schön und sehr richtig ist: Natur und Naturgestalt ist das Ende der geistigen Schöpferkraft. – Das, was ich jetzt aus der geistigen Welt selber herausentwickelt habe, liegt in diesem Satz. Es strebt in der geistigen Welt die Schöpferkraft dahin, das, was in Weisheit zunächst wallt und wogt, hinauf zur Realität zu bringen. Wie man hier aus der physischen Realität die Weisheit herausbringt, macht man das dort umgekehrt. Aus der Weisheit heraus hat man die Aufgabe, Realitäten zu schaffen, in Realitäten auszuleben das, was dort in Weisheit ist. Das Ende der Götterwege ist geformte Wirklichkeit.

So sehen wir also, es kommt auf willensdurchtränktes Fühlen an, auf von Gefühl durchtränkten Willen, die sich umwandeln in kreative Kraft, schöpferische Kraft, die wir dort in der geistigen Welt so anwenden müssen, wie wir uns hier auf der physischen Welt anstrengen müssen in unserem forschenden Denken, um in der physischen Welt zur Weisheit zu kommen.

Nun handelt es sich darum, daß wir für diese Möglichkeit in der geistigen Welt das Fühlen und Denken richtig entwickeln, daß wir uns dafür schon hier auf dem physischen Plane in einer Weise, wie es für den gegenwärtigen Zeitenzyklus richtig ist, vorbereiten. Denn alles das, was in der geistigen Welt geschieht zwischen dem Tod und einer neuen Geburt, ist Folge desjenigen, was in der physischen Welt geschieht zwischen der Geburt und dem Tode. Zwar ist das, was in der geistigen Welt ist, wie wir gesehen haben, so anders, daß wir uns ganz neue Vorstellungen und Begriffe aneignen müssen, wenn wir die geistige Welt verstehen wollen. Aber dennoch: wie Ursache und Wirkung hängen die beiden gegenseitig zusammen. Nur dann verstehen wir die Zusammenhänge zwischen dem Geistigen und dem Physischen, wenn wir sie als Zusammenhänge von Ursache und Wirkung wirklich erkennen. Vorbereiten müssen wir uns in der physischen Welt. Deshalb möchte ich jetzt die Frage ein wenig betrachten: Wie bereiten wir uns im gegenwärtigen Zeitenzyklus in der richtigen Weise auf dem physischen Plane vor, so daß wir genügend innere Impulse haben in der geistigen Welt, sei es, daß wir durch Initiation, sei es, daß wir durch die Pforte des Todes hineinkommen, um wirklich die geistige Schlagkraft zu haben, aus der gegebenen Weisheit das herauszuholen, was wir brauchen, um Realitäten herauszuwandeln aus der strömenden, wogenden Weisheit? Woher kommt uns solche Kraft? Es kommt überall darauf an, daß wir solche Dinge für unseren Zeitenzyklus beantworten. In den Zeiten, in denen die Menschen so dachten, daß die ersten ursprünglichsten Quellen der genannten Sagenmotive sich bildeten, da war es anders. Aber woher kommt uns solche Seelenkraft im gegenwärtigen Zeitenzyklus?

Um uns einer Antwort nähern zu können, möchte ich folgendes heranziehen. Man kann sich in verschiedenen Philosophien umsehen und kann bei den Philosophen suchen nach der Art, wie sie zu dem Gottesbegriffe kommen. Es müssen dann selbstverständlich solche Philosophen sein, die geistige Tiefe genug haben, um sich eben von der Welt überzeugen zu lassen, daß man von einem Göttlichen, das die Welt durchdringt, sprechen kann. Im 19. Jahrhundert braucht nur *Lotze* genommen zu werden, der in seiner Religionsphilosophie etwas zu schaffen suchte, was im Einklang steht mit seiner übrigen Philosophie. Aber es könnten auch andere Philosophen genommen werden, die eben wirklich tief genug waren, um sozusagen auch eine Religionsphilosophie zu haben. Eine Eigentümlichkeit wird man bei allen diesen Philosophen finden, eine ganz bestimmte Eigentümlichkeit. Ja, zu dem Göttlichen dringen diese Philosophen mit ihren Erwägungen aus dem physischen Plane denkend vor; sie denken nach, forschen auf philosophische Art, kommen darauf, wie es gerade bei Lotze der Fall ist, daß die Erscheinungen und Wesen der Welt zusammengehalten werden von einem göttlichen Grund, der alles durchwebt und alles in eine gewisse Harmonie bringt. Wenn man aber näher auf solche Religionsphilosophien eingeht, so haben sie immer eine Eigentümlichkeit. Man kommt eben zu einem göttlichen Wesen, das alles durchtränkt und durchzieht, und wenn man dieses göttliche Wesen sich näher ansieht, diesen Gott der Philosophen, so kommt man darauf, daß es ungefähr der Gott ist, den die hebräische oder namentlich die christliche Religion den Vatergott nennt, Gottvater. Dazu kann die Philosophie kommen. Sie kann die Natur betrachten und tief genug sein, um nicht in hohlköpfiger materialistischer Weise alles Göttliche abzuleugnen, sie kann zu dem Göttlichen kommen, kommt aber dann zu dem Vatergott. Man kann ganz genau, wenn man die Philosophen verfolgt, zeigen, daß zu etwas anderem die bloße Philosophie als denkende Philosophie überhaupt nicht führen kann, als zu einem monotheistischen Vatergott. Wenn bei einzelnen Philosophen, bei *Hegel* zum Beispiel und anderen, der Christus auftritt, so ist er nicht aus der Philosophie heraus – das läßt sich nachweisen –, er ist aus der positiven Religion herübergenommen. Die Leute haben gewußt, daß die positive Religion den Christus hat, dann konnten sie ihn besprechen. Der Unterschied ist der, daß man den Vatergott in der Philosophie finden kann; Christus kann man mit keiner Philosophie durch denkende Betrachtung finden. Das ist ganz unmöglich.

Das ist ein Satz, von dem ich Ihnen raten möchte, ihn wohl zu erwägen und viel darüber nachzudenken. Wenn man ihn richtig versteht, führt er in sehr bedeutsame Tiefen menschlichen Forschens und Seelenstrebens hinein. Aber er hängt allerdings zusammen mit etwas, was in der christlichen Religion sogar sehr schön symbolisch, bildhaft, zum Ausdruck gebracht ist: nämlich damit, daß man das Verhältnis dieses anderen Gottes, des Christus, zu dem Vatergott als das Verhältnis des Sohnes zum Vater auffaßt. Das ist sehr bedeutsam, obwohl es nur ein Symbol ist. Es ist interessant, daß damit zum Beispiel Lotze gar nichts anfangen kann. Daß man dieses Symbol nicht wörtlich nehmen kann, ist selbstverständlich, sagt Lotze, denn es kann nicht der eine Gott der Sohn des anderen Gottes sein, meint er. Nun, es ist aber doch etwas sehr Bezeichnendes in diesem Symbolum. Zwischen dem Vater und dem Sohn ist so etwas wie das Verhältnis von Ursache und Wirkung. Denn in gewisser Weise kann man im Vater die Ursache des Sohnes suchen. Der Sohn wäre nicht da, wenn der Vater nicht da wäre. Aber ein Eigentümliches muß man beachten: daß nämlich derjenige Mensch, der einen Sohn eventuell haben kann, durchaus auch die Möglichkeit hat, keinen zu haben, er kann sohnlos sein. Er würde dann derselbe Mensch sein. Die Ursache ist der Mensch A, die Wirkung ist der Mensch B, der Sohn. Aber die Wirkung braucht nicht einzutreten, die Wirkung ist eine freie Tat, die Wirkung folgt aus der Ursache als eine freie Tat. Deshalb muß man, wenn man eine Ursache studiert und sie mit ihrer Wirkung im Zusammenhang faßt, nicht bloß fragen nach dem Wesen der Ursache, denn damit hat man noch gar nichts getan, sondern danach muß man fragen, ob die Ursache auch wirklich verursacht, und darauf kommt es an. Nun hat alle Philosophie das Eigentümliche, daß sie am Gedankenfaden fortgeht, ein Glied aus dem anderen entwickelt, also gleichsam in dem Vorderen schon das Nachfolgende sucht. So haben sie recht als Philosophien. Aber man kommt dabei niemals auf dasjenige Verhältnis, welches sich ergibt, wenn man berücksichtigt, daß die Ursache gar nicht zu verursachen braucht. Die Ursache kann ihrem Wesen nach, in ihrem Wesen dasselbe sein, ob sie als Ursache etwas verursacht oder nicht. Das ändert nichts in dem Wesen der Ursache. Und dieses Bedeutungsvolle ist uns hingestellt in dem Symbolum von Gottvater und Gottsohn: daß der Christus hinzukommt als eine freie Schöpfung zu dem Vatergott, als eine Schöpfung, die nicht unmittelbar aus ihm folgt, sondern die sich als freie Tat neben die vorhergehende Schöpfung hinstellt; die auch die Möglichkeit hätte, nicht zu sein; die der Welt also nicht deshalb gegeben ist, weil der Vater den Sohn der Welt geben mußte, sondern der Sohn ist der Welt gegeben als eine freie Tat, durch Gnade, durch Freiheit, durch Liebe, die sich frei gibt in ihrer Schöpfung. Deshalb kann man niemals durch dieselbe Art von Wahrheit, durch die man zu dem Vatergott kommt wie die Philosophen, auch zum Sohnesgott, zu dem Christus kommen. Um zum Christus zu kommen, ist notwendig, daß man zu der philosophischen Wahrheit die Glaubenswahrheit hinzufügt, oder – weil die Zeit des Glaubens immer mehr und mehr abnimmt – die andere Wahrheit hinzunimmt, die durch hellseherische Forschung kommt, die sich als eine freie Tat ebenfalls erst in der menschlichen Seele entwickeln muß.

Daher muß man sagen: So wie man aus der Anordnung der Naturvorgänge beweist, daß es einen Gott überhaupt gibt, so kann man niemals äußerlich an der Kette von Ursachen und Wirkungen beweisen, daß es einen Christus gibt. Der Christus ist dagewesen und kann an den Menschenseelen vorbeigehen, wenn sie nicht aus sich selber heraus die Kraft empfinden, zu sagen: Ja, das ist der Christus. Es gehört ein aktives Sich-Aufraffen zum Wahrheitsimpuls dazu, um in dem, der da war als der Christus, den Christus zu erkennen. Zu den anderen Wahrheiten, die im Bereich des Vatergottes liegen, können wir gezwungen werden, wenn wir uns überhaupt nur in das Denken begeben und es konsequent anwenden, denn Materialist sein, heißt zu gleicher Zeit unlogisch sein. Religionsphilosophie im Sinne Lotzes, und wie überhaupt Religionsphilosophie sein kann, entsteht so, daß wir durch das Denken zu diesem Göttlichen der Religionsphilosophie gezwungen werden können. Niemals aber können wir in der gleichen Art durch bloße Philosophie dahin gebracht werden, den Christus anzuerkennen. Das muß unsere freie Tat sein. Da ist dann nur zweierlei möglich: entweder man zieht die letzte Konsequenz des Glaubens, oder man macht den Anfang mit der Erforschung der geistigen Welt mit Geisteswissenschaft. Die letzte Konsequenz des Glaubens zieht man, wenn man sagt, wie der russische Philosoph *Solowjew*: Ja, in bezug auf all die philosophischen Wahrheiten, die der Mensch über die Welt gewinnt, so daß er sich durch seine Logik zwingen läßt, steht der Mensch in keiner freien Wahrheit. Das ist eben gerade die höhere Wahrheit, die uns nicht zwingt, die unsere freie Tat ist: die höchste Glaubenswahrheit. Darin vollendet sich die höchste Würde für Solowjew, daß er sagt: Die höhere Wahrheit, die den Christus anerkennt, das ist die Wahrheit, die als freie Tat schafft, die sich nicht zwingen läßt. – Für den Geistesforscher und für den, der die Geisteswissenschaft versteht, entsteht wiederum das Wissen. Aber das ist ein aktives Wissen, das sich vom Denken zur Imagination, Inspiration, Intuition erhebt, das innerlich schöpferisch wird, das im Schaffen sich einlebt in die geistigen Welten und dadurch dem, was wir entwickeln müssen, ähnlich wird, sei es, daß wir durch Initiation oder durch den Tod in die geistige Welt hineinkommen.

Die Weisheit, die sich uns auf Erden aufzwingt, die haben wir in der geistigen Welt in Hülle und Fülle, wie wir hier auf dem physischen Plane die Naturerscheinungen haben. Das, worauf es in der geistigen Welt ankommt, ist, daß wir den Impuls, die Kraft haben, aus dieser

Weisheit heraus etwas zu machen, durch sie Realität zu schaffen. Freies Schaffen aus der Weisheit heraus, geistiges Wirken als Tat, das ist es, was in uns als Impuls leben muß. Das können wir nur haben, wenn wir das richtige Verhältnis zu dem Christus finden. Der Christus ist diejenige Wesenheit, die sich nicht durch die äußere Logik des Verstandes, der an das Gehirn gebunden ist, beweisen läßt, die sich aber erweist, die sich realisiert in uns, indem wir uns geistiges Wissen erwerben. So wie als freie Tat Geisteswissenschaft sich hinzugesellt zu der anderen Wissenschaft, so kommt hinzu das Wissen um den Christus, sobald wir uns derjenigen Welt nähern, in die wir durch die Geistesforschung hineinkommen, oder die wir betreten, indem wir durch die Pforte des Todes gehen. Im Augenblicke, wo wir im gegenwärtigen Zeitenzyklus in einer segensvollen Weise in die geistige Welt hineinkommen wollen, das heißt, wo wir der physischen Welt absterben wollen, brauchen wir ein solches Verhältnis zur Welt, wie wir es gewinnen, wenn wir uns in der richtigen Weise zum Christus verhalten. Einen Gott, der sozusagen ist wie der Vatergott der christlichen Religion, ihn können wir gewinnen durch die Betrachtung der Natur, ihn können wir gewinnen durch die Betrachtung, die sich uns ergibt, indem wir im physischen Leibe leben. Den Christus recht zu verstehen ohne die Tradition, ohne die Überlieferung, rein aus der Erkenntnis selber heraus, ist nur möglich durch die Geisteswissenschaft. Sie führt in die Gebiete hinein, die der Mensch durch das Sterben betritt, sei es jenes Sterben, das ein symbolisches Sterben ist, das Herausgehen aus dem physischen Leibe, um in der Seele sich außerhalb des Leibes zu wissen, sei es das andere Sterben, durch Pforte des Todes hindurch. Richtig statten wir uns aus mit den Impulsen, die wir brauchen, indem wir durch die Pforte des Todes gehen, wenn wir das rechte Verhältnis zum Christus finden. In dem Augenblick, wo es ans Verlassen des physischen Leibes geht, sei es, indem wir in die geisteswissenschaftliche Entwickelung eintreten, sei es, daß wir wirklich durch die Pforte des Todes gehen, in dem Augenblick, wo es ans Sterben, ans Verlassen des physischen Leibes geht, kommt es darauf an, daß wir im gegenwärtigen Zeitenzyklus in der rechten Art derjenigen Wesenheit gegenüberstehen, die in die Welt gekommen ist, damit wir das Verhältnis zu ihr finden. Den Vatergott können wir als Lebende finden. Den Christus finden wir, wenn wir das Hineingehen in den Geist, wenn wir das Sterben in der richtigen Weise verstehen. In Christus sterben wir.

In Christo morimur.

FÜNFTER VORTRAG
Wien, 13. April 1914

Es wird mir nun obliegen, von den Vorgängen zwischen dem Tod und einer neuen Geburt noch einmal zu sprechen, aber mit Benutzung derjenigen Vorstellungen, die wir in den vier letzten Vorträgen haben gewinnen können. Es wird natürlich dadurch, daß es mit einer gewissen Kürze wird behandelt werden müssen, manches von dem umfassenden Thema nur angedeutet werden können, es wird manches, was vielleicht aus der bildlichen Darstellung nicht folgt, herausgearbeitet werden müssen. Aber das, was unsere anthroposophischen Freunde heute nicht schon vollständig finden werden, wird dann im Laufe der weiteren Erkenntnis der Geisteswissenschaft sich zeigen.

Wenn der Mensch durch die Pforte des Todes getreten ist, so hat er seinen physischen Leib abgelegt; der physische Leib ist den Elementen der Erde übergeben. Mit anderen Worten könnte auch über ihn gesagt werden: Der physische Leib hat sich herausgehoben aus den Kräften und Gesetzen, die ihn zwischen der Geburt und dem Tode vom eigentlichen Menschen heraus durchdringen und die andere Gesetze sind als die bloß chemischen und physikalischen Gesetze, denen er dann nach dem Tode als physischer Leib verfällt. Vom Gesichtspunkt der physischen Welt aus hat der Mensch ja selbstverständlich die Anschauung: Von der menschlichen Wesenheit ist zurückgeblieben auf dem physischen Plane das, was diesem physischen Plane angehört. Es wird dieses dem physischen Plane Angehörige nun auch dem physischen Plane übergeben. Für den Menschen selbst aber und für alle Auffassung der geistigen Welt kommt der Gesichtspunkt in Betracht, den der Tote, der Mensch, der durch die Pforte des Todes geschritten ist, hat einnehmen müssen. Für ihn bedeutet das Verlassen des physischen Leibes einen inneren Vorgang, einen Seelenvorgang; für die Hinterbliebenen ist das, was mit dem physischen Leibe nach dem Tode geschieht, ein äußerer Vorgang. Das Innere des Menschen, das Menschlich-Seelenhafte des verstorbenen

Menschen drückt sich ja innerhalb dessen, was als sterblicher Überrest zurückgeblieben ist, nicht mehr aus. Für den Menschen selbst aber, der durch die Pforte des Todes gegangen ist, ist dennoch etwas verbunden mit dem Verlassen des Leibes. Es bedeutet ein inneres Seelenerlebnis: Du bist aus deinem physischen Leibe herausgegangen und lässest diesen physischen Leib zurück.

Es ist außerordentlich schwierig, ich möchte sagen, vom Standpunkt des physischen Planes aus dieses, was da im Inneren der Seele des Menschen vorgeht, wirklich sachgemäß zu schildern. Denn es ist ein innerer Vorgang, der im Grunde etwas ungeheuer Umfassendes, etwas ungeheuer Bedeutsames hat. Es ist ein innerer Vorgang, der ja im Grunde kurz dauert, aber von einer für das gesamte menschliche Leben universalen Bedeutung ist. Nun, wenn man den Vorstellungsinhalt dessen schildern möchte, was da mit der Seele vorgeht, diesen Vorstellungsinhalt, den man natürlich heute in einem öffentlichen Vortrag noch nicht berühren kann, denn er würde die Öffentlichkeit zu sehr frappieren – vielleicht kommt aber auch dazu die Zeit –, wenn man den äußeren, also jetzt geistig äußerlichen Vorstellungsvorgang schildern wollte, mit dem sozusagen der Lebensweg beginnt, der zwischen dem Tod und einer neuen Geburt verläuft, so könnte man sagen, der durch die Pforte des Todes Geschrittene hat zunächst das Gefühl: Du bist jetzt in einem ganz anderen Verhältnisse zur Welt als du vorher warst, und das ganze frühere Verhältnis, das du zur Welt hattest, ist im Grunde genommen umgekehrt, radikal umgekehrt. Man müßte eigentlich in der folgenden Weise schildern, wenn man das, was da vorstellungsmäßig erlebt wird, schildern wollte. Man müßte sagen: Der Mensch hat bis zu seinem Tode auf der Erde gelebt, er ist gewohnt gewesen in dieser Zeit auf der festen, materiellen Erde zu stehen, auf dieser materiellen Erde die Wesen des mineralischen, pflanzlichen, tierischen Reiches, Berge, Flüsse, Wolken, Sterne, Sonne und Mond zu sehen, und ist gewohnt worden, durch seinen eigenen Gesichtspunkt und durch seine im physischen Leib vorhandenen Fähigkeiten, sich dieses Ganze so vorzustellen, wie man es sich ja doch vorstellt, trotzdem man heute durch den Kopernikanismus weiß, daß es im Grunde ein Scheinbild ist: Da oben ist das blaue Himmelsgewölbe wie eine Himmelsschale, da sind die Sterne darauf, darüber gehen Sonne und Mond und so weiter, man selber ist wie in dieser Schale, in dieser Hohlkugel, im Inneren da drinnen in der Mitte auf der Erde mit dem, was einem die Erde für die Wahrnehmung zeigt.

Es kommt uns jetzt nicht darauf an, daß das ein Scheinbild ist, daß wir selber nur durch die Beschränktheit unserer Fähigkeiten uns diesen blauen Umkreis bilden, sondern darauf, daß wir ja gar nicht anders können als das zu sehen. Wir sehen eben das, was nur durch die Beschränktheit unserer Fähigkeiten so ist, sehen eben eine blaue Kugel als Firmament über uns gebildet. Wenn nun der Mensch durch die Pforte des Todes gegangen ist, so ist das erste, daß er die Vorstellung seiner Seele ausbilden muß: Du bist jetzt außerhalb dieser blauen Kugel, in der du warst. Du siehst sie von außen an, aber so, als ob sie zu einem Stern zusammengeschrumpft wäre. Man hat zunächst kein Bewußtsein von der Sternenwelt, in die man sich eigentlich ausbreitet, sondern man hat zunächst nur ein Bewußtsein von dem, was man verlassen hat: daß man seine Bewußtseinssphäre, die man gehabt hat im physischen Leibe, verlassen hat, daß man das verlassen hat, bis wohin einen die menschlichen Fähigkeiten, die im physischen Leibe ausgebildet sind, haben schauen lassen. Es ist wirklich, aber geistig, etwas Ähnliches vorgegangen, wie es vorgehen müßte, wenn mit bewußtem Erleben ein Küchlein, das in der Eierschale drinnen ist, diese zerbricht und nachher die zerbrochene Eischale, die es bisher umschlossen hat, seine bisherige Welt, von außen statt von innen ansieht. Natürlich ist diese Vorstellung wiederum Maja, die da durch die menschliche Seele zieht, aber eine notwendige Maja. Wie gesagt, zusammengeschrumpft wie zu einem Sterne ist das, was uns vorher den Inhalt unseres Bewußtseins gab, nur daß sich, von diesem Sterne ausgehend, dasjenige ausbreitet, was man nennen könnte: erstrahlende kosmische Weisheit.

Diese erstrahlende kosmische Weisheit ist dasselbe, welches ich auch gestern im letzten Vortrag behandelt habe, und von dem ich gesagt habe, daß wir es in Fülle haben. Das glimmt und glitzert uns entgegen wie von einem feurigen Stern. Jetzt ist es nicht blau wie das Firmament, sondern jetzt ist es feurig, rötlich erglimmend, und davon ausstrahlend in den Raum die Fülle von Weisheit, die uns aber zuerst zeigt – sie ist in sich ganz beweglich – das, was man ein Erinnerungstableau unseres letzten Erdenlebens nennen könnte. All die Vorgänge, die wir mit unserem inneren Seelenerleben durchmessen haben zwischen der Geburt und dem Tode, wo wir bewußt dabei waren, treten vor unsere Seele hin, aber so, daß wir wissen: Du siehst das alles, weil der Stern, der da vor dir aufglänzt, der Hintergrund ist, der durch seine innere Tätigkeit bewirkt, daß du das alles sehen kannst, was sich als ein Erinnerungstableau ausbreitet. Das ist so mehr vom Standpunkt der Imagination aus gesprochen. Vom Standpunkt der Innerlichkeit gesprochen ist das Erlebnis etwa dieses, daß derjenige, der durch die Pforte des Todes gegangen ist, nunmehr ganz erfüllt ist von dem Gedanken: Ja, du hast deinen Leib verlassen. Jetzt, in der geistigen Welt, ist dieser Leib lauter Wille. Ein Willensstern, ein Stern, dessen Substanz Wille ist, das ist dein Leib. Und dieser Wille erglüht in Wärme und strahlt dir in den Weltenweiten, in die du dich jetzt selber ergossen hast, dein eigenes Leben zwischen der Geburt und dem Tode wie ein großes Tableau zurück. Und du verdankst dem Umstande, daß du innen verweilen konntest in diesem Stern, daß du alles das aus der Welt ziehen und saugen konntest, was du auf dem physischen Plan aus der Welt eben gezogen und gesaugt hast. Denn dieser Stern, dieser Willensstern, der jetzt den Hintergrund bildet, das ist das Geistige deines physischen Leibes, dieser Willensstern ist der Geist, der deinen physischen Leib durchtränkt und durchkraftet. Das, was dir als Weisheit erstrahlt, das ist die Tätigkeit, die Beweglichkeit deines Ätherleibes.

Es vergeht die Zeit, das ist ja auch schon im öffentlichen Vortrag charakterisiert worden, die eigentlich nur nach Tagen dauert, wo man den Eindruck hat: das Leben spielt sich ab wie ein Erinnerungstableau. Unsere Gedanken, die zu unseren Erinnerungen während des Lebens auf der Erde geworden sind, rollen da gleichsam ab in diesem Erinnerungstableau, die treten noch einmal vor unsere Seele hin. Und wir können es so lange aufrechterhalten, als wir die Kraft haben, unter normalen Verhältnissen uns im physischen Leibe wach zu erhalten. Es kommt ja nicht darauf an, wie lange wir einmal im Leben wach geblieben sind in abnormen Verhältnissen, es kommt darauf an, welche Kräfte wir in uns haben, um eben uns wach zu erhalten. Diese sind bei dem einen so, daß er kaum eine Nacht durchwachen kann, ohne daß ihn Müdigkeit überkommt, bei dem anderen, daß er es länger aushalten kann, ohne müde zu werden. Von dem Maße dieser Kräfte ist es abhängig, wie lange der Mensch braucht, um mit diesem Erinnerungstableau fertig zu werden. Aber man hat auch das ganz deutliche innere Bewußtsein, daß dadurch, daß der Willensstern im Hintergrunde ist, in diesem Erinnerungstableau dasjenige ist, was wir uns im letzten Erdenleben errungen haben. Daß darin das ist, um was wir reifer geworden sind, was wir sozusagen durch den Tod als ein Mehr hinausgetragen haben gegenüber dem, was wir beim Eintritt in unsere Geburt als ein Geringeres gehabt haben. Dieses, was wir wie eine Frucht des letzten Lebens bezeichnen können, das fühlen wir so, als wenn es nicht bleiben würde, wie es war während des Erinnerungstableaus, sondern wie wenn es sich fernte, wie wenn es fortginge, wie wenn es in der Zeiten Zukunft hineinginge und in der Zeiten Zukunft entschwände.

Ich werde heute vorzugsweise davon reden, wie es sich mit dem Leben zwischen dem Tod und einer neuen Geburt verhält bei solchen Menschen, die eine normale Lebensdauer erreicht haben und in normalen Verhältnissen gestorben sind. Für Ausnahmefälle soll dann morgen das Nähere gesagt werden.

Also es fernt sich unsere Lebensfrucht, wenn wir eine solche erlangt haben, und wir wissen in der Seele: diese Frucht ist irgendwie vorhanden, aber wir sind hinter ihr zurückgeblieben. Man hat das Bewußtsein, man ist an einem früheren Zeitpunkt verblieben, die Lebensfrucht zieht schnell fort, so daß sie früher ankommt an einem späteren Zeitpunkt, und wir müssen ihr nachziehen, dieser Lebensfrucht. Das, was ich jetzt gesagt habe, dieses innere Erlebnis, daß die Lebensfrucht im Weltenall weilt, vorhanden ist, das müssen wir uns so recht vorstellen, denn das ist es, was den Grund bildet für unser Bewußtsein, für den Beginn unseres Bewußtseins nach dem Tode. Unser Bewußtsein muß ja sozusagen immer durch etwas angeregt werden. Wenn wir des Morgens aufwachen, so wird unser Bewußtsein neuerdings angefacht – während wir beim Schlaf bewußtlos sind – durch das Eintauchen in den physischen Leib und dadurch, daß uns die äußeren Dinge gegenübertreten, dadurch daß etwas von außen wirkt. In den Verhältnissen unmittelbar nach dem Tode wird dieses Bewußtsein angefacht durch das innere Erfühlen und Erleben dessen, was die Frucht unseres letzten Lebens ist, was wir uns errungen, erobert haben. Das ist vorhanden, aber außer uns vorhanden. Durch dieses Erfühlen und Erleben unseres innersten irdischen Wesens außer uns haben wir die erste Entzündung unseres Bewußtseins nach dem Tode, daran belebt sich dieses Bewußtsein.

Dann beginnt die Zeit, in welcher es notwendig ist, daß wir Seelenkräfte entwickeln, welche während des Lebens auf dem physischen Plane eigentlich unentwickelt bleiben müssen, weil sie alle dazu verwendet werden, den physischen Leib und das, was zu ihm gehört, das ganze physische Leben, durchzuorganisieren, Seelenkräfte, die während des physischen Lebens in etwas anderes verwandelt sein müssen. Diese Kräfte müssen allmählich erwachen nach dem Tode. Schon in den Tagen, während welcher wir das Erinnerungstableau erleben, haben wir ein solches Erwachen von Seelenfähigkeiten zu verzeichnen. Wenn das Erinnerungstableau nach und nach abflutet und abdämmert, so geschieht das eigentlich dadurch, daß wir während dieser Tage schon diejenigen Kräfte entwickeln, welche der Erinnerungsfähigkeit zwar zugrunde liegen, aber nicht bewußt werden während des physischen Lebens, und zwar deshalb nicht, weil wir während dieses physischen Lebens sie gerade umwandeln müssen, um Erinnerungen bilden zu können. Die letzte große Erinnerung, die wir nach dem Tode in Form des Tableaus haben, die muß erst abfluten, die muß nach und nach verdämmern, dann entwickelt sich aus der Verdämmerung heraus das, was wir bewußt nicht haben durften vor dem Tode. Denn hätten wir es bewußt gehabt vor dem Tode, so hätten sich niemals in uns die Erinnerungskräfte bilden können. Umgewandelt in diese Fähigkeit, uns zu erinnern, haben sich die Kräfte, die sich jetzt in der Seele während des Abdämmerns der Erinnerung des Lebenstableaus heraus entwickeln. Umgesetzt in die Erinnerungskraft haben sich diese vor dem Tode, und jetzt kommen sie heraus, indem die Möglichkeit, sich in gewöhnlicher Weise an irdische Gedanken zu erinnern, überwunden wird. Diese gleichsam ins Geistige umgewandelte Gedächtniskraft erwacht als eine erste geistig-seelische Kraft in uns, die nach dem Tode aus der menschlichen Seele so herauskommt, wie die Seelenkräfte beim heranwachsenden Kinde in den ersten Lebenswochen herauskommen. Indem diese Seelenkraft heranwächst, zeigt sich uns eben, daß hinter den Gedanken, die, während wir auf dem physischen Plane waren, nur Schattenbilder waren, Lebendiges steckt, daß ein Leben und Weben in der Gedankenwelt ist. Wir werden gewahr, daß das, was wir innerhalb des physischen Leibes als unser Gedankentableau haben, eben nur ein Schattenbild ist, daß es in Wahrheit eine Summe, eine Ausbreitung von Elementarwesen ist. Wir sehen gleichsam unsere Erinnerungen abglimmen und sehen dafür aus dem allgemeinen Weisheitskosmos heraus eine ganze Anzahl von Elementarwesen erwachen.

Sie könnten fragen, meine lieben Freunde: Ja, geht uns denn das nicht ab nach dem Tode, daß wir gerade die Erinnerungskraft überwinden und etwas anderes dann haben? Es geht uns nicht ab, denn wir haben reichlichen Ersatz dafür nach dem Tode. Statt daß wir uns wie im Leben an unsere Gedanken erinnern, merken wir nach dem Tode, daß diese Gedanken, die wir als Gedächtnisgedanken im Leben hatten, für uns sich nur so ausnehmen wie Erinnerungen. Oh, dieser Gedächtnisschatz während des Lebens, er ist etwas ganz anderes als ein bloßer Gedächtnisschatz! Sind wir aus dem physischen Leibe heraus, dann sehen wir diesen ganzen Gedächtnisschatz als lebendige Gegenwart, dann ist er da. Jeder Gedanke lebt als ein Elementarwesen. Wir wissen jetzt: Du hast gedacht während deines physischen Lebens, dir sind deine Gedanken erschienen. Aber während du in dem Wahne warst, du bildetest dir Gedanken, hast du lauter Elementarwesen geschaffen. Das ist das Neue, was du zum ganzen Kosmos hinzugefügt hast. Jetzt ist etwas da, was in den Geist hinein von dir geboren worden ist, jetzt taucht vor dir auf, was deine Gedanken in Wirklichkeit waren. Man lernt zunächst in unmittelbarer Anschauung erkennen, was Elementarwesen sind, weil man diejenigen Elementarwesen zuerst erkennen lernt, die man selber geschaffen hat. Das ist der bedeutungsvolle Eindruck der ersten Zeit nach dem Tode, daß man das Erinnerungstableau hat. Aber dieses fängt an zu leben, richtig zu leben, und indem es anfängt zu leben, verwandelt es sich in lauter Elementarwesen. Jetzt zeigt es sozusagen sein wahres Antlitz, und darin besteht sein Verschwinden, daß es etwas ganz anderes wird. Wir brauchen, wenn wir zum Beispiel mit sechzig oder achtzig Jahren gestorben sind, jetzt nicht mehr für irgendeinen Gedanken, den wir etwa im zwanzigsten Jahre unseres Lebens gehabt haben, Erinnerungskraft, denn er ist da als lebendiges Elementarwesen, er hat gewartet und wir brauchen uns nicht an ihn zu erinnern. Denn wären wir zum Beispiel in unserem vierzigsten Lebensjahre gestorben, so wäre der Gedanke erst zwanzig Jahre alt – und das sehen wir ihm deutlich an. Diese Elementarwesen sagen uns selber, wie lange es her ist, seit sie sich gebildet haben. Die Zeit wird zum Raum. Sie steht vor uns, indem die lebendigen Wesen ihre eigenen Zeitensignaturen zeigen. Die Zeit wird zur unmittelbaren Gegenwart für diese Verhältnisse.

Wir lernen aus diesen unseren eigenen Elementarwesen, von denen wir im Leben schon umgeben waren, die wir im Tode erblicken, die Natur der elementarischen Welt überhaupt kennen und bereiten uns dadurch vor, auch solche Elementarwesen der Außenwelt zu verstehen im allmählichen Anschauen, die nicht wir geschaffen haben, sondern die ohne uns im geistigen Kosmos vorhanden sind. Durch unsere eigene elementare Schöpfung lernen wir die anderen kennen. Denken Sie sich einmal, wie unendlich verschieden eigentlich dieses Leben zwischen dem Tod und einer neuen Geburt ist von dem irdischen Leben. Das erste, was vorgeht nach der Geburt, ist, daß sich der Mensch noch nicht selber erkennt. Das, was er erlebt als ganz kleines Kind, das erleben die anderen mit ihm. Er ist geboren worden, und die anderen, seine Eltern, schauen dieses Geborene an. Nach dem Tode schaut man sich zunächst allerdings nicht selber an, aber sein Geborenes schaut man als eine Außenwelt an. Das, was draußen ist, was man geboren hat mit dem Augenblick des Todes, das schaut man selber an. So wahr der Mensch, wenn er durch die physische Geburt ins Dasein tritt, eine ihm unverständliche Außenwelt vor sich hat und eigentlich ein Wesen ist, welches nur für die anderen zappelt und weint und auch lacht, so ist man nach dem Tode, nach der Geburt für die geistige Welt, die für die physische Welt der Tod ist, zunächst so, daß man beginnt selber in der Umgebung zu sein, die man sich selber geboren hat, die man sich selber um sich herum aufrichtet, weil man sie geboren hat. Man hat die Welt geboren, während man, wenn man ins Physische geboren wird, von der Welt geboren wird. So ist es mit unseren Gedanken und mit dem, was aus den Gedanken wird mit der Erinnerung, dem Gedächtnisschatz.

Anders ist es mit dem, was unserer Gefühls- und unserer Willenssphäre angehört. Ich habe im ersten der Vorträge hier ausgeführt, daß das, was unserer Gefühls- und unserer Willenssphäre angehört, eigentlich in seiner vollen Wesenheit noch nicht geboren ist in uns, daß Wille und Gefühl in gewisser Beziehung etwas darstellen, was nicht zu seinem vollen Ausgebären kommt. Das zeigt sich insbesondere nach dem Tode, denn Wille und Gefühl, so wie sie den physischen Leib durchdringen, sind noch vorhanden nach dem Tode. So daß der Mensch also nach einiger Zeit, nachdem sich der Willensstern mit den Früchten seines letzten Erdenlebens gefernt hat, in einer Elementarwelt lebt, die seine Umgebung ist, und der er selbst sozusagen den Grundton gibt durch seine umgewandelten Erinnerungen. Es lebt der Mensch so in dieser Welt darinnen, die eigentlich *er* ist in dem Sinn, wie eben auseinandergesetzt worden ist, daß er weiß: Ja, aber dein Gefühl und dein Wille leben noch in dir, die haben jetzt eine Art von Erinnerung, eine Art von Zusammenhang mit dem letzten Erdenleben. Das dauert durch Jahrzehnte. Wenn wir im Erdenleben stehen zwischen der Geburt und dem Tode, dann genießen wir und leiden wir, dann leben wir in Leidenschaften, entwickeln Willensimpulse dadurch, daß wir die fühlende und wollende Seele in unserem Leibe tragen. Aber niemals ist es so, daß durch den Leib all die Kräfte, die in Gefühl und Willen liegen, wirklich herauskommen können. Wenn man auch das höchste Alter erreicht hat, so stirbt man doch so, daß man hätte noch mehr genießen können, noch mehr leiden können, noch mehr Willensimpulse hätte entwickeln können. Das aber muß erst überwunden werden, was an Möglichkeiten des Fühlens und Wollens noch in der

Seele ist. Solange das nicht vollständig überwunden ist, so lange haben wir einen Begierdenzusammenhang mit dem letzten Erdenleben. Wir schauen gleichsam auf dieses letzte Erdenleben zurück. Es ist, wie ich es öfter mit einem trivialen Wort genannt habe, eine Art Abgewöhnen von dem Zusammenhang mit dem physischen Erdenleben. In die Natur dieser Kraft, die man da zu überwinden hat, zu deren Überwindung man eigentlich jahrzehntelang braucht, in die Natur dieser Kraft dringt derjenige, der nur ein wenig wirklicher Geistesforscher wird, sehr bald ein, denn sie offenbart sich eigentlich verhältnismäßig leicht der Geistesforschung.

Wenn wir jeden Tag aus den Erlebnissen des Tages heraus einschlafen, eine Zeit zubringen zwischen dem Einschlafen und dem Erwachen, dann sind wir in unserem Seelisch-Geistigen außerhalb unseres Leibes. Wir kehren zurück, weil wir im Seelisch-Geistigen einen Trieb zu diesem Zurückkehren haben, weil wir wirklich nach unserem Leib begehren. Wir begehren durchaus nach unserem Leib, und wer das Aufwachen bewußt erleben kann, der weiß: Du willst aufwachen und du mußt aufwachen wollen. Es besteht eben eine Anziehungskraft im Geistig-Seelischen nach dem Leibe hin. Diese muß nach und nach abglimmen, muß ganz und gar überwunden werden. Das dauert Jahrzehnte. Es ist die Zeit, in der wir nach und nach unseren Zusammenhang mit dem letzten Erdenleben überwinden. Das macht es, daß wir in bezug auf die Erlebnisse nach dem Tode in der Zeit, die also verfließt, wie ich es eben geschildert habe, eigentlich alles auf dem Umweg durch unser Erdenleben erleben müssen.

Ich bin jetzt in der Lage, nachdem die vorhergehenden Vorträge gehalten worden sind, Ihnen mancherlei Verhältnisse genauer zu schildern als sonst, wo man mehr im Überblick schildern mußte, denn es müssen für die genaue Schilderung immer erst die Begriffe herbeigetragen werden.

Nehmen wir einmal an, wir haben einen Menschen auf der Erde zurückgelassen und sind selber durch die Pforte des Todes gegangen. Wir stehen also in der Zeit darinnen, wo wir uns die Fähigkeit angeeignet haben, in die elementaren Wesenheiten hineinzuschauen und uns selber zu erfühlen, so daß wir wissen: Unsere Erdenfrüchte haben sich gefernt. Aber wir hängen noch zusammen mit unserem letzten Erdenleben. Nehmen wir an, wir haben einen Menschen zurückgelassen, wenn wir durch die Pforte des Todes geschritten sind, den wir sehr lieb gehabt haben. Ja, jetzt nach dem Tode kommen wir allmählich dazu, indem wir uns von unseren eigenen elementaren Schöpfungen aus hineingewöhnen, die elementaren Wesenheiten von anderen zu schauen, jetzt können wir uns hineinfinden, Gedanken anderer als Elementarwesen zu schauen. Das lernen wir allmählich an unseren eigenen Elementarwesen, auch bei den anderen Menschen, die wir zurückgelassen haben, zu sehen, was er denkt, was in seiner Seele an Gedanken lebt; wir sehen es. Denn es drückt sich in den Elementarwesen aus, die uns in mächtigen Imaginationen vor die Seele treten. Wir können also in dieser Beziehung jetzt schon viel mehr Zusammenhang haben mit dem Innerlichen des betreffenden Menschen, als wir mit ihm in der physischen Welt hatten. Denn während wir selber im physischen Leibe waren, konnten wir ja nicht auf das Gedankliche des anderen hinschauen; jetzt können wir es. Aber wir brauchen gleichsam die Gefühlserinnerung – bitte auf das Wort wohl achtzugeben –, die Gefühlserinnerung, den Gefühlszusammenhang mit unserem eigenen letzten Erdenleben. Wir müssen gleichsam so fühlen, wie wir im Leibe gefühlt haben, und dieses Gefühl muß in uns nachklingen, dann belebt sich das Verhältnis, das wir sonst nur wie zu einem Bilde haben würden, als das uns die Gedanken des anderen erscheinen. Einen lebendigen Zusammenhang bekommen wir also auf dem Umwege durch unsere Gefühle. Und so ist es im Grunde genommen mit allem.

Sie sehen, es ist ein Herausarbeiten aus einem Zustand, den man dadurch charakterisieren kann, daß man sagt: Es ist eine Zeit, in der wir die Kräfte noch aus unserem letzten Erdenleben beziehen müssen, um in lebendige Beziehungen zu kommen zu unserer geistigen Umwelt, wir müssen mit diesem Erdenleben noch zusammenhängen. Wir lieben die Seelen, die wir zurückgelassen haben, deren Seeleninhalt uns als Gedanken, als Elementarwesen erscheint, aber wir lieben sie, weil wir selber noch leben von der Liebe, die wir für sie während unseres Erdenlebens entwickelt haben. Es ist ja unangenehm, möchte ich fast sagen, solche Ausdrücke zu gebrauchen, aber einige von Ihnen werden mich verstehen, wenn ich sage: Das Erdenleben – also nicht das Gedankenleben –, das Erdenleben als gefühlter und mit Willensimpuls durchsetzter Seeleninhalt, mit dem wir noch zusammenhängen, das wird wie eine Art elektrischer Umschalter der eigenen Individualität mit dem, was um uns herum geistig uns umwallt. Wie eine Art elektrischer Umschalter: wir nehmen alles wahr auf dem Umweg durch das letzte Erdenleben. Aber nur durch das, was im letzten Erdenleben Fühlen und Wollen war, nehmen wir wahr, was in der geistigen Welt zu uns gehört. Es ist wirklich jetzt so, daß wir uns in der Zeit weiterlebend fühlen, wie eine Art Komet der Zeit. Unser Erdenleben ist noch da wie ein Kern, aber der Kern entwickelt in die nächste Zukunft hinein eine Art von Schweif, den wir durchleben. Wir hängen noch zusammen mit unserem Erdenleben, insoferne dieses erfüllt ist von Gefühl und Wille. In unserem Seeleninnern muß sich herausgebären aus diesem Erleben, wie ich es Ihnen geschildert habe, etwas, was jetzt nicht unmittelbar Gefühl und Wille ist. Denn die Seelenkräfte, die wir hier in der physischen Welt entwickeln, auch die Kraft des Fühlens, wie wir sie eben in der physischen Welt als Gefühlskraft haben, die Kraft des Willens, wie wir sie in der physischen Welt als Willenskraft haben, haben wir in dieser Form dadurch, daß wir eben im physischen Leibe leben. Wenn die Seele nun nicht mehr im physischen Leibe lebt, so muß sie andere Fähigkeiten entwickeln, die während des physischen Lebens nur schlummern, sie muß, während noch der Nachklang von Gefühl und Wille Jahre hindurch in ihr wirkt, aus diesem Zusammenhang das herausreifen, was sie nun für die geistige Welt auch in dieser Beziehung brauchen kann, Kräfte, die ich bezeichnet habe, indem ich sagte, es ist etwas wie ein fühlendes Begehren oder ein begehrendes Fühlen. Von unserem Gefühl und unserem Willen wissen wir, die sitzen in unserer Seele darinnen. Doch von einem solchen Gefühl und Begehren, wie sie in unserer Seele sitzen, da haben wir nach dem Tode im Grunde genommen nichts, die müssen nach und nach abdämmern und abdumpfen; und das tun sie eben nach Jahren. Aber während dieses Abdämmerns und Abdumpfens muß sich von Gefühl und Wille etwas entwickeln, wovon wir nach dem Tode etwas haben.

Unsere Gedanken leben draußen als Elementarwesen. Von einem Gefühl und einem Willen, wie sie in uns lebten, würden wir nichts haben für diese Welt, die wir selber sind und die da draußen ist. Wir müssen nach und nach einen Willen entwickeln – und den entwickeln wir auch –, der von uns ausströmt, der sich wie von uns ergießt und hinwallt und hinwogt dorthin, wo unsere lebendigen Gedanken sind. Diese durchdringt er, weil auf den Wogen des Willens das Gefühl schwimmt, das im physischen Leben nur in uns ist. Auf den Wogen des Willens schwimmt das Gefühl, da draußen wallt und wogt das Meer unseres Willens, und auf diesem schwimmt das Gefühl. Nämlich es schwimmt dann, wenn der Wille heranstößt an ein Gedankenelementarwesen, dann geschieht durch diesen Zusammenstoß des Willens mit den Gedankenelementarwesen ein Aufglimmen des Gefühls, und wir nehmen wahr als eine reale Wirklichkeit der geistigen Welt dieses Zurückgeworfenwerden unseres Willens.

Ich will so sagen: Nehmen wir an, in der geistigen Außenwelt sei ein Elementarwesen. Wenn wir uns herausgearbeitet haben aus dem Zustand, den wir zuerst durchmachen müssen, dann brandet unser Wille, der jetzt aus uns herausgeht, zu dem Elementarwesen hin. Da, wo er heranstößt an das Elementarwesen, wird er zurückgeworfen: jetzt kommt er nicht als Wille zurück, jetzt kommt er als Gefühl zurück, welches in diesem Meer des Willens zurückflutet zu uns. Als Gefühl, welches in den Fluten des Willens zu uns zurückkommt, lebt unser eigenes Wesen ausgegossen in den Kosmos. Dadurch werden die Elementarwesen real für uns, dadurch nehmen wir allmählich immer mehr und mehr wahr, was wirklich da draußen an geistiger Außenwelt außer uns vorhanden ist.

Aber noch eine Seelenkraft muß aus uns herauskommen, die noch in viel tieferen Schichten der Seele schlummert als das fühlende Wollen oder wollende Fühlen: die kreative Seelenkraft, die wie ein inneres Seelenlicht ist, die hinausleuchten muß über die geistige Welt, damit wir nicht nur auf den Gefühlswogen, die da zurückkommen in dem Meer unseres Willens, schwimmend schauen die lebend webenden objektiven Gedankenwesen, sondern damit wir auch mit geistigem Licht diese geistige Welt durchleuchtet haben. Kreative geistige

Leuchtekraft muß von unserer Seele hinausgehen in die geistige Welt. Die erwacht allmählich.

Sehen Sie, meine lieben Freunde, von dem fühlenden Wollen und wollenden Fühlen haben wir, während wir im physischen Leibe leben, wenigstens, ich möchte sagen, das Geschwisterpaar Fühlen und Wollen in uns differenziert. Zu zweien haben wir das, während es eine Einheit ist, wenn wir durch die Pforte des Todes durchgegangen sind. Diese kreative Seelenkraft, die wir wie ein Seelenlicht ausstrahlen in den geistigen Raum hinaus – wenn ich den Ausdruck «Raum» hier gebrauchen darf, denn es ist eigentlich kein Raum, aber man muß diese Verhältnisse in gewisser Weise dadurch zum Verständnis bringen, daß man sich bildlich ausdrückt –, dieses Seelenlicht schlummert tief unten in uns, weil es zusammenhängt mit dem, wovon wir im Leben nichts wissen dürfen und können. Ganz tief unten schlummert in uns während des Lebens im physischen Plan, was dann als Licht wie erlöst ist und dann die geistige Welt erleuchtet und erhellt. Was da von uns ausstrahlt, muß umgewandelt und verwendet werden während unseres physischen Lebens dazu, daß unser Leib wirklich lebt und Bewußtsein in sich bergen kann. Aber ganz unterhalb der Schwelle des Bewußtseins wirkt diese geistige Leuchtekraft in unserem physischen Leib als die Leben und Bewußtsein organisierende Kraft. Wir dürfen sie nicht ins Erdenbewußtsein hereinbringen, sonst würden wir unserem Leibe die Kraft rauben, die ihn durchorganisieren muß. Jetzt, wo wir keinen Leib zu versorgen haben, wird sie geistige Leuchtekraft und durchstrahlt und durchleuchtet und durchhellt und durchglitzert alles – die Worte bedeuten reale Wirklichkeiten.

So arbeiten wir uns allmählich hinein, in der geistigen Welt ebenso zuhaus zu werden, sie als eine Realität zu erleben, wie wir hier die physische Welt als eine Realität erleben. Wir arbeiten uns allmählich hinein, wirklich auch die toten Menschenseelen, insofern sie real leben in der geistigen Welt, als unsere Genossen in der geistigen Welt zu haben. Wir leben unter den Seelen, wie wir hier im physischen Leibe unter Leibern leben. Und indem man immer mehr und mehr vordringt in den eigentlichen inneren Geist der Geisteswissenschaft, wird die Behauptung, die jemand etwa tun wollte, daß wir nach dem Tode nicht mit all den Menschen, mit denen wir gelebt haben, wiederum zusammenkommen würden, diese Behauptung wird für den, der tiefer eindringt in die Sache, so töricht, wie für den physischen Plan die Behauptung töricht wäre, daß, wenn wir durch die Geburt hereintreten in diese Erde, wir keinen Menschen darin finden. Die Menschen sind eben um uns herum. Genau dasselbe ist es für den Kenner des geistigen Lebens, wie wenn jemand sagen wollte: Das Kind lebt sich in die Welt herein, aber Menschen sieht es nicht. Das ist ein offenbarer Unsinn. Ebenso ist es ein Unsinn, wenn gesagt wird: Wir finden, wenn wir uns in die geistige Welt hineinleben, nicht all die Seelen wieder, mit denen wir in Zusammenhang gestanden haben, und wir finden nicht Wesenheiten der höheren Hierarchien, die wir stufenweise kennenlernen, wie hier auf der Erde die Mineralien, Pflanzen und Tiere. Das aber ist der Unterschied, daß wir hier in der physischen Welt wissen: Indem wir die Dinge sehen, hören, kommt die Möglichkeit, sie zu sehen und zu hören durch die Sinne, von der Außenwelt. In der geistigen Welt, wissen wir, kommt diese Möglichkeit von uns, indem das, was wir Seelenlicht, Seelenleuchte nennen können, von unserer Seele ausstrahlt und die Dinge erhellt, erleuchtet und durchleuchtet.

So leben wir in die Zeit hinein, die man die erste Hälfte des Lebens zwischen dem Tod und einer neuen Geburt nennen kann. Indem wir in diese Zeit hineinleben, machen wir die zwei Zustände durch, von denen ich auch im öffentlichen Vortrag gesprochen habe, eine Zeit, die eben nach Jahren dauert, in der wir so, wie es geschildert worden ist, durch die Ausstrahlung unserer Seelenleuchtekraft mit der geistigen Welt zusammenhängen, in der wir also das schauen, was an Geistern und Seelen um uns herum ist. Das dämmert dann ab, wir fühlen: Du kannst jetzt immer weniger deine Seelenleuchtekraft entwickeln, du mußt es dämmeriger und immer finsterer werden lassen im geistigen Sinn. Dadurch siehst du immer weniger die geistigen Wesenheiten. Das wird immer mehr und mehr so, daß man abwechselt mit einer Zeit, in der man sich sagt: Da, um dich sind die Wesenheiten, aber du wirst immer einsamer, du hast nur deinen eigenen Seeleninhalt, und dieser Seeleninhalt wird in dem Maße reicher, in dem man aufhört, da draußen die Wesen beleuchten zu können. Es gibt Zeiten der geistigen Geselligkeit und Zeiten der geistigen Einsamkeit, in der ein Nacherleben dessen ist, was man in den Zeiten der geistigen Geselligkeiten erlebt hat, aber alles dann in der Seele: das schwingt ab und wechselt ab. So leben wir uns hinein in die geistige Welt: geistige Geselligkeit – geistige Einsamkeit. In den Zeiten geistiger Einsamkeit, da wissen wir: Was du sonst in der geistigen Welt rings um dich herum erlebt hast, das war ja alles da, von all dem weißt du, aber jetzt sind nur die Nachklänge davon in deinem Inneren. Man könnte sagen: Erinnerungen sind es in den Zeiten geistiger Einsamkeit. Allein, wenn man solche Worte gebraucht, trifft man die Sache nicht richtig. Ich will daher versuchen, es Ihnen noch von einer anderen Seite her zu schildern.

Es ist nicht so, als wenn man in der geistigen Dunkelheit, in der man nichts Geselliges hat, sich erinnern würde an das, was man früher in der geistigen Welt erlebt hat, sondern als wenn man das in jedem Augenblick frisch hervorbringen müßte: es ist ein fortwährendes inneres Schaffen. Aber man weiß: Während da draußen die Außenwelt ist, mußt du mit dir selber sein und schaffen und schaffen. Was du schaffst, ist die Welt, die da draußen dich umbrandet jenseits der Ufer deines eigenen Wesens.

Aber indem man so in der ersten Hälfte des Lebens zwischen dem Tod und einer neuen Geburt weiterlebt und sich der Mitte der Zeit zwischen dem Tod und einer neuen Geburt nähert, fühlt man das einsame Leben immer reicher werden und die Ausblicke auf die geistige Umgebung gleichsam kürzer und dämmeriger werden, bis die Zeit herankommt in der Mitte zwischen dem Tod und einer neuen Geburt, die ich versucht habe, in meinem letzten Mysterienspiel «Der Seelen Erwachen» als die Weltenmitternacht darzustellen, wo der Mensch das stärkste Leben in seinem Inneren hat, aber nicht mehr die kreative Seelenkraft, um seine geistige Umgebung zu beleuchten, wo sozusagen unendliche Welten aus unserem Inneren uns innerlich geistig erfüllen können, aber wir von anderem Sein als unserem eigenen Sein nichts wissen können. Das ist die Mitte in den Erlebnissen zwischen dem Tod und einer neuen Geburt: die Weltenmitternacht.

Nun beginnt die Zeit, in der im Menschen die Sehnsucht zu einer positiven schöpferischen Kraft wird. Denn obzwar wir ein Unendliches als ein inneres Leben haben, erwacht in uns die Sehnsucht, eine Außenwelt wieder zu haben. So verschieden sind die Verhältnisse der geistigen Welt von denen der physischen Welt, daß, während die Sehnsucht in der physischen Welt die passivste Kraft ist – wenn wir etwas haben, nach dem wir uns sehnen, so ist es dieses Etwas, was uns bestimmt –, ist das Gegenteil in der geistigen Welt der Fall. Da wird die Sehnsucht eine schöpferische Kraft, sie verwandelt sich in das, was jetzt als eine neue Art von Seelenlicht uns eine Außenwelt geben kann, eine Außenwelt, die aber doch eine Innenwelt ist, indem sich uns der Blick eröffnet auf unsere früheren Erdeninkarnationen. Die liegen jetzt beleuchtet von dem aus unserer Sehnsucht heraus geborenen Licht, vor uns ausgebreitet. Es gibt im geistigen Kosmos eine Kraft, die aus der Sehnsucht heraus diesen Rückblick uns erleuchten und erleben lassen kann. Dazu ist aber in unserem gegenwärtigen Zeitenzyklus eines notwendig.

Ich habe Ihnen gesagt, in dieser ganzen Zeit der ersten Hälfte des Lebens zwischen dem Tod und einer neuen Geburt wechseln wir ab zwischen Innenleben und Außenleben, zwischen Einsamkeit und geistiger Geselligkeit. Die Verhältnisse der geistigen Welt sind zunächst so, daß jedesmal, wenn wir in dieser geistigen Welt wieder in unsere Einsamkeit zurückkommen, wir in unserer inneren Tätigkeit immer wiederum das vor unsere Seele bringen, was wir in der äußeren Welt durchlebt haben. Dadurch ist ein Bewußtsein vorhanden, das sich ausbreitet wie mit Schwingen der Unendlichkeit über die ganze geistige Welt. Die Schwingen ziehen sich wiederum zusammen in der Einsamkeit.

Aber eines müssen wir uns erhalten, das da vorhanden bleiben muß, gleichgültig, ob wir uns ausbreiten in die große geistige Welt oder uns zurückziehen. Bevor das Mysterium von Golgatha geschah, war es möglich, durch die Kräfte, durch die der Mensch mit den Urzeiten zusammengehangen hat, den festen Ich-Zusammenhalt zu haben, nicht zu verlieren diesen Ich-Zusammenhalt, das heißt, an das verflossene Erdenleben das eine als Erinnerung vollständig deutlich zurückzubehalten: man war auf der Erde in diesem Leben ein Ich. Das muß sich durchdehnen durch die Zeiten der Einsamkeit und der Geselligkeit. Vor dem Mysterium von Golgatha war durch die vererbten Kräfte dafür gesorgt. Jetzt kann dafür nur dadurch gesorgt werden, daß mit dem, was wir als unser Erdengut von uns losgelöst haben, was wir sich fernend empfunden haben gleich beim Verlassen des physischen Leibes, daß mit diesem eine Seelenerfüllung verbunden bleibt, die Seelenerfüllung, die wir dadurch haben können, daß der Christus ausgeflossen ist in die Erdenaura. Dieses Durchdrungensein mit dem Christus-Substantiellen, das ist es, was uns in der Gegenwart bei dem Übergang aus dem physischen Leben in den Tod die Möglichkeit gibt, bis zur Weltenmitternacht hin die Erinnerung an unser Ich zu bewahren trotz allen Ausbreitens in die geistige Welt, trotz allen Zusammenziehens in die Einsamkeit. Bis dahin reicht der Impuls, der von der Christus-Kraft ausgeht, so daß wir uns selber nicht verlieren. Dann aber muß aus der Sehnsucht heraus eine neue geistige Kraft unsere Sehnsucht zu einem neuen Licht anfachen. Diese Kraft ist nur im Geiste, im geistigen Leben vorhanden.

Meine lieben Freunde, es gibt in der physischen Welt die Natur und das diese Natur durchdringende Göttliche, aus dem wir in die physische Welt hineingeboren werden. Es gibt den Christus-Impuls, der in der Erdenaura, das heißt in der Aura der physischen Natur, vorhanden ist. Aber die Kraft, die in der Weltenmitternacht an uns herankommt, um unsere Sehnsucht leuchtend zu machen über unsere ganze Vergangenheit hin, die gibt es nur in der geistigen Welt, die gibt es nur da, wo keine Leiber leben können. Und hat uns der Christus-Impuls bis in die Weltenmitternacht gebracht, und ist die Weltenmitternacht in geistiger Einsamkeit von der Seele erlebt worden, weil das Seelenlicht jetzt nicht erstrahlen kann von uns selber aus, ist Weltenfinsternis eingetreten, hat uns der Christus bis dahin geführt, so tritt jetzt aus der Weltenmitternacht, aus unserer Sehnsucht, ein Geistiges heraus, erschaffend ein neues Weltenlicht, über unsere eigene Wesenheit hin ein Leuchten verbreitend, durch das wir uns neu ergreifen im Weltendasein, durch das wir neu erwachen im Weltendasein. Den Geist der geistigen Welt, der uns erweckt, wir lernen ihn kennen, indem aus der Weltenmitternacht ein neues Licht hervorleuchtet, über unsere verflossene Menschheit erstrahlend. In dem Christus sind wir gestorben – durch den Geist, durch den leiblosen Geist, der mit einem technischen Wort der Heilige Geist genannt wird, das heißt, der ohne den Leib Lebende, denn das ist mit dem Wort «heilig» gemeint, ohne die Schwächen eines im Leibe lebenden Geistes, durch diesen Geist werden wir in unserer Wesenheit wiedererweckt aus der Weltenmitternacht heraus.

Durch den Heiligen Geist werden wir also in der Weltenmitternacht erweckt.

Per spiritum sanctum reviviscimus.

SECHSTER VORTRAG
Wien, 14. April 1914

In diesem meinem letzten Vortrag möchte ich da fortfahren, wo wir gestern geendet haben. Geendet haben wir bei dem, was ich mir zu benennen erlaubte «die große Weltenmitternachtsstunde des geistigen Daseins zwischen dem Tod und einer neuen Geburt», jene Mitternachtsstunde, wo das menschliche innere Erleben am intensivsten wird und das, was wir geistige Geselligkeit nennen können, das Zusammenhängen mit der geistigen Außenwelt, den niedrigsten Grad erreicht hat, so daß in gewisser Beziehung während dieser Mitternachtsstunde des geistigen Daseins geistige Finsternis um uns ist. Aber gesagt worden ist, daß die Sehnsucht nach Außenwelt wiederum in uns wirkt, und daß diese Sehnsucht durch den Geist, der in geistigen Welten wirkt, aktiv wird, und daß diese Sehnsucht ein neues Seelenlicht aus uns erzeugt, so daß es uns möglich wird, jetzt eine Außenwelt von ganz besonderer Art zu erblicken. Diese Außenwelt, die wir dann erblicken, ist unsere eigene Vergangenheit, wie sie durch frühere Inkarnationen und die Zwischenzeiten zwischen den Toden und den neuen Geburten sich vollzogen hat, und die wir jetzt als eine äußere Welt überschauen, indem wir zurückblicken auf das, was wir aus dem Weltendasein gehabt haben, genossen haben, und auf das, was wir diesem Weltendasein schuldig geblieben sind. Insbesondere tritt uns dann, wenn wir diesen Rückblick in unsere früheren Erlebnisse haben, zweierlei mit großer Intensität entgegen. Wir haben – das zeigt sich uns gleichsam durch ein geistiges Anschauen – dieses und jenes genossen, dieses und jenes ist uns beschert worden an Freude, an Lust des Daseins. Das alles können wir übersehen, was uns jemals geworden ist an Freude, an Lust des Daseins. Aber wir übersehen es so, daß es uns gleichsam in seinem spirituellen Wert erscheint, daß es uns in bezug darauf erscheint, was es aus uns gemacht hat.

Nehmen wir einen konkreten Fall an. Wir blicken zurück auf etwas, was uns als Genuß, als Befriedigung in der verflossenen Zeit in irgendeinem unserer Daseinsleben zuteil geworden ist. Dann fühlen wir:

Das ist nicht etwas Vergangenes, es ist zwar in der Zeit zurückliegend, daß du davon den Genuß hattest, aber es ist nicht etwas, was absolut vergangen ist. Es ist etwas, was seine Wirkung in alle Zeiten hinein fortsetzt, so fortsetzt, daß es darauf wartet, was wir daraus machen.

Wenn wir eine Befriedigung, einen Genuß gehabt haben, so fühlen wir in uns – wir erleben es unmittelbar in unserem Seelensein bei diesem Zurückschauen –: Das muß eine Kraft in dir werden, eine Kraft deiner Seele, und diese Kraft deiner Seele, die kannst du in zweierlei Weise in dir wirken lassen. Jetzt in diesem geistigen Dasein nach der Weltenmitternacht, in dem du stehst, hast du diese zweifache Möglichkeit. Die geistige Welt gibt dir einfach Fähigkeiten, eine von diesen Möglichkeiten zur Wirklichkeit zu machen. Du kannst diesen vergangenen Genuß, diese vergangene Befriedigung in dir umwandeln in eine Fähigkeit, so daß du eine gewisse Kraft in deiner Seele entwickelst durch den verflossenen Genuß, die dich zu diesem oder jenem befähigt, wodurch du irgend etwas in der Welt, sei es das Kleinste, sei es das Größte, schaffst, das einen Wert für die Welt hat. Das ist das eine. Das andere ist, daß wir uns sagen können: Nun, den Genuß habe ich gehabt, ich will mit dem Genuß zufrieden sein, ich will den Genuß in meine Seele hereinnehmen und will mich laben daran, daß ich in der Vergangenheit diesen Genuß gehabt habe. Wenn wir mit vielem, was wir genossen haben, was uns befriedigt hat, eine solche Möglichkeit herbeiführen, dann kommt es dazu, daß wir in unserem Inneren eine Kraft schaffen, an der wir nach und nach geistig degenerieren, ersticken. Und das gehört zu dem Wichtigsten, was wir lernen können in der geistigen Welt, daß wir auch durch den Genuß, durch das, wodurch wir befriedigt werden, Schuldner werden des Weltendaseins. Die Aussicht tritt vor unser geistiges Auge, zu ersticken in den Nachwirkungen der Befriedigungen, der Genüsse, wenn wir uns nicht im rechten Zeitpunkt entschließen, aus verflossenen Befriedigungen, aus verflossenen Genüssen Fähigkeiten zu schaffen, die Wertvolles im Leben hervorbringen können. Sie sehen daraus wiederum, wie das Geistige und das, was auf dem physischen Plan geschieht, in Wechselwirkung steht.

Wer sich, im Sinne des vorgestrigen Vortrags, immer mehr und mehr mit den Erkenntnissen der Geisteswissenschaft durchdringt, bei dem wird diese Geisteswissenschaft in das instinktive Leben seiner Seele übergehen, und er wird gewissermaßen wie die Regung eines inneren Gewissens auch gegenüber den Genüssen, gegenüber den Befriedigungen, die er auf dem physischen Plane hat, die Stimmung entwickeln: Du darfst nicht nur um deiner selbst willen irgendeinen Genuß, eine Freude, eine Lust hinnehmen –, sondern er wird diese Lust durchdringen mit einer Art von Dankbarkeitsgefühl gegenüber dem Weltenall, gegenüber den geistigen Mächten des Weltenalls. Denn er wird wissen, daß er durch jeden Genuß, durch jede Befriedigung ein Schuldner des Weltenalls wird. Am leichtesten und sichersten kommen wir zurecht mit der Umwandlung derjenigen Genüsse und Freuden, welche geistiger Art sind. Solche Genüsse und Lüste, welche nur befriedigt werden können durch die leiblichen Werkzeuge oder überhaupt nur dadurch, daß der Mensch auf dem physischen Plan einen Leib an sich trägt, stehen zwar auch in der angedeuteten Zeit zwischen dem Tod und einer neuen Geburt als etwas vor uns, was umgewandelt werden muß, wenn wir nicht nach und nach gewissermaßen darin ersticken wollen. Wir fühlen die Notwendigkeit der Umwandlung, aber wir fühlen auch das eine, daß viele Inkarnationen notwendig sein werden, damit wir zwischen diesen Inkarnationen immer wieder in der geistigen Welt sind und endlich die Umwandlung bewirken können.

Dann finden wir in der geistigen Welt noch etwas anderes. Wir finden das, daß wir in unserem gegenwärtigen Menschheitszyklus mit solchen Genüssen, mit solchen Freuden, in denen auf dem physischen Plan gleichsam unser Seelisch-Geistiges ganz untergeht, und der Genuß, die Befriedigung einen untermenschlichen, ich will nicht sagen, tierischen Charakter annimmt – denn Freude und Genuß können untermenschlichen Charakter annehmen –, daß wir in der Tat mit solchen Genüssen gewissen Wesenheiten der geistigen Welt unendlichen Schmerz bereiten, die uns erst dann entgegentreten, wenn wir eben in diese geistige Welt eintreten. Und der Anblick dieses Schmerzes, den wir in der geistigen Welt gewissen Wesenheiten bereiten, der ist so ungeheuer bestürzend, bedrückend, unsere Seele mit solchen Kräften durchziehend, daß wir mit dem harmonischen Ausbilden der

Zusammenhänge für die nächste Inkarnation keineswegs gut zurechtkommen.

Gegenüber dem, um das andere zu erörtern, was wir auf Erden an Schmerzen, an Leiden erleben, zeigt sich auf dem geistigen Plan, daß auf dem physischen Plane erduldete Schmerzen, erduldetes Leid fortwirken und auf dem geistigen Plan unsere Seele so durchdringen mit Kräften, daß diese Kräfte Willenskräfte werden, daß wir dadurch in der Seele stärker werden und die Möglichkeit haben, diese Stärke in moralische Kraft umzuwandeln, die wir dann wiederum auf den physischen Plan mitbringen können, um nicht nur gewisse Fähigkeiten zu haben, durch die wir Wertvolles schaffen können für die Umwelt, sondern um auch die moralische Kraft zu haben, charaktervoll diese Fähigkeiten auszuleben.

Solche und viele andere Erlebnisse haben wir unmittelbar nach der geistigen Mitternachtsstunde des Daseins. Wir erfühlen, erleben, was wir wert geworden sind durch unser verflossenes Dasein, wir erfühlen, erleben, zu welchen Fähigkeiten wir kommen können in der Zukunft. Nachdem wir dann eine Weile weiterleben in der geistigen Welt, tritt aus dem Dämmerdunkel der geistigen Umgebung heraus eine deutliche Anschauung, jetzt nicht nur unserer eigenen verflossenen Leben, sondern namentlich alles des Menschlichen, was mit diesen Leben verbunden war, und zwar alles desjenigen Menschlichen, das näher mit diesen Leben verbunden war. Menschen treten in geistige Beziehungen zu uns, mit denen wir in früheren Daseinsstufen diese oder jene Beziehung hatten. Nicht als ob früher die Gemeinsamkeit mit diesen Menschen nicht dagewesen wäre – wir erleben uns immer zusammen mit den Menschen, die uns im Leben nahegestanden haben, in der weitaus größten Zeit zwischen dem Tod und einer neuen Geburt –, aber jetzt tritt, indem wir diese Menschen nach der Mitternachtsstunde des geistigen Daseins wieder treffen, deutlich und klar an diesen Menschen hervor, was wir ihnen schuldig geworden sind, oder was sie uns schuldig geworden sind. Wir erleben jetzt nicht bloß eine Anschauung: so standest du mit diesen Menschen zwischen dieser und jener Zeit – das hatten wir früher auch –, sondern diese Menschen werden für uns der Ausdruck für das, was Ausgleich ist für die früheren Erlebnisse. Wir sehen es den Menschen an, so wie sie uns entgegentreten, durch welche neuen Erlebnisse auf dem physischen Plane wir für Früheres Ausgleich schaffen können, was wir ihnen schuldig geblieben sind oder dergleichen. Wir schauen sozusagen, indem wir den Seelen der Menschen gegenüberstehen, auf die Wirkungen, welche in der Zukunft die Folgen sein werden von Beziehungen, die wir zu den Menschen in der Vergangenheit gehabt haben. Natürlich sieht man das am besten ein, wenn man einen möglichst konkreten Einzelfall nimmt.

Nehmen wir also noch einmal an, wir hätten einen Menschen angelogen. Jetzt ist die Zeit, wo die Möglichkeit in der geistigen Welt geboten ist, daß wir durch die unserer Lüge entgegengesetzte Wahrheit gequält werden. Aber dadurch werden wir gequält, daß sich die Beziehung zu dem Menschen, den wir angelogen haben, in der jetzt geschilderten Zeit so verändert, so oft wir den Menschen erblicken – und wir werden ihn genügend oft mit dem geistigen Auge erblicken –, daß er die Ursache wird, daß die der vollbrachten Lüge entgegengesetzte Wahrheit, die uns quält, in uns aufsteigt. Dadurch taucht aus unseren Tiefen die Tendenz herauf: Diesem Menschen mußt du unten auf der Erde wieder begegnen, und du mußt etwas tun, was das Unrecht ausgleicht, das du durch die vollzogene Lüge begangen hast. Denn hier in der geistigen Welt kann das nicht ausgeglichen werden, was durch deine Lüge geschaffen worden ist, da im Kosmos kannst du nur völlige Klarheit gewinnen über die Wirkung einer Lüge. Was auf Erden geschaffen worden ist von dieser Art, das muß auch wiederum auf der Erde ausgeglichen werden. Man weiß, man braucht zum Ausgleich Kräfte in sich selber, die einem nur werden können, wenn man wiederum einen Erdenleib bezieht. Dadurch entsteht in unserer Seele die Tendenz: Du mußt einen Erdenleib beziehen, der die Möglichkeit bietet, eine solche Tat zu vollbringen, wodurch die Unvollkommenheiten ausgeglichen werden, die du auf Erden verursacht hast, sonst wird, wenn du durch den nächsten Tod gegangen bist, dieser Mensch wiederum dir erscheinen und die Qual der Wahrheit hervorrufen. Sie sehen die ganze geistige Technik, wie in der geistigen Welt der Trieb in uns geschaffen wird, einen karmischen Ausgleich für das oder jenes zu schaffen.

Diese Ausgleiche geschehen auch durch andere Voraussetzungen; aber ich müßte natürlich tausend und aber tausend konkrete Fälle aufzählen, wenn ich alles zum Vorschein bringen wollte, was für diese bedeutsame karmische Frage in Betracht kommt. Nehmen wir zum Beispiel den folgenden Fall. Nehmen wir an, wir sind in der Zeit, die auf die Mitternachtsstunde des Daseins folgt, so in der geistigen Welt, daß wir zurückblicken auf gewisse Freuden, die wir gehabt haben, und sagen: Wir können die Wirkungen dieser Erlebnisse in Fähigkeiten umwandeln, die wir dann ausdrücken können, wenn wir wieder verleiblicht sein werden. Ja, dann kann aber folgendes geschehen. Wir können bemerken: Indem du dir jetzt in deiner gegenwärtigen Lage diese verflossenen Erlebnisse umwandelst in Fähigkeiten, da stören dich gewisse Elementarwesen. Das kann so sein. Diese Elementarwesen lassen es nicht dazu kommen, daß du dir diese Fähigkeiten wirklich aneignest. Jetzt kann man sich fragen: Was ist nun zu tun? Wenn ich diesen Elementarwesen willfahre, die da herankommen und die nicht leiden können, daß in mir diese Fähigkeiten entstehen, dann werde ich mir diese Fähigkeiten nicht bilden können. Aber diese Fähigkeiten muß ich mir bilden. Ich weiß, daß ich nur dadurch in der nächsten Inkarnation gewissen Menschen, denen ich Dienste leisten kann, diese Dienste wirklich werde leisten können, wenn ich diese Fähigkeiten habe. Man wird in einem solchen Falle in der Regel so entscheiden, daß man sich diese Fähigkeiten aneignet. Damit aber verletzt man diese Elementarwesen, die da ringsherum sind. Die fühlen sich in einer gewissen Weise durch uns attackiert. Namentlich fühlen sie sich, wenn das geschieht, was gerade gesagt worden ist, daß wir uns gewisse Fähigkeiten aneignen, dadurch so verfinstert in ihrem Dasein, wie wenn ihnen an ihrer eigenen Weisheit etwas genommen wäre. Eine der Folgen, die oft eintritt, ist dann diese, daß, wenn wir wiedergeboren werden, wir einen oder mehrere Menschen auf der Erde besessen finden von diesen Elementarwesen und ihnen besonders feindliche Absichten gegen uns eingegeben finden.

Denken Sie sich, wie tief uns das hineinschauen läßt in das menschliche Erleben, und wie gründlich es uns lehrt, das menschliche Leben zu begreifen, uns wirklich den rechten Instinkt anzueignen, uns richtig zu verhalten auf dem physischen Plan. Das bedingt aber nicht, daß wir etwa immer, wenn wir nun auf dem physischen Plane sind, sagen: Nun ja, ich habe mich dazumal schützen müssen. Dadurch habe ich diese Feinde gegen mich heraufbeschworen, ich muß sie jetzt gewähren lassen. Es kann ja der Fall eintreten, wo es gut ist, sie gewähren zu lassen, es kann aber auch der andere Fall eintreten, daß, wenn wir sie gewähren lassen, diese feindlichen Elementarwesen, die durch diesen oder jenen Menschen wirken, sie durch das, was sie nun auf dem physischen Plan erreichen, sich reichlich Ausgleich schaffen für das, was man ihnen sozusagen durch den eigenen Schutz weggenommen hat; sie gehen über das hinaus, was man ihnen weggenommen hat. Und die Folge davon würde sein, daß man sich ihnen gegenüber nicht retten kann, wenn man wiederum in der entsprechenden Zeit in den Zeitenstrom zwischen dem Tod und einer neuen Geburt eintritt, daß sie einen da in gewisser Weise für gewisse Fähigkeiten totschlagen würden.

Immer komplizierter und komplizierter wird die Welt, wenn wir wirklich Einsicht in sie gewinnen. Aber das kann uns eigentlich im Grunde genommen gar nicht verwundern. Nur einzelne Fälle möchte ich noch aus dem karmischen Zusammenhang zwischen dem Leben auf der Erde und dem Leben zwischen dem Tod und einer neuen Geburt hervorheben. So sei der Fall hervorgehoben, daß bei einem Menschen, sagen wir, durch eine Krankheit, der Tod früher eintritt, als er nach einem normalen Menschenleben eintreten würde. Da geht der Mensch so durch die Pforte des Todes durch, daß er durch die Krankheit zum Tode geführt worden ist, daß er aber gewisse Kräfte eigentlich bei sich behält, die er ausgelebt haben würde, wenn er ein normales Menschenleben erreicht hätte. Diese Kräfte, die auf diese Weise gleichsam dem Menschen als Restkräfte verbleiben, die er noch hätte verbrauchen können, wenn er nicht früher zugrunde gegangen wäre, die bleiben. Und es zeigt sich für die Geistesforschung, wenn man das Leben nach dem Tode untersucht, daß diese Kräfte zu den Willens- und Gefühlskräften des Menschen hinzugeschlagen werden, daß sie diese verstärken, erkraften. So daß ein solcher Mensch in der Lage ist, das, was ihm durch diese Kräfte vor der Mitternachtsstunde des Daseins zugeführt wird, nach der Mitternachtsstunde des Daseins so zu benutzen, daß er ins Erdenleben als ein stärkerer, in seinem Willen charaktervollerer und kraftvollerer Mensch eintritt, als er eingetreten wäre, wenn er nicht einen so frühen Tod gefunden hätte. Daß das aber gerade so sein muß, hängt mit früherem Karma zusammen, und es wäre natürlich die größte Torheit, wenn jemand glauben wollte, daß er durch künstliches Herbeiführen eines frühen Todes das erreichen würde, was geschildert worden ist; dann würde er das nicht erreichen. Was durch dieses künstliche Herbeiführen eines frühen Todes erreicht wird, das finden Sie in meiner «Theosophie» beschrieben, soweit es notwendig ist, Aufschluß darüber zu erhalten. Auch habe ich auf den Fall hingedeutet, wo der Mensch einen frühen Tod durch einen Unglücksfall findet. Wenn er durch einen Unglücksfall herausgerissen wird aus dem Erleben des physischen Planes, für den seine Kräfte noch zugereicht hätten, um ein höheres Alter zu erreichen, so bleibt ihm wiederum ein solcher Rest von Kräften, der ihm jetzt so zugesetzt wird, daß er, wenn die Mitternachtsstunde des Daseins verflossen ist, das, was ihm da zufließt, zu seinen intellektuellen Kräften, zu seinen Erkenntniskräften verwenden kann. Man findet durch die Geistesforschung, daß große Erfinder oftmals gerade solche Menschen sind, die in früheren Inkarnationen durch einen Unglücksfall zugrunde gegangen sind.

Wir sehen an solchen Fällen, daß, wenn wir diese Dinge wirklich verständnisvoll überblicken wollen, wir uns schon damit bekanntmachen müssen, daß eben der Gesichtspunkt in der geistigen Welt wirklich ein anderer wird, als er es in der physischen Welt sein kann. Es wird Ihnen immer mehr und mehr begreiflich werden, daß man, um die geistige Welt zu verstehen, neue Vorstellungen und Begriffe herantragen muß, weil die geistigen Welten eben etwas ganz anderes sind als die physische Welt. Daher darf sich niemand wundern, wenn zunächst etwas, was von den geistigen Welten geschildert wird, so erscheint, daß, wenn man die Begriffe der physischen Welt auf das Geschilderte anwendet, man die Sache als unbefriedigend empfindet. Zum Beispiel ist es eine Tatsache, die die Geistesforschung in vielen Fällen bekräftigt, daß jemand, der mit materialistischer Gesinnung stirbt und Hinterbliebene zurückläßt, die auch materialistisch gesinnt sind, zunächst in der geistigen Welt eine gewisse Entbehrung erleidet. Wenn er durch die Pforte des Todes gegangen ist ohne spirituelle Gesinnung und zurückblicken will auf seine Lieben auf der Erde, so kann er, wenn in deren Seelen gar kein spiritueller Gedanke ist, nicht unmittelbar auf sie hinsehen; er weiß von ihnen nur bis zu dem Zeitpunkte, wo er durch den Tod gegangen ist. Was sie jetzt erleben unten auf der Erde, das kann sein geistiges Auge nicht sehen, weil in ihren Seelen nicht spirituelles Leben ist, denn nur spirituelles Leben wirft Licht hinauf in die geistigen Welten. Solch ein Mensch muß dann warten, bis ihm selber die Kräfte in der geistigen Welt erwachsen sind, um die Sache ganz klar zu sehen. Um nämlich zu sehen: diese Seelen, die er da unten zurückgelassen hat, die sind materialistisch gesinnt, weil sie von Ahriman befallen sind. Würde man das unmittelbar nach dem Tode gleich erleben, so würde man es nicht ertragen können. Man muß erst hineinwachsen in dieses von Ahriman Besessensein materialistisch gesinnter Seelen, dann kann ein Schauen dieser Seelen beginnen, bis auch sie durch die Pforte des Todes gegangen sind und sich dann selber frei machen in der geistigen Welt von ihrer materialistischen Gesinnung. Dann erlebt man erst später den Zusammenhang mit ihnen.

Es könnte jemand sagen: Ja, aber das sind doch gar keine tröstlichen Verhältnisse, die du da schilderst als nach dem Tode verlaufend. Ja, meine lieben Freunde, das ist eben eine Vorstellung, die auf dem physischen Plan gewonnen ist, wenn wir so sprechen. Das ist keine Vorstellung, die schon von dem Verständnis der spirituellen Welten durchdrungen ist. Der Tote kommt zwischen dem Tod und einer neuen Geburt zu einem Zeitpunkt, wo er sich sagt: Oh, wie trostlos müßte es sein, gleich nach dem Tode diese Seelen zu sehen, wenn man materialistisch gesinnt ist! – Wie ist es für all diese Seelen doch am besten, daß sie diese Prüfungszeit erst durchmachen! Sie würden sich selber verlieren, sie würden das nicht erreichen können, was erreicht werden soll, wenn es nicht so wäre. Der Gesichtspunkt wird eben ein ganz anderer, wenn man die Dinge der Welt von der geistigen Seite her betrachtet, und eine Zeit wird kommen, wo die Menschen notwendig haben werden, schon auf dem physischen Plan wirklich Verständnis zu gewinnen für die Wahrheiten der Geisteswissenschaft.

Darum tritt diese Geisteswissenschaft jetzt in der Welt auf, weil die Menschheitsentwickelung es notwendig macht, daß diese Durchdringung der geistigen Welten und ihrer Daseinsbedingungen in den Seelen immer mehr und mehr, zuerst instinktiv und dann bewußt leben wird. Ich will Ihnen eine reine Äußerlichkeit mitteilen, damit Sie sehen, wie man immer mehr dazu kommen wird, auch das Leben auf dem physischen Plan nur dadurch in seinem wahren Gehalt beurteilen zu können, daß man die Gesetze des geistigen Daseins begreift, eine reine Äußerlichkeit, die aber ungeheuer wichtig ist. Wenn wir auf die Natur hinblicken, so sehen wir das merkwürdige Schauspiel, daß überall nur eine geringe Anzahl von Keimen verwendet wird, um das gleichartige Leben fortzupflanzen, daß aber eine ungeheuer große Anzahl von Keimen zugrunde geht. Wir blicken hin auf das Heer der ungeheuer vielen Fischkeime, die im Meere vorhanden sind. Nur wenige von ihnen werden Fische, die anderen gehen zugrunde. Wir sehen hinaus auf das Feld und sehen die ungeheuer vielen Kornkeime. Nur wenige werden wieder zu Kornpflanzen, die anderen gehen als Getreidekörner zugrunde, indem sie zu menschlicher Nahrung und anderem verwendet werden. Ungeheuer viel mehr muß in der Natur erzeugt werden, als was sozusagen im gleichmäßig fortfließenden Strom des Daseins wirklich Frucht wird und wieder keimt. So ist es gut in der Natur, denn da draußen in der Natur herrscht die Ordnung und Notwendigkeit, daß das, was so abfließt von seinem zu ihm gehörigen, in sich selbst begründeten Strom des Daseins und Fruchtens, verwendet wird, so verwendet wird, daß es dem anderen fortlaufenden Strom des Daseins dient. Die Wesen würden nicht leben können, wenn alle Keime wirklich fruchteten und zu der in ihnen liegenden Entwickelung kämen. Es müssen Keime da sein, welche dazu verwendet werden, daß sozusagen Boden gegründet wird, aus dem die Wesen herauswachsen können. Nur scheinbar, der Maja nach, geht etwas verloren, in Wirklichkeit geht innerhalb des Naturschaffens doch nichts verloren. In dieser Natur waltet der Geist, und daß so scheinbar etwas vom fortlaufenden Strom der Entwickelung verlorengeht, das ist in der Weisheit des Geistes begründet, das ist geistiges Gesetz, und wir müssen diese Sache vom Standpunkt des Geistes ansehen. Dann kommen wir schon darauf, inwiefern auch das seine gute Daseinsberechtigung hat, was scheinbar vom fortlaufenden Strom des Weltgeschehens hinweggeführt wird. Geistgegründet ist dieses; daher kann es auch, insoferne wir geistiges Leben führen, auf dem physischen Plane Geltung haben.

Meine lieben Freunde, nehmen Sie den uns ganz naheliegenden konkreten Fall: Es müssen öffentliche Vorträge gehalten werden über unsere Geisteswissenschaft. Die werden vor einem Publikum gehalten, das eben einfach durch die Veröffentlichungen zusammengetragen wird. Da geht etwas Ähnliches vor wie mit den Getreidekörnern, die nur zum Teil im fortlaufenden Strom des Daseins verwendet werden. Man darf nicht zurückschrecken davor, daß man unter Umständen vor viele, viele Menschen scheinbar ohne Wahl die Ströme des spirituellen Lebens bringen muß, und daß sich dann nur wenige heraussondern und wirklich eintreten in dieses spirituelle Leben, Anthroposophen werden und im fortlaufenden Strome mitgehen. Auf diesem Gebiete ist es noch so, daß diese verstreuten Keime an viele herandringen, welche zum Beispiel nach einem öffentlichen Vortrage weggehen und sagen: Was hat der Kerl da für tollen Unsinn geschwatzt! Unmittelbar angeschaut in bezug auf das äußere Leben, ist das so wie, sagen wir, die Keime, die im Meer als Fischkeime verlorengehen; aber vom Standpunkt einer tieferen Forschung ist es nicht so. Die Seelen, die da gekommen sind durch ihr Karma, die dann fortgehen und sagen: Was hat der Kerl da für tollen Unsinn geschwatzt! – die sind noch nicht reif, die Wahrheit des Geistes zu empfangen, aber notwendig haben es ihre Seelen in der jetzigen Inkarnation, heranschwingen zu fühlen das, was als Kraft in dieser Geisteswissenschaft liegt. Und das bleibt doch in ihren Seelen, sie mögen noch so schimpfen, es bleibt als Kraft in ihren Seelen für ihre nächste Inkarnation, und dann sind die Keime nicht verloren, sie finden Wege. Es unterliegt das Dasein in bezug auf das Geistige den gleichen Gesetzen, ob wir dieses Geistige in der Naturordnung verfolgen oder in dem Fall, den wir als unseren eigenen Fall anführen konnten.

Aber nehmen wir jetzt an, wir wollten die Sache auch auf das äußere materielle Leben übertragen und man wollte sagen: Nun, man macht es im äußeren Leben ebenso. Ja, meine lieben Freunde, das ist es gerade, daß man es macht, was ich jetzt schildern werde, daß wir einer Zukunft entgegenleben, wo sich das immer mehr herausbildet! Man produziert immer mehr und mehr darauf los, man gründet Fabriken, man fragt nicht: Wieviel wird gebraucht? – wie es einmal der Fall war, als es Schneider im Dorf gab, die nur dann einen Anzug machten, wenn er bestellt wurde. Da war es der Konsument, der angab, wieviel erzeugt werden soll, jetzt wird für den Markt produziert, die Waren werden zusammengestapelt, soviel als nur möglich. Die Produktion arbeitet ganz nach dem Prinzip, nach dem die Natur schafft. Die Natur wird in die soziale Ordnung hinein fortgesetzt. Das wird zunächst immer mehr überhandnehmen. Aber hier betreten wir das Feld des Materiellen. Im äußeren Leben hat das geistige Gesetz, weil es eben für die geistige Welt gilt, keine Anwendung, und es entsteht etwas sehr Merkwürdiges. Da wir unter uns sind, können wir ja solche Dinge sagen. Die Welt freilich wird uns heute darin kein Verständnis entgegenbringen.

Es wird also heute für den Markt ohne Rücksicht auf den Konsum produziert, nicht im Sinne dessen, was in meinem Aufsatz «Geisteswissenschaft und soziale Frage» ausgeführt worden ist, sondern man stapelt in den Lagerhäusern und durch die Geldmärkte alles zusammen, was produziert wird, und dann wartet man, wieviel gekauft wird. Diese Tendenz wird immer größer werden, bis sie sich – wenn ich jetzt das Folgende sagen werde, werden Sie finden, warum – in sich selber vernichten wird. Es entsteht dadurch, daß diese Art von Produktion im sozialen Leben eintritt, im sozialen Zusammenhang der Menschen auf der Erde genau dasselbe, was im Organismus entsteht, wenn so ein Karzinom entsteht. Ganz genau dasselbe, eine Krebsbildung, eine Karzinombildung, Kulturkrebs, Kulturkarzinom! So eine Krebsbildung schaut derjenige, der das soziale Leben geistig durchblickt; er schaut, wie überall furchtbare Anlagen zu sozialen Geschwürbildungen aufsprossen. Das ist die große Kultursorge, die auftritt für den, der das Dasein durchschaut. Das ist das Furchtbare, was so bedrückend wirkt, und was selbst dann, wenn man sonst allen Enthusiasmus für Geisteswissenschaft unterdrücken könnte, wenn man unterdrücken könnte das, was den Mund öffnen kann für die Geisteswissenschaft, einen dahin bringt, das Heilmittel der Welt gleichsam entgegenzuschreien für das, was so stark schon im Anzug ist und was immer stärker und stärker werden wird. Was auf seinem Felde in dem Verbreiten geistiger Wahrheiten in einer Sphäre sein muß, die wie die Natur schafft, das wird zur Krebsbildung, wenn es in der geschilderten Weise in die Kultur eintritt.

Das zu durchschauen und dann Abhilfe zu schaffen wird erst möglich sein, wenn Geisteswissenschaft die Herzen ergreift, die Seelen durchdringt. Und man möchte, wenn man diese Dinge durchschaut, das allerintensivste Feuer haben, um es in seine Worte zu legen, um unsere Zeitgenossen, so viele es verstehen können, aufmerksam zu machen, welcher Zeit wir entgegengehen! Einsehen kann man diese Dinge nur, wenn man sich bekanntmacht mit den verschiedenen Gesichtspunkten, welche existieren, einmal für das eine Feld des Daseins, das andere Mal für das andere. Demjenigen, der in dem Erleben zwischen der Mitternachtsstunde und einer neuen Geburt steht, dem treten diese anderen Gesichtspunkte entgegen, denn aus diesen anderen Gesichtspunkten heraus muß er selber schaffend werden.

Wenn der Mensch die Tendenzen gebildet hat zum Vollzuge des Karmas in bezug auf die ihm nächststehenden Erlebnisse, dann treten die weiteren Erlebnisse, die mehr ferne stehen, vor der Seele auf. Religionsgemeinschaft, andere Gemeinschaften, denen man angehört hat, die erlebt man dann so, daß sie zeigen: Du mußt nun, damit du nicht einseitig wirst, das oder jenes in der folgenden Inkarnation tun. – Kurz, dieses Leben verfließt dann so, daß es zwar auch noch abwechselt zwischen geistiger Geselligkeit und geistiger Einsamkeit, daß es aber wesentlich dahin geht, daß man sich das Urbild für ein neues Erdenleben, rein geistig zunächst, aufbaut.

Lange bevor man zu diesem Erdenleben heruntersteigt, hat man aus der geistigen Welt heraus ein geistig-ätherisches Urbild aufbaut, das die Kräfte in sich trägt, die man geistig-magnetische Kräfte nennen könnte, die einen hinunterziehen zu einem Elternpaar, von dem man fühlt: Es gibt uns die Vererbungsmerkmale, damit wir in einem neuen Erdenleben auftreten können. Ich habe schon angedeutet, daß der normale Zeitpunkt der ist, in dem wir das Gefühl haben: Wir vereinigen uns mit dem, was sich gefernt hat als unsere Lebensfrucht des letzten Erdenlebens. Aber der Mensch kommt nicht immer bis zu diesem. Unser Leben verfließt dann so, daß wir vollständig den Zusammenhang fühlen würden zwischen dem Leiblichen und Geistigen, wenn wir bis zu diesem Zeitpunkt gelangten, aber der Mensch tritt meistens früher ins Dasein. Die meisten Menschen sind geistige Frühgeburten, und es gleicht sich erst später dadurch aus, daß wir solche Erlebnisse haben, in denen wir vollständig harmonisch wieder zusammenfließen mit den Früchten unserer früheren Erdenleben.

Eines aber ist von ganz besonderer Wichtigkeit. Ich habe es gestern dargestellt: Da wo unsere Sehnsucht am größten sein muß nach Außenwelt, weil wir am meisten in die Einsamkeit eingetreten sind, in der Mitternachtsstunde des geistigen Daseins, da ist es dasjenige, was eigentlich nur in den geistigen Welten wallt und wogt und lebt, da ist es der Geist, der an uns herantritt und unsere Sehnsucht in eine Art von Seelenlicht verwandelt. Bis zu diesem Zeitpunkt müssen wir den Zusammenhang mit unserem Ich bewahren. Wir müssen gleichsam die eine Erinnerung bewahren: Du warst auf Erden dieses Ich. Dieses Ich muß einem als Erinnerung bleiben. Daß man das kann in unserem Zeitenzyklus, hängt davon ab, daß der Christus die Kraft in die Erdenaura hineingebracht hat, welche sonst nicht aus dem irdischen Leben mitgebracht würde, die Kraft, die uns befähigt, die Erinnerung bis zur Mitternachtsstunde zu bewahren. Es würde zerreißend, sozusagen eine Kluft sein, die unser Dasein zu einem unharmonischen in der Mitte zwischen dem Tod und einer neuen Geburt machen würde, wenn der Christus-Impuls nicht durch die Erdenwelt flösse. Lange bevor die Mitternachtsstunde eintritt, würden wir vergessen, daß wir ein Ich gewesen sind im letzten Leben. Wir würden den Zusammenhang mit der geistigen Welt fühlen, würden aber *uns* vergessen. Und das ist dadurch bewirkt, daß wir auf Erden eben wirklich unser Ich so stark entwickeln. Daß wir immer mehr und mehr zu diesem Ich-Bewußtsein kommen, das ist notwendig geworden seit dem Mysterium von Golgatha. Aber indem wir auf Erden immer mehr und mehr zu unserem Ich-Bewußtsein kommen, verbrauchen wir die Kräfte, die wir nötig haben nach dem Tode, damit wir wirklich bis zur Mitternachtsstunde des Daseins uns nicht vergessen. Daß wir diese Erinnerung bewahren können, dazu müssen wir in den Christus hinein sterben. So mußte der Christus-Impuls da sein: Er erhält uns bis zur Mitternachtsstunde des Daseins die Möglichkeit, unser Ich nicht zu vergessen.

Dann kommt in der Mitternachtsstunde des Daseins der Geist an uns heran. Nun haben wir die Erinnerung an unser Ich bewahrt. Wenn wir sie hineintragen bis zur Mitternachtsstunde des Daseins, bis dahin, wo der Heilige Geist an uns herankommt und uns den Rückblick und den Zusammenhang mit unserer eigenen inneren Welt wie mit einer äußeren Welt gibt, wenn wir diesen Zusammenhang bewahrt haben, dann kann uns der Geist nunmehr bis zu unserer Wiederverkörperung leiten, die wir dadurch herbeiführen, daß wir unser Urbild in der geistigen Welt bilden. Aber nun geschehen ja die Dinge in der Wirklichkeit nicht so, daß man gewissermaßen nur das Allernotwendigste tut. Denn, wie der Pendel nicht ruhig ist, sondern ausschlägt, um wiederum nach der anderen Seite auszuschlagen, und wie es richtig ist, daß es so geschieht, so ist es auch mit dem Geistesleben. Der Christus-Impuls stattet uns nicht bloß mit solcher Kraft aus, daß wir gerade knapp den Anschluß finden, sondern er gibt uns unter Umständen so viel, daß, wenn der Geist nicht an uns herantreten würde, der Christus-Impuls uns hinüberschnellen könnte. Mit der Erinnerung allerdings würden wir den Anschluß nicht finden können, aber hinüberschnellen würde uns der Christus-Impuls. Das hat seine große Bedeutung, und daß wir einen solchen, das notwendigste Maß überschreitenden Impuls von dem Christus her aufnehmen, das wird dem Menschen immer mehr und mehr nötig sein, indem er sich in die Zukunft hinein entwickelt. Jetzt schon ist es notwendig, daß der Mensch gewissermaßen während seines Erdenlebens nicht nur das Allernotwendigste über den Christus erfährt, sondern daß der Christus-Impuls als mächtiger Impuls in seine Seele sich setzt, so daß er ihn noch hinüberschnellt über die Mitternachtsstunde des

Daseins. Denn dadurch verstärkt sich der Impuls des Geistes durch den Impuls des Christus, und wir tragen den Impuls des Geistes stärker durch die zweite Hälfte des Lebens zwischen dem Tod und einer neuen Geburt hindurch, als wir ihn sonst hindurchtragen würden, wenn der Christus-Impuls nicht wäre.

Was uns übrig bleibt von dem Impuls des Christus, das verstärkt den Impuls des Geistes. Der Geist wäre sonst nur für den Geist und er würde aufhören zu wirken, indem wir geboren würden. Indem wir uns mit dem Christus-Impuls durchdringen, verstärkt der Christus-Impuls den Impuls des Heiligen Geistes. Und dadurch kann auch in unsere Seele ein solcher Impuls des Geistes hereingebracht werden, der dann, wenn wir in die irdische Inkarnation eintreten, eine Kraft ist, die wir nicht verbrauchen wie sonst die Kräfte, die wir mitbringen durch die Geburt, in der irdischen Inkarnation. Das habe ich ja betont, daß wir die Kräfte, die wir aus der geistigen Welt heraus bringen, umwandeln zu unserer inneren Organisation. Aber das, was wir auf diese Weise als ein Plus bekommen, als ein Mehr, indem der Christus-Impuls den Geistesimpuls verstärkt, das tragen wir herein ins Dasein, das braucht nun nicht umgewandelt zu werden während des irdischen Erlebens. Immer mehr und mehr Menschen werden für die Erdenentwickelung notwendig sein, je mehr wir der Zukunft entgegengehen, die so etwas von der Durchdringung des Christus-Impulses und des geistigen Impulses hereintragen in das irdische Leben durch ihre Geburt bei einer neuen Inkarnation. Der Geist, er muß stärker wirken, damit er nicht nur wirkt bis zu der Geburt hin und alles aus dem geistigen Leben heraus umgesetzt wird in innere organisierende Kräfte, so daß uns nur das bißchen Bewußtsein bleibt, das uns Erkenntnis lehrt über unsere physische Umgebung und über das, was der Verstand ergreifen kann, der an das Gehirn gebunden ist. Würden wir als Menschen, indem wir uns der Zukunft entgegen entwickeln, nicht nach und nach einen Überschuß an Geist, der auf die geschilderte Weise entsteht, mitbringen, dann würde die Menschheit auf der Erde immer mehr dazu kommen, während des irdischen Lebens nichts mehr davon zu ahnen, daß es einen Geist gibt. Dann würde während des irdischen Lebens nur der ungeistige Geist, Ahriman, herrschen, und die Menschen würden nur wissen können von der sinnlich-physischen Welt, die man mit den Sinnen wahrnimmt, und von dem, was man mit dem Verstande begreifen kann, der an das Gehirn gebunden ist. Alle solche Dinge erleben in einer gewissen Weise doch in der Fortentwickelung der Menschen eine Ausbildung gerade jetzt, wo die Menschheit vor der Gefahr steht, den Heiligen Geist zu verlieren.

Aber sie wird ihn nicht verlieren. Wächter dafür will die Geisteswissenschaft sein, daß die Menschheit diesen Geist nicht verliert, diesen Geist, der in der Mitternachtsstunde des Daseins an die Seele herantritt, um in ihr die Sehnsucht zu beleben, daß sie sich selbst in ihrer Vergangenheit in ihrem ganzen Wert erblicke. Nein, Geisteswissenschaft wird von dem Christus-Impuls immer mehr, immer eindringlicher reden müssen, so daß immer mehr und mehr Geist in immer mehr und mehr Menschen durch die Geburt auch ins physische Dasein hereinkommt, und daß in diesem physischen Dasein immer mehr Menschen erstehen, die fühlen: Ich habe allerdings in mir die Kräfte, die umgewandelt werden müssen in organisierende Kräfte, aber da leuchtet etwas auf in meiner Seele, das nicht umgewandelt zu werden braucht. Der Geist, der nur für die geistigen Welten ist, ich habe etwas von ihm mitgenommen in diese physische Welt, trotzdem ich in meinem Leibe lebe. Der Geist wird es sein, der die Menschen dazu bringt, zu schauen, was in meinem Mysteriendrama «Die Pforte der Einweihung» von der Theodora gesagt wird: Daß Menschen die Äthergestalt des Christus schauen werden. Die Kraft des Geistes, die so in die Leiber hereinkommt, die wird das geistige Auge abgeben, um die geistigen Welten zu sehen und zu verstehen. Zuerst wird man sie verstehen müssen, dann wird man beginnen, sie mit Verständnis zu schauen. Denn das Schauen wird herankommen, weil der Geist die Seelen so ergreift, daß sie diesen Geist hereinbringen werden in die Leiber, und auch in ihren irdischen Inkarnationen wird der Geist aufleuchten: erst bei wenigen, dann bei mehreren wird der Geist aufleuchten. Und können wir auf der einen Seite sagen: Durch den Geist, durch den Heiligen Geist werden wir erweckt in der großen Mitternachtsstunde des Daseins, so müssen wir auf der anderen Seite sagen, hinblickend auf das, was der Geist in der Erdenentwickelung für die Zukunft leistet: Auch im physischen Leib wird das Beste der Seele, das, was den Ausblick gibt in die geistigen Welten, durch den Heiligen Geist immer mehr und mehr auferweckt werden. Auferweckt durch den Heiligen Geist in der Mitternachtsstunde des Daseins, wird der Mensch auch auferweckt werden, wenn er in seinem physischen Leibe lebt, wenn er sich hereinlebt in das physische Dasein. Er wird innerlich erwachen, indem ihn der Geist auferweckt aus dem Schlafe, in dem er sonst befangen wäre mit dem bloßen Anschauen der Sinneswelt und mit dem Verstande, der an das Gehirn gebunden ist. Schlafen würden die Menschen immer durch die bloße Sinnesanschauung und durch den an das Gehirn gebundenen Verstand. Aber hineinleuchten in diesen Menschenschlaf, der sonst die Menschheit gegen die Zukunft hin immer mehr umdüsternd überkommen würde, hineinleuchten in diesen Schlaf wird der Geist im Menschen auch während des physischen Daseins. Mitten in dem absterbenden geistigen Leben, mitten in dem durch die bloße Sinnesanschauung, durch die Verstandeswelt absterbenden Geistesleben auf dem physischen Plan werden die Menschenseelen auferweckt werden auch im physischen Dasein durch den Heiligen Geist.

Per spiritum sanctum reviviscimus.

ÜBER DEN JOHANNESBAU IN DORNACH

Ansprache in Wien
vor dem Vortrag am 14. April 1914

Bevor ich heute zu dem Vortrag selbst komme, möchte ich ein paar Worte an Sie richten, die nur besagen wollen, daß wir in diesem Jahre leider nicht, so wie in den verflossenen Jahren, in der Mitte des Sommers die Veranstaltungen haben werden, die sonst in München stattgefunden haben, da die nächste derartige Veranstaltung eben schon im Johannesbau stattfinden soll und dieser Bau sich etwas länger hinauszieht, als ursprünglich hat gedacht werden können. Es steht zu hoffen, daß wir in den letzten zwei Monaten dieses Jahres so weit sein werden, daß dann eine feierliche, festliche Eröffnung des Johannesbaues stattfinden kann.

Dieser Bau macht uns ja mehr Arbeit, als man sich gewöhnlich vorstellt, und Sie werden es daher begreiflich finden, daß jetzt schon einmal eine gewisse Zeit hindurch die persönlichen Besprechungen ausfallen mußten.

Für unsere lieben österreichischen Freunde ist es ganz gewiß in vieler Beziehung nicht leicht gewesen, sich mit dem Gedanken vertraut zu machen, daß der Johannesbau in so großer Ferne liegt. Allein, trotzdem ich jetzt nicht in der Lage bin, das des weiteren auseinanderzusetzen, denn dazu mangelt die Zeit, so war es eben schon einmal so, daß uns das Karma dazu geführt hat, den Johannesbau dort zu errichten, wo er errichtet wird; und das wird gut sein.

Es wird uns ja schon vor Augen stehen müssen, daß wir in diesem Bau eine Art Zentralstätte und Wahrzeichen unserer spirituellen Bewegung sehen. Was für den einen weit ist, ist für den anderen nahe; das ließ sich von vornherein nicht anders machen. Es steht aber doch wohl zu hoffen, daß auch unsere österreichischen Freunde Mittel und Wege finden, durch persönliche Anwesenheit bei der entsprechenden Veranstaltung des Johannesbaues dieses Wahrzeichen unserer anthroposophischen Bewegung als das ihrige, ich möchte ausdrücklich sagen, zu erleben. Es ist in Wirklichkeit nicht nur ein Wahrzeichen durch das, was es sein wird als Monumentalbau, sondern es ist gewissermaßen ein Wahrzeichen dadurch, daß es, wenn es wirklich zustande kommt, nur zustande kommen kann und konnte durch das, was als große Opferwilligkeit einiger unserer Freunde geleistet wurde, die wirklich das Äußerste an Opferwilligkeit geleistet haben, um den schwierigen und vor allen Dingen kostspieligen Bau, so wie er nun einmal sein soll, zu Ende zu bringen.

Was entstehen soll, das soll in jeder Beziehung eigentlich zum Ausdruck bringen, was unsere spirituelle Bewegung sein wird. Und dem muß der ganze Baustil auch entsprechen. Alles, was in den Bau hineinfließt, muß so sein, daß es nicht in symbolischer oder allegorischer Art und Weise hineinkommt, sondern es muß in wirklich künstlerischer Weise in diesen Bau hineinfließen. Vor allen Dingen war dieses notwendig: einmal einen solchen Bau aufzuführen, der in allen seinen Formen eine Verkörperung des spirituellen Wesens ist, dem wir zugetan sind. Die verschiedenen Zeiten, die verschiedenen Kulturen der Menschheitsentwickelung hatten auch die ihnen entsprechenden, eigenen Bauten. Der Bau, der in Dornach aufgerichtet werden soll, der soll in allen seinen Formen, aus denen er zusammengesetzt ist, und mit denen er gleichsam eine Hülle unserer spirituellen Arbeit bilden soll, durch die Art, wie diese Hülle sich nach außen und nach innen ein- und abschließt und zusammenschließt, zeigen, daß in ihren Formen sich etwas ausdrückt, das etwas ist, wie es für einen solchen Bau im Grunde in der Architektur noch nie gedacht war.

Wie der griechische Tempel dasteht, um eine Wohnung des Gottes zu sein, der darinnen ist, wie der gotische Dom dasteht, um zusammen mit der Gemeinde, die darin versammelt ist, ein Ganzes zu bilden, so soll unser Bau sich so darstellen, daß die Formen unmittelbar, ich möchte sagen, in spiritueller, geisteswissenschaftlicher Beziehung den Bau so gestalten, daß er spirituell durchsichtig ist. Das heißt, wenn man in dem Bau drinnen sein wird, so wird man durch die Architektur und durch dasjenige, was von der Architektur in die Plastik übergeht, das Gefühl haben: diese Wände sind nicht so, wie andere architektonische Wände bisher waren, abschließend, bloß einschließend, sondern sie sind zugleich die Kommunikatoren, welche das geistige Leben eröffnen in unendliche spirituelle Weiten. Es sind Wände, die sich zu gleicher Zeit durch ihre Formen selbst aufheben, die zu gleicher Zeit eben nicht da sind in dem, was sie physisch sind. Das soll erreicht werden, daß jeder, der drinnen ist und nach und nach sich gewöhnen wird, diese Formen, aber nicht allegorisch und symbolisch, sondern in lebendiger Empfindung zu verstehen, etwas hat wie einen Ausblick in die Welt, von der wir sprechen, einfach durch das Erleben der Form.

Das ist ja natürlich etwas ganz Neues in der Architektur, das ist etwas Ungewöhnliches; und das braucht Zeit und Arbeit, und wie es schon einmal in unserer Zeit ist – verzeihen Sie den harten Ausdruck –, das braucht auch und hat gebraucht: Geld! Und dazu war die Opferwilligkeit einzelner unserer Freunde uns wirklich so entgegengekommen, daß wir sagen können: auch diese Opferwilligkeit ist in gewisser Beziehung ein Wahrzeichen für die Art, wie unsere spirituelle Bewegung in das Verständnis der Seelen eingedrungen ist.

Nur das wollte ich mit diesen Worten erwähnen, daß Sie diesen Bau in Ihr Herz aufnehmen, daß Sie ihn wie einen Mittelpunkt unserer Bewegung erfühlen, so daß Sie sich mit ihm vereint denken können, und daß Sie Ihre persönliche Anwesenheit ihm gönnen, so viel das von der Eröffnung ab in der Zukunft einmal wird der Fall sein können.

HINWEISE

(Angaben zu bestimmten Auflagen beziehen sich auf Bände der Rudolf Steiner Gesamtausgabe)

Die von Rudolf Steiner frei gehaltenen Vorträge wurden von zwei Teilnehmern mitstenografiert; ihre Klartextübertragungen liegen dem Druck zugrunde. Einige wenige Textdifferenzen dieser Nachschriften sind in den Hinweisen zu der jeweiligen Seite angeführt.

Werke Rudolf Steiners innerhalb der Gesamtausgabe (GA) werden in den Hinweisen mit der Bibliographie-Nummer angegeben. Siehe auch die Übersicht am Schluß des Bandes.

Zu Seite:

9   *Nikolaus Kopernikus,* 1473–1543: Siehe R. Steiner, «Die Rätsel der Philosophie» (1914), GA Bibl.-Nr. 18, Register; sowie den öffentlichen Vortrag vom 15. Februar 1912 in Berlin «Kopernikus und seine Zeit im Lichte der Geisteswissenschaften», in «Menschengeschichte im Lichte der Geistesforschung», GA Bibl.-Nr. 61.

13 *Kopernikanische Schriften auf dem Index:* Das Werk des Kopernikus wurde zwar schon 1757 nicht mehr auf den Index gesetzt, aber die offizielle Genehmigung zu seinem Druck wurde erst 1822 in Rom beschlossen.

17 *untertaucht und dann hineinschlüpft:* In der zweiten Nachschrift: «untertaucht und dann – gestatten Sie den Ausdruck – einschnappt...».

21 *einem Goetheschen Wort das geistige Gehör, das geistige Hören:* In dieser Form konnte der Ausdruck nicht nachgewiesen werden; siehe aber «Faust» II, Vers 4667: «Tönend wird für Geistes-Ohren / Schon der neue Tag geboren.» – In bezug auf den Sehsinn spricht Goethe sehr oft von den «Augen des Geistes» o.ä.; z.B. «Dichtung und Wahrheit», 3.Teil, Buch 11, Sophienausgabe Band 28, Weimar 1890, S. 83. – Ferner in «Goethes Naturwissenschaftliche Schriften», 5 Bände, herausg. und kommentiert von Rudolf Steiner in Kürschners «Deutsche National-Litteratur», Bibl.-Nr. 1a–e, Nachdruck Dornach 1975, Band I: «Bildung und Umbildung organischer Naturen», S. 262: «Wir lernen mit Augen des Geistes sehen, ohne die wir, wie überall, so besonders auch in der Naturforschung, blind umhertasten.»

22 *Ganz anders wirken die Kräfte im Tier:* In der zweiten Nachschrift «Ganz andere Kräfte wirken im Tier.»

23 *mit dem Wort: Du erlebst dich im Geistig-Seelischen:* In der zweiten Nachschrift «mit dem Wort: Dein Leib ist außer dir».

27f. *Hat es nicht Kant bewiesen, hat es nicht die Physiologie bewiesen:* In der zweiten Nachschrift steht hier wie in den folgenden Sätzen statt *Physiologie* jedesmal *Philosophie.*

185

29 *Ernst Haeckel,* 1834–1919: Aus der vielfältigen Auseinandersetzung R. Steiners mit Haeckel: «Mein Lebensgang» (1923–25), GA Bibl.-Nr. 28, Register; Aufsätze in «Methodische Grundlagen der Anthroposophie 1884–1901», GA Bibl.-Nr. 30, 1961, S. 152–200; S. 391–403; S. 441–452. – Öffentlicher Vortrag Berlin, 5. Oktober 1905 «Haeckel, die Welträtsel und die Theosophie», in «Die Welträtsel und die Anthroposophie», GA Bibl.-Nr. 54.

Wilhelm Ostwald, 1853–1932: Naturforscher, Chemiker. Siehe R. Steiner, «Einleitungen zu Goethes Naturwissenschaftlichen Schriften», GA Bibl.-Nr. 1, Kapitel XVII. Goethe gegen den Atomismus.

32 *des erkennbaren, des wißbaren Geisteslebens:* In der zweiten Nachschrift «des erkennbaren, des wißbaren Geistes*wissens*».

einen sonderbaren Aufsatz in einer vielgelesenen Zeitschrift: Jakob Fromer, «Die Erneuerung der Philosophie», in «Die Zukunft», XXI. Jg., Nr. 50 vom 13. September 1913.

35 *«Ihr werdet sein wie Gott...»:* I. Mose 3,5.

36 *«Den Teufel spürt das Völkchen nie...»:* Goethes «Faust» I, Auerbachs Keller, Vers 2181 f.

37 Rudolf Steiner, *«Was soll die Geisteswissenschaft und wie wird sie von ihren Gegnern behandelt?»,* in «Philosophie und Anthroposophie. Gesammelte Aufsätze 1904–1918», GA Bibl.-Nr. 35.

Rektorrede... über Galilei: Prof. Dr. Laurenz Müllner, 1848–1911, Inaugurationsrede, 8. November 1894: «Die Bedeutung Galileis für die Philosophie»; wieder abgedruckt in der Zeitschrift «Anthroposophie», 1933/34, S. 29 ff. – Siehe über Laurenz Müllner: R. Steiner, «Mein Lebensgang», GA Bibl.-Nr. 28, Kapitel VII; sowie Vortrag vom 27. Dezember 1911 in «Die Welt der Sinne und die Welt des Geistes», GA Bibl.-Nr. 134.

39 *Jetzt fiel der Tierheit dumpfe Schranke...:* Schiller, «Die Künstler», aus der 12. Strophe.

steht die Geisteswissenschaft heute vor dem Suchen unserer Zeit: In der zweiten Nachschrift «steht die Geisteswissenschaft gegenüber dem Versucher der heutigen Zeit.»

Ernst Freiherr von Feuchtersleben, 1806–1849: «Zur Diätetik der Seele», Wien 1856, S. 161/62, «Tagebuchblätter». Wörtlich: «Die menschliche Seele kann es sich nicht verhehlen, daß ihr Glück doch zuletzt nur in der Erweiterung ihres innersten Wesens und Besitzes bestehe.»

42 *Gotthold Ephraim Lessing:* «Die Erziehung des Menschengeschlechts» (1780); siehe § 94: «... – Aber warum könnte jeder einzelne Mensch auch nicht mehr als einmal auf dieser Welt vorhanden gewesen sein?» – und § 95: «Ist diese Hypothese darum so lächerlich, weil sie die älteste ist? weil der

menschliche Verstand, ehe ihn die Sophisterei der Schule zerstreut und geschwächt hatte, sogleich darauf verfiel?»

45/92 *Henri Bergson,* 1859–1941, französischer Philosoph. Siehe: «Matière et mémoire. – Materie und Gedächtnis, Essays zur Beziehung zwischen Körper und Geist», Jena 1908, z. B. S. 254: «... Man begreift jetzt, warum die Erinnerung nicht aus dem Gehirnzustande hervorgehen konnte. Der Gehirnzustand setzt die Erinnerung fort; er gibt ihr Macht über die Gegenwart durch die Materialität, die er ihr verleiht; aber die reine Erinnerung ist eine geistige Kundgebung. Mit dem Gedächtnis sind wir recht eigentlich in das Gebiet des Geistes eingetreten.» (Übersetzt von W. Windelband.)

51 *die räumlich, wenn wir wahrnehmen, ihr Gehirn zubereitet...:* In der zweiten Nachschrift: «die räumlich, wie wir (es) wahrnehmen, ihr Gehirn zubereitet...».

58 *in meinem vierten Mysteriendrama: «Der Seelen Erwachen»:* Siehe 5. und 6. Bild, in «Vier Mysteriendramen» (1910–13), GA Bibl.-Nr. 14.

64 *was er als Folge seiner Verbrechertaten zu erleben hat...:* In der zweiten Nachschrift: «was er als die Folge des Zu-früh-geboren-Werdens in einem Erdenleben tut...».

68 *Giordano Bruno,* 1548–1600. Siehe: «De l'infinito universo e mondi.» – Zwiegespräche vom unendlichen All und den Welten, verdeutscht und erläutert von L. Kuhlenbeck, Jena 1904. Im zweiten Dialog äußert sich Filotheo, die zentrale Figur unter den Gesprächspartnern, z. B. so: «Ich glaube und behaupte, daß sich jenseits jenes eingebildeten Himmelsgewölbes immer noch eine ätherische Region und eine Unzahl von Weltkörpern in derselben befindet, Gestirne, Erden, Sonnen, alle in absolutem Sinne wahrnehmbar, sowohl für sich selbst, wie für diejenigen, welche auf ihnen oder in ihrer Nähe sind, obgleich sie für uns ihrer Entfernung wegen nicht wahrnehmbar sind.»

70 *der nicht das Leben außerhalb dieses [leiblichen] Firmamentes versteht:* In beiden Nachschriften steht: «der nicht das Leben außerhalb dieses *geistigen* Firmamentes versteht», was wohl auf einem Hör- oder Lesefehler beruht. Möglich wäre auch: außerhalb dieses *zeitlichen* Firmamentes.

daß eine wahre innere Wesenheit des Sterblichen durch das Unsterbliche erkannt wird: In der zweiten Nachschrift: «daß *die* wahre innere Wesenheit des Sterblichen...».

die Worte Goethes: Johann Peter Eckermann, «Gespräche mit Goethe in den letzten Jahren seines Lebens», Gespräch vom 25. Februar 1824.

113 *Dadurch aber, daß sie in die Zukunft geworfen werden:* In früheren Auflagen steht dieser Satz entsprechend der vorhandenen Nachschrift des Vortrages «in die Zukunft geworfen werden *von Ahriman*», in welcher Form er wahrscheinlich nicht vollständig und sinngemäß mitgeschrieben wurde.

122   *Zeile 8 «in der menschlichen Wesenheit»:* In früheren Auflagen hieß es hier «Wirksamkeit». Die Änderung erfolgte nach dem Originalstenogramm.

136   *Ludwig Laistner,* 1845–1896, Mythenforscher, freier Schriftsteller, literarischer Beirat der Cottaschen Verlagsbuchhandlung in Stuttgart. Er betraute Rudolf Steiner mit der Herausgabe der Werke Schopenhauers und Jean Pauls; siehe R. Steiner, «Mein Lebensgang», GA Bibl.-Nr. 28, Kapitel XV. – *«Das Rätsel der Sphinx»,* Grundzüge einer Mythengeschichte, 2 Bände Berlin 1889.

136 f.   *Friedrich Christoph Ötinger,* 1702–1782, schwäbischer Pfarrer, Philosoph und Theosoph. Vgl. den Satz Ötingers: «Die Leiblichkeit ist das Ende der Werke (oft: Wege) Gottes.» Biblisches und emblematisches Wörterbuch, 1776, S. 407; siehe auch Carl August Auberlen, «Die Theosophie Friedrich Christoph Ötingers nach ihren Grundzügen», Tübingen 1847, S. 446/47.

138   *Hermann Lotze,* 1817–1881. Siehe «Grundzüge der Religionsphilosophie», Diktate aus den Vorlesungen, Leipzig 1894.

139   *Wenn bei einzelnen Philosophen, bei Hegel z. B.:* Siehe G. W. F. Hegel, «Vorlesungen über die Philosophie der Geschichte», III, 3, Zweites Kapitel: Das Christentum.

sagt Lotze: «Grundzüge der Religionsphilosophie» (s. o.), S. 96: «Da Christus im *eigentlichen* Sinne nun doch einmal Gottes ‹Sohn› nicht sein *kann,* der wahre Sinn aber dieses bildlichen Ausdrucks gar keine authentische Interpretation zuläßt, so ist dieser ganze Satz gar nicht geeignet, ein *theoretisches Dogma* zu bilden, und wer ihn bejaht, drückt in der Tat bloß seine Überzeugung des *einzigen Wertes* aus, den Christus für ihn und sein Verhältnis zu Gott für die Menschheit habe, ohne jedoch beides definieren zu können.»

141   *Wladimir Solowjew,* 1853–1900. Siehe «Zwölf Vorlesungen über das Gottmenschentum». – Ausgewählte Werke, 3. Band, übersetzt von Harry Köhler, mit einer Einführung von Dr. Rudolf Steiner, Stuttgart (Der Kommende Tag A. G. Verlag) 1921.

170   Rudolf Steiner, *«Theosophie.* Einführung in übersinnliche Welterkenntnis und Menschenbestimmung» (1904), GA Bibl.-Nr. 9; das Kapitel: «Die Seele in der Seelenwelt nach dem Tode».

174   Rudolf Steiner, *«Geisteswissenschaft und soziale Frage»,* drei Aufsätze (1905/06), Einzelausgabe, aus «Lucifer-Gnosis. Gesammelte Aufsätze und Berichte aus den Zeitschriften ‹Luzifer› und ‹Lucifer-Gnosis›, 1903–1908», GA Bibl.-Nr. 34.

181   *Johannesbau:* Der Doppelkuppelbau in Dornach bei Basel sollte zunächst diesen Namen haben. Erst 1918 wurde er offiziell in «Goetheanum» umbenannt.

LITERATURHINWEIS

(GA = Rudolf Steiner Gesamtausgabe / TB = Taschenbuchausgabe)

Zur Weiterführung und Vertiefung der Darstellungen des vorliegenden Bandes sei auf folgende Ausgaben von Rudolf Steiner verwiesen:

Schriften

Theosophie. Einführung in übersinnliche Welterkenntnis und Menschenbestimmung (1904) GA Bibl.-Nr. 9 (TB 615)

Wie erlangt man Erkenntnisse der höheren Welten? (1904) GA Bibl.-Nr. 10 (TB 600)

Die Geheimwissenschaft im Umriß (1910) GA Bibl.-Nr. 13 (TB 601)

Die Schwelle der geistigen Welt (1913) GA Bibl.-Nr. 17 (in TB 602)

Vorträge

Geist und Stoff, Leben und Tod (1917) GA Bibl.-Nr. 66 (TB 695)

Das Leben zwischen dem Tode und der neuen Geburt im Verhältnis zu den kosmischen Tatsachen (1912/1913) GA Bibl.-Nr. 141

Schicksalsbildung und Leben nach dem Tode (1915) GA Bibl.-Nr. 157a

Die Verbindung zwischen Lebenden und Toten (1916) GA Bibl.-Nr. 168

Erdensterben und Weltenleben (1918) GA Bibl.-Nr. 181

Der Tod als Lebenswandlung (1917/1918) GA Bibl.-Nr. 182

RUDOLF STEINER GESAMTAUSGABE

Überblick über das literarische und künstlerische Werk

Erste Abteilung: Die Schriften

I. Werke

Goethes Naturwissenschaftliche Schriften, eingeleitet und kommentiert von Rudolf Steiner, 5 Bände (GA 1 a–e); separate Ausgabe der Einleitungen (GA 1)
Grundlinien einer Erkenntnistheorie der Goetheschen Weltanschauung (GA 2)
Wahrheit und Wissenschaft. Vorspiel einer «Philosophie der Freiheit» (GA 3)
Die Philosophie der Freiheit (GA 4)
Friedrich Nietzsche, ein Kämpfer gegen seine Zeit (GA 5)
Goethes Weltanschauung (GA 6)
Die Mystik im Aufgange des neuzeitlichen Geisteslebens und ihr Verhältnis zur modernen Weltanschauung (GA 7)
Das Christentum als mystische Tatsache und die Mysterien des Altertums (GA 8)
Theosophie. Einführung in übersinnliche Welterkenntnis und Menschenbestimmung (GA 9)
Wie erlangt man Erkenntnisse der höheren Welten? (GA 10)
Aus der Akasha-Chronik (GA 11)
Die Stufen der höheren Erkenntnis (GA 12)
Die Geheimwissenschaft im Umriß (GA 13)
Vier Mysteriendramen: Die Pforte der Einweihung – Die Prüfung der Seele – Der Hüter der Schwelle – Der Seelen Erwachen (GA 14)
Die geistige Führung des Menschen und der Menschheit (GA 15)
Anthroposophischer Seelenkalender (in GA 40)
Ein Weg zur Selbsterkenntnis des Menschen (GA 16)
Die Schwelle der geistigen Welt (GA 17)
Die Rätsel der Philosophie in ihrer Geschichte als Umriß dargestellt (GA 18)
Vom Menschenrätsel (GA 20)
Von Seelenrätseln (GA 21)
Goethes Geistesart in ihrer Offenbarung durch seinen «Faust» und durch das «Märchen von der Schlange und der Lilie» (GA 22)
Die Kernpunkte der sozialen Frage in den Lebensnotwendigkeiten der Gegenwart und Zukunft (GA 23)
Aufsätze über die Dreigliederung des sozialen Organismus und zur Zeitlage 1915–1921 (GA 24)
Kosmologie, Religion und Philosophie (GA 25)
Anthroposophische Leitsätze (GA 26)
Grundlegendes für eine Erweiterung der Heilkunst nach geisteswissenschaftlichen Erkenntnissen. Von Dr. Rudolf Steiner und Dr. Ita Wegman (GA 27)
Mein Lebensgang (GA 28)

II. Gesammelte Aufsätze

Gesammelte Aufsätze zur Dramaturgie 1889–1900 (GA 29)

Methodische Grundlagen der Anthroposophie. Gesammelte Aufsätze zur Philosophie, Naturwissenschaft, Ästhetik und Seelenkunde 1884–1901 (GA 30)

Gesammelte Aufsätze zur Kultur- und Zeitgeschichte 1887–1901 (GA 31)

Gesammelte Aufsätze zur Literatur 1886–1902 (GA 32)

Biographien und biographische Skizzen 1894–1905 (GA 33)

Lucifer–Gnosis. Grundlegende Aufsätze zur Anthroposophie und Berichte aus den Zeitschriften «Luzifer» und «Lucifer-Gnosis» 1903–1908 (GA 34)

Philosophie und Anthroposophie. Gesammelte Aufsätze 1904–1918 (GA 35)

Der Goetheanumgedanke inmitten der Kulturkrisis der Gegenwart. Gesammelte Aufsätze aus der Wochenschrift «Das Goetheanum» 1921–1925 (GA 36)

III. Veröffentlichungen aus dem Nachlaß

Briefe – Wahrspruchworte – Bühnenbearbeitungen – Entwürfe zu den vier Mysteriendramen 1910–1913 – Anthroposophie. Ein Fragment aus dem Jahre 1910 – Gesammelte Skizzen und Fragmente – Aus Notizbüchern und -blättern (GA 38–47)

Zweite Abteilung: Das Vortragswerk

I. Öffentliche Vorträge

Die Berliner öffentlichen Vortragsreihen («Architektenhaus-Vorträge») 1903/04 bis 1917/18 (GA 51–67)

Öffentliche Vorträge, Vortragsreihen und Hochschulkurse an andern Orten Europas 1906–1924 (GA 68–84)

II. Vorträge vor Mitgliedern der Anthroposophischen Gesellschaft

Vorträge und Vortragszyklen allgemein-anthroposophischen Inhalts – Evangelien-Betrachtungen – Christologie – Geisteswissenschaftliche Menschenkunde – Kosmische und menschliche Geschichte – Die geistigen Hintergründe der sozialen Frage – Der Mensch in seinem Zusammenhang mit dem Kosmos – Karma-Betrachtungen (GA 91–244)

Vorträge und Schriften zur Geschichte der anthroposophischen Bewegung und der Anthroposophischen Gesellschaft – Veröffentlichungen zur Geschichte und aus den Inhalten der Esoterischen Schule (251–270)

III. Vorträge und Kurse zu einzelnen Lebensgebieten

Vorträge über Kunst: Allgemein-Künstlerisches – Eurythmie – Sprachgestaltung und Dramatische Kunst – Musik – Bildende Künste – Kunstgeschichte (GA 271–292)

Vorträge über Erziehung (GA 293–311)

Vorträge über Medizin (GA 312–319)

Vorträge über Naturwissenschaft (GA 320–327)

Vorträge über das soziale Leben und die Dreigliederung des sozialen Organismus (GA 328–341)

Vorträge für die Arbeiter am Goetheanumbau (GA 347–354)

Dritte Abteilung: Das künstlerische Werk

Reproduktionen und Veröffentlichungen aus dem künstlerischen Nachlaß

Originalgetreue Wiedergaben von malerischen und graphischen Entwürfen und Skizzen Rudolf Steiners in Kunstmappen oder als Einzelblätter: Entwürfe für die Malerei des Ersten Goetheanum – Schulungsskizzen für Maler – Programmbilder für Eurythmie-Aufführungen – Eurythmieformen – Entwürfe zu den Eurythmiefiguren – Wandtafelzeichnungen aus dem Vortragswerk, u. a.

Die Bände der Rudolf Steiner Gesamtausgabe sind innerhalb einzelner Gruppen einheitlich ausgestattet. Jeder Band ist einzeln erhältlich. Ausführliche Verzeichnisse können beim Verlag angefordert werden.